MOSAIK

DER GESCHICHTE AUF DER SPUR

A2

Herausgegeben
von Joachim Cornelissen • Christoph Henzler •
Michael Tocha • Helmut Winter

Erarbeitet
von Joachim Cornelissen • Martin Ehrenfeuchter • Gisbert Gemein •
Christoph Henzler • Jan Koppmann • Dorothea Kusch • Wolfgang Opel •
Wolfgang Petz • Stefan Schipperges • Reinhold Schmid • Michael Tocha •
Stefan Weih • Sabine Wierlemann • Helmut Winter

Beraten
von Stefan Weinfurter

Oldenbourg

Herausgeber und Autoren:
Joachim Cornelissen, Meerbusch
Dr. Martin Ehrenfeuchter, Königsfeld
Dr. Gisbert Gemein, Neuss
Dr. Christoph Henzler, Krumbach
Jan Koppmann, Berg
Dorothea Kusch, Düsseldorf
Wolfgang Opel, Sachsen bei Ansbach
Dr. Wolfgang Petz, Kempten
Dr. Stefan Schipperges, Offenburg
Reinhold Schmid, Weingarten
Michael Tocha, VS-Pfaffenweiler
Stefan Weih, Karlsruhe
Dr. Sabine Wierlemann, Pfinztal
Helmut Winter, Meerbusch

Wissenschaftlicher Berater:
Prof. Dr. Stefan Weinfurter, Universität Heidelberg

Zu den Kapiteleingangsbildern:

S. 8–9: Reiseroute der Gesandtschaft Karls des Großen zu und von Harun-al-Raschid (mit Bildern von fränkischen Panzerreitern, muslimischen Musikern und Fahnenträgern; außerdem Ansichten von Aachen, Kairuan, Konstantinopel und Jerusalem)

S. 38–39: Otto III., thronend mit zwei Geistlichen und zwei Fürsten; die vier Frauengestalten huldigen Otto. Sie repräsentieren Sclavinia, Germania, Gallia und Roma (Evangelienbuch, Bamberg, um 1000)

S. 62–63: Luftbild und Stadtplan von Villingen (Baden-Württemberg)

S. 92–93: Originalgetreu nachgebaute Karavellen anlässlich der 500-Jahr-Feier zur Entdeckung Amerikas; Blick ins All (Abbildung aus dem Buch von Camille Flammarion „L'atmosphère, 1888); Luther predigend (aus dem Altarbild von Lucas Cranach in der Stadtkirche von Wittenberg)

S. 142–143: König Ludwig XIV. von Frankreich überquert 1672 mit seinem Heer den Rhein (Gemälde von Adam Frans van der Meulen)

Das Papier ist aus chlorfrei gebleichtem Zellstoff hergestellt,
ist säurefrei und recyclingfähig.

1. Auflage 2005 R E
Druck 09 08 07 06 05
Die letzte Zahl bezeichnet das Jahr des Drucks.

Alle Drucke dieser Auflage sind untereinander unverändert
und im Unterricht nebeneinander verwendbar.

Umschlagkonzept: Mendell & Oberer, München
Umschlaggestaltung und Layoutkonzept: Groothuis · Lohfert · Consorten GmbH, Hamburg
Lektorat: Dr. Karin Friedrich, Margret Bartoli (Assistenz)
Herstellung: Eva Fink
Illustrationen: Gisela Vogel, München
Karten und Grafiken: Achim Norweg, München
Satz und Reproduktion: Oldenbourg:digital GmbH, Kirchheim
Druck: J. P. Himmer GmbH, Augsburg

ISBN 3-486-**02137**-0
ISBN 978-3-486-**02137**-0

Was ihr bisher aus der Geschichte erfahren habt

Vorgeschichte. Vor etwa sieben bis sechs Millionen Jahren begann die Entwicklung des Menschen. Die ersten aufrecht gehenden Wesen lebten vor ca. 4 Millionen Jahren, die ersten Werkzeug gebrauchenden Menschen vor etwa 1,5 Millionen Jahren. Der moderne Mensch (homo sapiens sapiens) tauchte erstmals in Europa vor ca. 40 000 Jahren auf. Weil die meisten Werkzeuge aus Stein hergestellt wurden, nennt man diese lange Phase der Geschichte „Steinzeit". Die Steinzeitmenschen lebten zunächst als Nomaden vom Jagen und Sammeln (aneignende Lebensweise). Mit dem Ende der Eiszeit um 10 000 v. Chr. entwickelte sich eine neue Lebensweise. Die Menschen begannen Ackerbau und Viehzucht zu betreiben, wurden sesshaft und entwickelten bessere Werkzeuge und neue Geräte wie die Töpferscheibe oder den Webstuhl (produzierende Lebensweise). Diese grundlegenden Veränderungen der Lebensverhältnisse werden als „neolithische" (jungsteinzeitliche) Revolution bezeichnet.

Frühe Hochkultur – Ägypten. Eine der bedeutendsten Kulturen der frühen Menschheitsgeschichte entstand um 3000 v. Chr. in Ägypten. Das regelmäßig wiederkehrende Hochwasser des Nils zwang die Ägypter, ihr Zusammenleben straff zu organisieren. An der Spitze des Staates stand der Pharao, den die Menschen als König und Gott verehrten. Beamte nutzten zur Verwaltung des Landes die Hieroglyphen, eine Bilderschrift. Eine der größten Leistungen der Ägypter waren die Pyramiden, die den Pharaonen als Gräber dienen sollten.

Das antike Griechenland. Berge und Meer bestimmten das Leben der Griechen. Landknappheit und Übervölkerung bedingten die Ausbreitung der Griechen über den gesamten Mittelmeerraum (750–550 v. Chr). Die geografischen Bedingungen verhinderten die Entstehung eines Großreichs, jeder Stadtstaat (griech. polis) machte seine eigene „Politik". Zwischen Sparta, der führenden Landmacht, und Athen, der führenden Seemacht, kam es oft zu Konflikten. Das einigende Band für die griechischen Städte war die gemeinsame Sprache, der Götterglaube, die Olympischen Spiele und das Orakel von Delphi. In der Polis Athen bildete sich im 5. Jh. v. Chr. eine Form der politischen Mitbestimmung für attische Vollbürger heraus, die Vorbild bis heute für viele Staaten geworden ist – die Demokratie. Mit Alexander dem Großen entstand ein Weltreich von kurzer Dauer. Zahlreiche Entdeckungen und Erfindungen prägten das Zeitalter des Hellenismus, in dem sich Griechisch zur Weltsprache und Weltkultur entwickelte.

Das römische Weltreich. Aus dem Bauerndorf Rom am Tiber wurde im Laufe von Jahrhunderten ein Weltreich, das 117 n. Chr. von Schottland bis Nordafrika und von Portugal bis Mesopotamien reichte. Damit umfasste es einen Großteil der damals bekannten Welt. Hauptsächlich möglich machte dies die Stärke des römischen Heeres. Wichtig war aber auch, dass die Adligen es verstanden, das Volk bei politischen Entscheidungen mit einzubinden. Die Republik zerbrach in einem hundertjährigen Bürgerkrieg, den erst Augustus 27 v. Chr. als Alleinherrscher beenden konnte. Mit ihm begann die Herrschaft der römischen Kaiser. Der Frieden im Reich wurde auch die Voraussetzung dafür, dass sich das Christentum ausbreitete. Kaiser Konstantin erkannte es 313 n. Chr. als gleichberechtigt an, später wurde es zur alleinigen Staatsreligion. Um 500 n. Chr. ging das Weströmische Reich in den Wirren der Völkerwanderung unter, das Oströmische bestand noch knapp 1000 Jahre weiter. Rechtsvorstellungen, Bauwerke, die romanischen Sprachen und das Christentum gehören bis heute zum Erbe der Römer.

Diese **Methoden für den Geschichtsunterricht** hast du bisher kennen gelernt: Autorentexte lesen und verstehen, Bilder betrachten und deuten, Karten lesen und verstehen, Vasenbilder als Quellen auswerten, Schaubilder zum Sprechen bringen, Geschichtskarten auswerten und Herrscherbilder interpretieren.

MITTELAL

FRANKEN OTTONEN

ROMANIK G

500	600	700	800	900	1000	1100

um 500 Reichsbildung der Franken

496 Taufe des Frankenkönigs Chlodwig

Missionierung im Frankenreich

622 Beginn der islamischen Zeitrechnung

Kaiser Karl der Große (800 – 814)

843 und 870 Teilung des Frankenreichs

Otto der Große 936 König 962 Kaiser

Verbesserte Techniken in der Landwirtschaft

Entstehung des Rittertums

Investiturstreit zwischen Papst und Kais

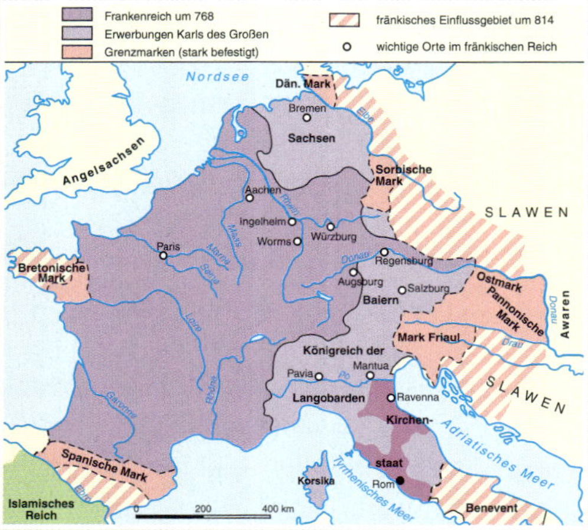

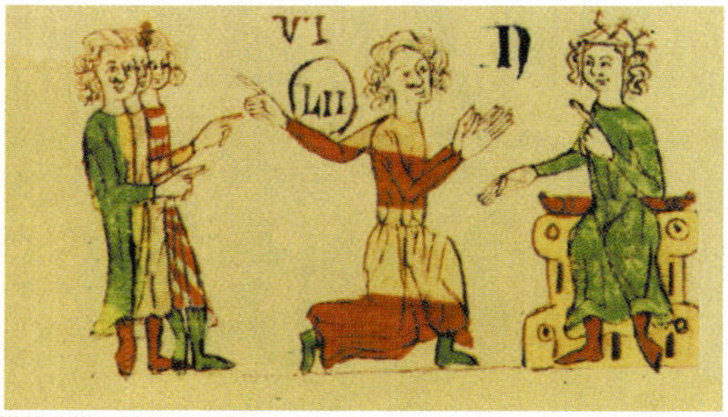

T E R N E U Z E I T

A U F E R H A B S B U R G E R

I K RENAISSANCE UND HUMANISMUS

1200	1300	1400	1500	1600	1700	1800

Städtegründungen in Europa

1122 Wormser Konkordat

1347 – 1352 Pest in Europa

1356 Goldene Bulle

14. Jh. Blütezeit der Hanse

um 1450 Buchdruck

1453 Fall Konstantinopels

1492 Entdeckung Amerikas

1517 Luthers Thesenanschlag

1524/25 Bauernkrieg

1555 Augsburger Religionsfrieden

1618 – 1648 Dreißigjähriger Krieg

Ludwig XIV. von Frankreich (1661 – 1715)

1688/89 „Glorreiche Revolution“ in England Bill of Rights

Friedrich II. von Preußen (1740 – 1786)

* Einheiten zur Vertiefung und Erweiterung des Kerncurriculums

Atlantik
Aachen
Tours
Franken-
reich
Poitiers
Ravenna
Córdoba
Rom
Oströmisches Reich
Schwa
Byzanz
Kairuan
Mittelmeer
Libyen
Kairo
Ägypten

Gesellschaft und Herrschaft im frühen Mittelalter

Von Bagdad nach Aachen: König Karls weißer Elefant

Interessen im Orient. Der Frankenkönig Karl (768–814) war für alles Wissen aufgeschlossen. Er kümmerte sich darum, dass an seinem Hof und in den Klöstern seines Reichs die Schriften der Antike gesammelt und abgeschrieben wurden. Er konnte zwar kaum schreiben, sprach aber fließend Fränkisch, Romanisch und Latein, verstand sogar Griechisch. Den Herrscher faszinierten Berichte über die Wunder des Orients. Er hatte gehört, dass dort Elefanten als Sinnbilder der Herrschaft galten. Ein solches Tier wollte er besitzen. 797 beauftragte er zwei Adlige, Lantfried und Sigismund, und den jüdischen Kaufmann Isaak, nach Bagdad an den Hof des arabischen Kalifen Harun al-Raschid (786–809) zu reisen. Isaak gehörte als Fernhändler zu den wenigen Menschen, die damals die Welt des Orients kannten.
Es gab auch religiöse und politische Gründe für die Entsendung dieser Gesandtschaft. Viele Christen pilgerten nach Jerusalem als heilige Stätte der Christenheit. Der Patriarch, das kirchliche Oberhaupt der Stadt, hatte Karl gebeten, deren Schutz zu übernehmen. Schließlich galt der Frankenkönig als der mächtigste Herrscher Europas. Da aber Jerusalem zum Reich Harun al-Raschids gehörte und auch für die Muslime eine heilige Stadt war, musste sich Karl in dieser Frage mit ihm verständigen.

Im Land von „1001 Nacht“. Sigismund, Lantfried und Isaak brachen 797 in Aachen auf. Zu Pferd ging es bis an die nördliche Adria, dann per Schiff über das östliche Mittelmeer und wieder auf dem Landweg über Jerusalem nach Bagdad. Wie werden sie gestaunt haben über das, was sie im Zweistromland sahen: uralte Tempeltürme, Ruinen von Palästen der persischen Großkönige, Bewässerungsgräben, die das Land seit 3 000 Jahren fruchtbar machten! Die Einwohnerzahl der Hauptstadt am Tigris näherte sich der Million – in Karls Lieblingsresidenz Aachen lebten höchstens 1 000 Menschen. Der weiträumige Palast des Kalifen lag neben der großen Moschee, wo der Herrscher nach der Vorschrift des Propheten Mohammed jeden Freitag den muslimischen Gläubigen das Gebet vorsprach. In Bagdad gab es Krankenhäuser, in denen Ärzte schwierige Operationen durchführten. In den Bibliotheken der Stadt wurde das gesammelte Wissen der Antike aufbewahrt. Auf den Basaren boten Händler Seide aus China, Gewürze aus Indien, kostbare Waffen und Goldschmiedearbeiten zum Kauf an.
Harun al-Raschid nahm die Gesandten Karls freundlich auf. Er muss dessen Beschützerrolle für die heiligen Stätten in Jerusalem zugestimmt haben – sonst hätte nicht 799 ein Abgesandter des Patriarchen mit Reliquien, d.h. Überresten vom Heiligen Grab, vor dem Frankenkönig erscheinen können. Als besonderes Geschenk ließ der Kalif einen weißen indischen Elefanten übergeben, der nach dem Stammvater von Haruns Herrscherhaus „Abul Abbas“ genannt wurde.

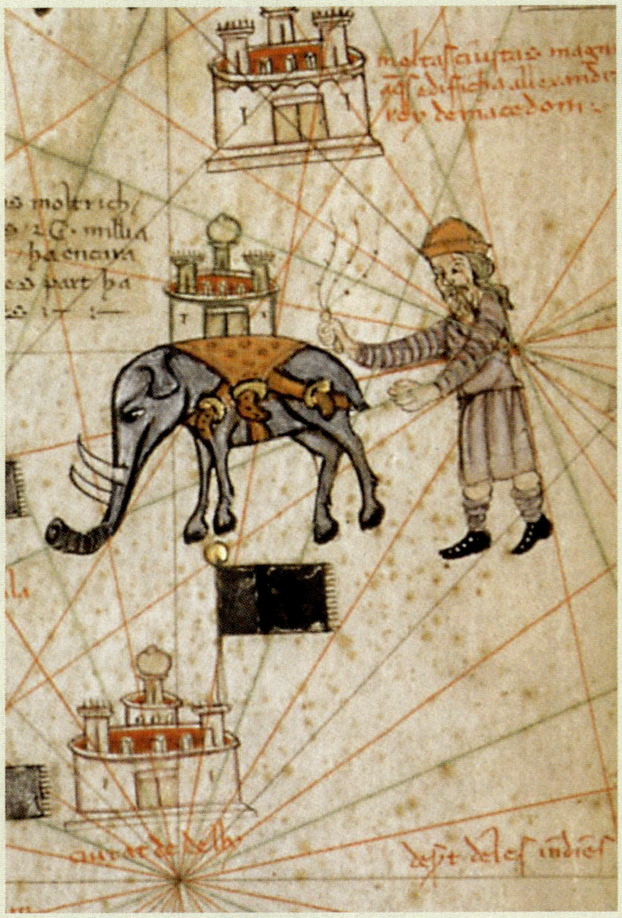

M1 Isaak und Abul Abbas auf dem Heimweg.
Das Bild entstand über 500 Jahre nach dem Ereignis (Ausschnitt aus dem Atlas Catalán, Mallorca, 14. Jh.).

Auf Umwegen heimwärts. Den Rückweg musste Isaak mit Abul Abbas und zwei Treibern allein antreten – Lantfried und Sigismund waren in Bagdad gestorben. In Jerusalem wandte er sich nach Süden, um entlang der Küste Nordafrikas weiterzuziehen. Warum nahm er nicht den kürzeren Weg nach Norden durch Kleinasien und Griechenland oder entlang deren Küsten? Für die Überlegungen Isaaks gibt es keinen Quellenbeleg, aber wir können sie aus der politischen Lage erschließen: Er wollte sich mit seinem gewichtigen Begleiter dem Oströmischen Reich (oder Byzantinischen Reich) fern halten. Dessen Herrscher, der Kaiser in Byzanz, hatte sowohl zu Karl als auch zu Harun al-Raschid ein gespanntes Verhältnis. Gegen die muslimischen Araber war das Byzantinische Reich ein Sperrriegel – es wehrte ihre Angriffe zu Lande und zur See ab und verhinderte damit ihr weiteres Ausgreifen nach Norden. Über Karl war man in Byzanz verärgert, seit er 774 das Langobardenreich in Italien erobert hatte. Die Spannung stieg noch, als sich der Frankenherrscher 800 vom Papst in Rom zum „Kaiser“ krönen ließ – diesen Titel beanspruchte der Oströmer als Nachfolger Konstantins für sich allein. All das waren gewichtige Gründe für einen Abgesandten des Frankenkönigs, mit einem Geschenk des Kalifen im Gepäck lieber einen weiteren Weg zu wählen.

Von Afrika nach Aachen. So zog Isaak mit dem Elefanten auf der alten Römerstraße im schmalen Saum zwischen Mittelmeer und Wüste dahin. Hier unterstand er dem Schutz des Statthalters des Kalifen, des Emirs Ibrahim. Vielleicht machte Isaak in Tunesien einen kleinen Umweg, um ihn in seiner neuen und prunkvollen Stadt Kairuan zu besuchen. Im Hafen von Tunis bemühte er sich um eine Überfahrt – vergeblich: Kein Kapitän wollte einen tonnenschweren Elefanten transportieren, der während der Fahrt womöglich zu toben anfing und das Schiff zum Kentern brachte. Isaak saß fest. Karl erfuhr von der Notlage auf dem Rückweg von der Kaiserkrönung und ordnete an, sofort Schiffe bauen zu lassen. So gelangte Isaak, an den byzantinischen Inseln Sizilien und Sardinien vorbei, schließlich in den Hafen von Portovenere in Ligurien. Von hier zog er mit Abul Abbas noch bis in die Stadt Vercelli in der Poebene, wo sie im Bischofspalast einigermaßen bequem überwintern konnten. Erst im Frühjahr 802 wagte er sich mit seinem Elefanten über die Alpen. Fast fünf Jahre, nachdem er aufgebrochen war, am 13. Juli 802, traf Isaak wieder in Aachen ein. Man kann sich vorstellen, welches Staunen und vielleicht auch welche Ängste der Koloss aus dem Morgenland auslöste – hatte doch hier keiner je solch ein Tier zu Gesicht bekommen.

Der Elefant als Waffe? Abul Abbas lebte acht Jahre friedlich im Tierpark der Aachener Residenz. Dann traf im Juni 810 die Nachricht ein, dass ein Wikingerheer mit etwa 200 Drachenschiffen in Friesland eingefallen sei. Solche Angriffe von Männern aus dem Norden, „Normannen“, wurden jetzt immer häufiger. In aller Eile stellte Karl ein Heer zusammen und schickte es an die Nordsee. Auch Abul Abbas wurde mitgenommen. Karl und seine Berater kannten die antiken Geschichtsschreiber und dachten vielleicht an den Schrecken, den die Kriegselefanten Hannibals im Heer der Römer ausgelöst hatten. Doch das viel bewunderte Tier verendete auf dem Feldzug.

Wovon handelt dieses Kapitel? Die Reise Isaaks zeigt eine Mittelmeerwelt, die sich gegenüber der Römerzeit grundlegend verändert hat. Zwei ihrer Pole, die arabisch-islamische Welt und das christliche Westeuropa, werden vorgestellt. Der Schwerpunkt liegt auf dem Frankenreich – seiner Entstehung, der Stellung seiner Herrscher, vor allem Karls „des Großen“, sowie dem dörflichen und klösterlichen Leben im ▸ Mittelalter.

1 Stelle dir vor, Isaak hätte ein Reisetagebuch geschrieben: Was hätte er an wichtigen Stationen seiner Reise notiert (Seite 8–11)?
2 Lege eine Mindmap zum Thema „Die Mittelmeerwelt um 800“ mit den Oberbegriffen „Byzantinisches Reich“, „Frankenreich“ und „Islamische Reiche“ an. Trage alle wichtigen Begriffe aus dem Text an der entsprechenden Stelle ein.
3 Vergleiche die Mittelmeerwelt um 800 mit der Zeit um 500. Beziehe auch die vorausgehende Bildseite ein.
4 Der Zeichner des Bildes (M1) hatte vermutlich noch nie einen Elefanten gesehen. Woran kann man das erkennen?

Eine neue Religion entsteht – der Islam

Die „Zeit der Unwissenheit". So nennen Muslime noch heute die Zeit vor Mohammed. Auf der wüstenartigen arabischen Halbinsel war sesshaftes Leben nur in wenigen Oasenstädten möglich. Seit Jahrhunderten lebten hier Beduinen als Nomaden. Unter den verschiedenen Stämmen gab es kein gemeinsames Handeln; kriegerische Auseinandersetzungen waren allgegenwärtig. Die Menschen verehrten zahlreiche unterschiedliche Götter (Polytheismus).

Ein wichtiger Treffpunkt war allerdings seit alters her die Handels- und Oasenstadt Mekka. Sie barg ein uraltes Heiligtum, die Kaaba (arabisch „Würfel"), die von vielen Beduinen verehrt wurde. Um die Pilger zu schützen, war in Mekka Gewaltanwendung verboten.

M1 Kaaba in Mekka

Dieses 15 m hohe steinerne Bauwerk ist das wichtigste Heiligtum des Islam. Zu den 13 Tage dauernden Zeremonien der Wallfahrer gehört es, siebenmal um dieses „Haus Gottes" zu schreiten.

Mohammed wird zum Propheten. Mohammed wurde im Jahre 570 in Mekka geboren. Seine Familie gehörte zum Stamm der Kuraisch, der sich als Nachkomme des Abraham-Sohnes Ismael verstand. Mohammed verlor noch als Kind seine Eltern und wuchs bei einem Onkel auf. Er heiratete mit 25 Jahren Chadidscha, eine reiche Kaufmannswitwe, mit der er zusammen die Geschäfte leitete. Seine vielen Handelsreisen durch die arabische Halbinsel brachten ihn in Kontakt mit Juden und Christen. Diese Begegnungen prägten ihn so sehr, dass er zunehmend das Interesse am Handelsgeschäft verlor und sich lieber in die Einsamkeit des Berges Hira zurückzog, um zu meditieren. Im Jahre 610 im Monat Ramadan, so berichtet die Lebensbeschreibung Mohammeds, erschien ihm dabei der Erzengel Gabriel und überbrachte ihm die Botschaft Gottes. „Lies", habe er zu ihm gesagt, was ins Arabische übersetzt „Koran" bedeutet. Diese Offenbarung des Wortes Gottes gilt als Geburtsstunde des ▸ Islam (arabisch „Ergebung in Gottes Willen").

Nur zögerlich begann Mohammed seine neuen Erfahrungen in der Öffentlichkeit zu verbreiten. Für die Gläubigen gelten fünf Hauptpflichten („Fünf Säulen"): Glaube an nur einen Gott, arabisch „Allah", Gebete, Almosen, Fasten und eine Pilgerfahrt nach Mekka. Mohammed stieß mit seiner Lehre allerdings bei den reichen Händlern in Mekka auf erheblichen Widerstand. Er warf ihnen u. a. vor, nur auf ihren eigenen Vorteil bedacht zu sein.

Mohammed geht nach Medina. Als die Feindseligkeit seiner Landsleute immer größer wurde, entschloss sich Mohammed Mekka zu verlassen. Er zog 622 ins einige hundert Kilometer nördlich gelegene Jathrib, das später in Medina – Stadt des Propheten – umbenannt wurde. Mit der Übersiedlung, arabisch „Hidschra" (= Auswanderung), begann die islamische Zeitrechnung.

In Jathrib wuchs die Schar seiner Anhänger beständig. Sie nannten sich „Muslime", d. h. „Gottergebene". Diese Gemeinschaft der Gläubigen, arabisch „Umma", brauchte den Stamm bzw. die Sippe als Schutz nicht mehr.

630 wagte Mohammed die Rückkehr nach Mekka. An der Spitze eines großen Heeres zog er fast kampflos in seine Heimatstadt ein, wo er die alten Götterbilder zerstörte und Allah zum einzigen Gott erklärte. Mohammed wurde sowohl religiöser als auch politischer Führer. Die Rückeroberung Mekkas galt als „Anstrengung für den Glauben" (arabisch „dschihad"; im Laufe der Zeit erfuhr dieser Begriff unterschiedliche Auslegungen). Als Mohammed 632 n. Chr. starb, war der Islam auf der gesamten arabischen Halbinsel verbreitet.

M2 Mohammed empfängt den Erzengel Gabriel, der ihm die Offenbarung Gottes bringt.

Das Gesicht des Propheten ist verhüllt (Buchmalerei aus der Türkei, 16. Jh.).

M3 Blick ins Innere der Omaijadenmoschee in Damaskus *(Anfang des 8. Jh.)*

M4 Über die Frömmigkeit:

Die Frömmigkeit besteht nicht darin, dass ihr euch beim Gebet mit dem Gesicht nach Osten oder Westen wendet. Sie besteht vielmehr darin, dass man an Gott, den Jüngsten Tag, die Engel, die Schrift und die Propheten glaubt und sein Geld – mag es einem noch so lieb sein – den Verwandten, den Waisen, den Armen, dem, der unterwegs ist, dem der dem Weg Gottes gefolgt und dadurch in Not gekommen ist, den Bettlern und für den Loskauf von Sklaven hergibt, das Gebet verrichtet und die Almosensteuer bezahlt. Und Frömmigkeit zeigen diejenigen, die, wenn sie eine Verpflichtung eingegangen haben, sie erfüllen, und die in Not und Ungemach und in Kriegszeiten geduldig sind. Sie allein sind wahrhaftig und gottesfürchtig.

Sure 2, 177. Zitiert nach: Der Koran, übersetzt von Rudolf Paret, Stuttgart/Berlin/Köln (Kohlhammer) [5]1989.

M5 Gemeinsamkeiten mit Judentum und Christentum:

Und die „Leute der Schrift" (Juden und Christen) sagen: „Ihr müsst Juden oder Christen sein, dann seid ihr rechtgeleitet." Sagt: „Nein! Für uns gibt es nur die Religion Abrahams." Sagt: „Wir glauben an Gott und an das, was als Offenbarung zu uns, und was zu Abraham, Ismael, Isaak, Jakob und den Stämmen Israels herabgesandt worden ist, und was Mose und Jesus und die Propheten von ihrem Herrn erhalten haben, ohne dass wir bei einem von ihnen den anderen gegenüber einen Unterschied machen. Ihm sind wir ergeben." Und wenn sie an das Gleiche glauben wie ihr, sind sie rechtgeleitet. Wenn sie sich aber abwenden, sind sie eben in der Opposition.

Sure 2, 135-137. Zitiert nach: Der Koran, a. a. O.

1 Finde heraus, warum der Künstler in M2 das Gesicht Mohammeds verhüllt hat.

2 Beschreibe das Innere der Moschee (M3). Vergleiche mit einer christlichen Kirche. Was fällt dir besonders auf?

3 Lege dar, inwiefern der Islam für viele Menschen eine Verbesserung ihrer Situation bedeutet haben dürfte (M4).

4 Warum heißen Juden und Christen „Leute der Schrift"? Finde heraus, welche Rolle die genannten jüdischen und christlichen Gestalten im Islam spielen (M5).

Das Reich der Kalifen

Das Vordringen des Islam. Mit unglaublicher Schnelligkeit breitete sich der Islam weiter aus. Die Gründe dafür sind vielfältig. So meinen viele Historiker, dass der Auftrag im Koran zum „dschihad“, d. h. sich auf dem Wege Gottes mühen, indem man sich für den Islam auch unter Verlust des Lebens und Vermögens einsetzt, mit dazu beitrug. Aber auch die Aussicht auf Beute zeigte ihre Wirkung. Die alten Großmächte, das Perserreich und das Byzantinische Reich, waren von jahrzehntelangen Kämpfen gegeneinander und durch religiöse Streitigkeiten im Innern erschöpft. Außerdem verhielten sich die Eroberer den unterworfenen Völkern gegenüber tolerant, solange sie den Islam als Führungsmacht akzeptierten und eine besondere Steuer zahlten. Die funktionierenden Verwaltungen wurden beibehalten. Juden und Christen als Angehörige einer „Buchreligion“ genossen sogar einige Vorrechte. Der Gedanke der Mission war dem Islam fremd. Nur wer sich den neuen Herren widersetzte, verlor sein Hab und Gut, meist auch sein Leben. Und da der Koran viele soziale Vorschriften beinhaltet, die besonders den ärmeren Schichten zugute kamen, wurden die Eroberer oft sogar als Befreier begrüßt.

Der Islam spaltet sich. Abu Bekr, ein Freund Mohammeds, hatte zunächst die Nachfolge als „Kalif“, d. h. Stellvertreter des Propheten, übernommen. So wie er versuchten alle späteren Kalifen, sich an den Überlieferungen Mohammeds (arabisch „sunna“ = gewohnte Handlung) zu orientieren. Die Sunniten stellen heute mit ca. 90 % den Hauptanteil der Muslime. Nachdem aber mit Ali, dem Cousin und Schwiegersohn Mohammeds, ein Verwandter des Propheten zum vierten Kalifen geworden war, verlangte eine kleine Gruppe von Muslimen von nun an als Kalifen ausschließlich einen Mann aus der Familie Mohammeds. Sie nennt man bis heute „Schiiten“ (arabisch „schia“ = die Partei Alis). Zehn Prozent der Muslime sind Angehörige dieser Glaubensrichtung.
Waren es zunächst die Wüstenstädte Mekka und Medina, so wurden unter der Herrscherfamilie der Omaijaden (661–750) Damaskus und unter den Abbasiden (750–1258) Bagdad zu Hauptstädten des Islam. Noch später traten nichtarabische Völker, vor allem Perser und Türken, in den Vordergrund und verdrängten die Araber als herrschende Gruppe. Trotz des zunehmenden Zerfalls des islamischen Reichs blieben als Gemeinsamkeiten der Glaube und die Verkehrssprache Arabisch.

Muslime und Christen. Die kriegerische Ausbreitung des Islam hatte die heiligen Stätten Jerusalem und Bethlehem unter die Kontrolle der Muslime gebracht. Auch die iberische Halbinsel geriet zum größten Teil unter ihre Vorherrschaft. Dort jedoch lebten Muslime, Christen und Juden friedlich und respektvoll nebeneinander. Der gegenseitige Austausch von Kenntnissen in Philosophie, Medizin und Technik führte zu einer kulturellen Blüte. Zugleich wurden weiterhin Kriege geführt; sie gingen nun zunehmend von Christen aus.

M1 Ein islamisches Weltreich entsteht

M2 Schutzbrief des muslimischen Generals Suwaid ibn Muqarrin

Aus einem Schreiben an die nichtmuslimischen Bewohner eines Dorfes am Kaspischen Meer (639):

Ihr erhaltet Schutz, und wir verpflichten uns, euch zu verteidigen unter der Bedingung, dass ihr jedes Jahr für jeden erwachsenen Mann eine bestimmte Steuer (dschizya) gemäß euren Möglichkeiten entrichtet. Wenn wir irgendeinen von euch um Hilfe ersuchen, so gilt diese Hilfe anstelle der Bezahlung der dschizya. Die Bewohner erhalten Sicherheit für sich, ihren Besitz, ihre Religion und ihre Gesetze. Alles wird beibehalten wie bisher, solange sie ihre Abgaben leisten, den Reisenden führen, guten Willen zeigen, den Muslimen Quartier geben und weder Spionage betreiben noch Verrat üben. Jeder, der bei ihnen wohnt, untersteht denselben Bestimmungen und jeder, der fortgeht, erhält freies Geleit, bis er in Sicherheit ist, jedoch nur unter der Bedingung, dass jeder, der einen Muslim beleidigt, streng bestraft wird und jeder, der einen Muslim erschlägt, vogelfrei ist.

Zitiert nach: Bernard Lewis (Hrsg.): Der Islam von den Anfängen bis zur Eroberung von Konstantinopel, Bd. 1, Zürich/München (Artemis) 1981, S. 329. Übers. von Hartmut Fähndrich.

M3 Der Koran zur Stellung der Frau

Der Koran verbesserte im Vergleich zur vorislamischen Zeit die Stellung der Frau. So durften u. a. auch keine weiblichen Neugeborenen mehr ausgesetzt werden:

Im Namen Gottes, des Barmherzigen, des Erbarmers. Ihr Menschen fürchtet euren Herrn, der euch aus einem einzigen Wesen erschaffen hat und aus ihm seine Frau erschuf und aus ihnen viele Männer und Frauen entstehen ließ. Achtet Gott, in dessen Namen ihr einander bittet, und die Blutsverwandschaft. Gott wacht über euch. Gebt den Waisen ihr Vermögen und tauscht dabei nichts Gutes gegen etwas Schlechtes aus; schlagt nicht ihr Vermögen zu eurem Vermögen. Das ist ein großes Verbrechen. Wenn ihr fürchtet, gegenüber den Waisen nicht gerecht zu sein, heiratet, was euch an Frauen beliebt: zwei, drei oder vier. Wenn ihr aber fürchtet, sie nicht gerecht behandeln zu können, dann nur eine ... Auf diese Weise könnt ihr am ehesten vermeiden, Unrecht zu tun.

Sure 4, 1–3.

Die Männer sorgen für die Frauen, weil Gott den einen gegenüber dem anderen einen Vorrang eingeräumt hat und weil sie von ihrem Vermögen für die Frauen ausgegeben haben.

Sure 4, 34.

Und der Herr sprach: Ich lasse bestimmt keine Tat von euch unbelohnt verloren gehen, sei es, dass ein Mann oder eine Frau sie begangen hat. Der eine von euch ist doch ein Teil des anderen.

Sure 3, 195. Zitiert nach: Der Koran, a. a. O.

1 Beschreibe die Ausbreitung des Islam anhand der Karte M1. Welche heutigen Länder gehörten zu diesem Großreich?

2 Gib den Inhalt des Schutzbriefes mit eigenen Worten wieder (M2). Wie wird sich diese Toleranz gegenüber Andersgläubigen ausgewirkt haben?

3 Erläutere, welche Stellung die Frau nach dem Koran in der Gesellschaft hat (M3).

4 Beschreibe die Tätigkeiten der abgebildeten Personen (M4). Welche Kenntnisse mussten sie bereits haben?

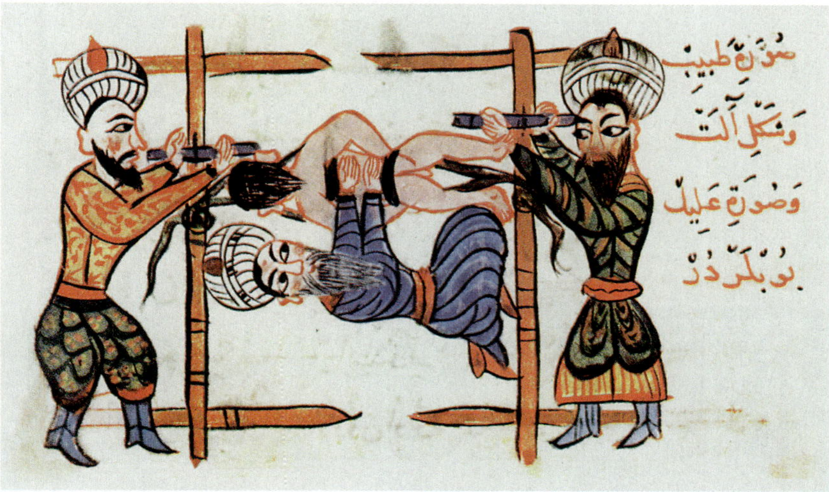

M4 Islamische Wissenschaft

Einrichtung einer verrenkten Wirbelsäule (aus einer arabischen Handschrift, 12. Jh.)

König Chlodwig und der Aufstieg des Frankenreichs

Eine germanische Staatsgründung von Dauer. Die Germanenreiche der Völkerwanderungszeit bestanden mit einer Ausnahme nicht sehr lange. Das Wandalenreich in Afrika und das Ostgotenreich in Italien wurden ab 534 von oströmischen Armeen vernichtet. Das Westgotenreich in Spanien unterlag 711 dem Ansturm der Araber (s. S. 14). Das Reich der Franken in Nordgallien hingegen entwickelte sich um 500 zu einer neuen Großmacht. In ihm prägten sich Lebensverhältnisse und Herrschaftsformen aus, die viele Jahrhunderte lang Bestand hatten. Die Franken waren nicht nur Erben Roms wie andere Germanenstämme auch, sondern sie wurden gleichzeitig Wegbereiter des mittelalterlichen Europa.

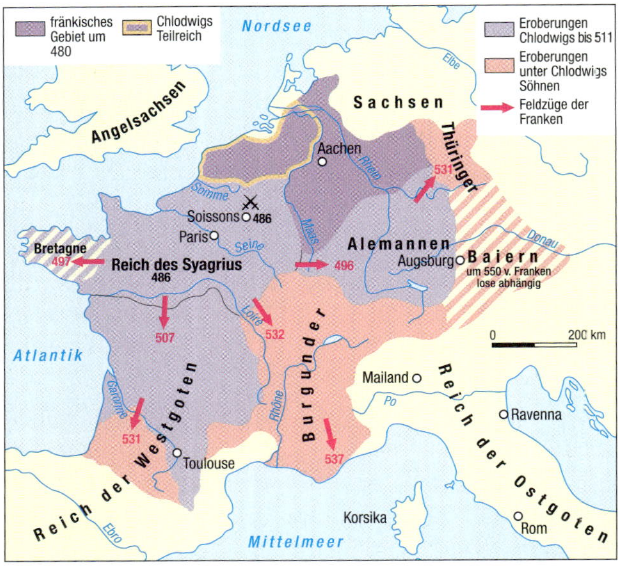

M1 Ausdehnung des Frankenreichs unter den Merowingern

Chlodwig setzt sich durch. Die Reichsbildung der Franken ist eng verbunden mit der Gestalt eines energischen und skrupellosen Königs, Chlodwig (482–511), aus dem Geschlecht der Merowinger. Er war zunächst nur einer von mehreren fränkischen Kleinkönigen im Gebiet zwischen Rhein und Somme. Ihm gelang es nach und nach, den größten Teil Galliens zu erobern und die anderen fränkischen Kleinkönige zu beseitigen. Dabei ging Chlodwig mit einer Tücke und Brutalität vor, die selbst für die damalige Zeit außergewöhnlich erschienen: Vor Bestechung, falschen Versprechungen, ja selbst dem eigenhändigen Mord an seinen Gegnern schreckte er nicht zurück.

Mit dem Sieg über die Westgoten 507 erhielt Chlodwig die gewünschte Anerkennung: Der oströmische Kaiser erkannte die neuen Gegebenheiten ausdrücklich an und schickte ihm die Amtstracht eines Konsuls, die Chlodwig in der Kirche des heiligen Martin in Tours feierlich anlegte. „Von diesem Tag an wurde er Konsul und Augustus genannt", berichtet sein Biograf, Bischof Gregor von Tours.

Chlodwig wird Christ. Die vielleicht entscheidende Grundlage für seinen Erfolg hatte Chlodwig schon Jahre zuvor gelegt: 496 ließ er sich in Reims katholisch taufen, 3000 seiner Krieger mit ihm. Gregor stellt den Vorgang so dar, als hätten Glaubensüberlegungen den König zu diesem Schritt veranlasst. Sicherlich gab es dafür vor allem politische Gründe. In den anderen Germanenreichen war der Gegensatz zwischen arianischen Germanen (für die Jesus Christus nur Mensch, nicht auch Gott war) und katholischen Römern ein Grund ihrer inneren Schwäche. Im Frankenreich aber wurde die religiöse Kluft zwischen den fränkischen Herren und der Masse ihrer gallorömischen Untertanen durch den gemeinsamen katholischen Glauben überbrückt. Sie konnten allmählich zu einem Volk verschmelzen, auch wenn nach Chlodwigs Tod sein Reich nach fränkischem Brauch unter seinen Söhnen aufgeteilt wurde.

M2 Taufe Chlodwigs *(Ausschnitt aus einem Buchdeckel, Elfenbein, 10. Jh.)*

M3 Chlodwigs Übertritt zum Christentum

Der Geschichtsschreiber und Biograf Gregor von Tours (um 540–594) schreibt:

Die Königin (Chrodechilde) aber ließ nicht ab in ihn zu dringen, dass er den wahren Gott erkenne und ablasse von den Götzen. Aber auf keine Weise konnte er zum Glauben bekehrt werden, bis er schließlich mit den Alemannen in einen Krieg geriet. Als die beiden Heere zusammenstießen, kam es zu einem gewaltigen Blutbad, und Chlodwigs Heer war nahe daran, völlig vernichtet zu werden. Als er das sah, erhob er seine Augen zum Himmel, sein Herz wurde gerührt, seine Augen füllten sich mit Tränen und er sprach: „Jesus Christ, Chrodechilde sagt, du seiest der Sohn des lebendigen Gottes, Hilfe sollst du den Bedrängten, Sieg geben denen, die auf dich hoffen – ich flehe dich demütig an um deinen mächtigen Beistand. Gewährst du mir jetzt den Sieg über diese meine Feinde, so will ich an dich glauben und mich taufen lassen auf deinen Namen. Denn ich habe meine Götter angerufen, aber sie haben mich mit ihrer Hilfe verlassen. Ich meine daher, sie haben keine Macht. Dich nun rufe ich an, und ich verlange an dich zu glauben. Nur entreiße mich erst aus der Hand meiner Widersacher.“ Und da er solches sprach, wandten sich die Alemannen zur Flucht und als sie sahen, dass ihr König getötet worden war, unterwarfen sie sich Chlodwig.

Darauf ließ die Königin heimlich den Bischof von Reims, den heiligen Remigius, rufen und bat ihn, er möchte das Wort des Heils dem Könige zu Herzen führen. (Chlodwig) aber sprach: „Gern höre ich dich, heiligster Vater, aber eins macht mir noch Bedenken: Das Volk, das mir folgt, duldet nicht, dass ich seine Götter verlasse. Doch ich gehe und spreche mit ihm nach deinem Wort.“ Als er darauf mit den Seinigen zusammentrat, rief alles Volk zur selben Zeit, noch ehe er den Mund auftat, denn die göttliche Macht kam ihm zuvor: „Wir verlassen die sterblichen Götter, gnädiger König, und sind bereit zu folgen dem unsterblichen Gott, den Remigius predigt.“ Solches wurde dem Bischof gemeldet, und er befahl hoch erfreut das Taufbad zu bereiten. Mit bunten Decken wurden nun die Straßen behängt, der Taufstein in Ordnung gebracht, Wohlgerüche verbreiteten sich. Zuerst (ging) der König, ein neuer Konstantin, zum Taufbade hin. Als er aber zur Taufe hintrat, redete ihn der Heilige Gottes also an: „Beuge still deinen Nacken, Sicamber, verehre, was du verfolgtest, verfolge, was du verehrtest.“

(Sicambren: germanischer Kleinstamm am Niederrhein, der sich mit den Franken verbunden hatte.)

Gregor von Tours II, 30-31. Zitiert nach: Rudolf Buchner: Gregor von Tours. Zehn Bücher fränkischer Geschichten, Bd. 1, Darmstadt (Wissenschaftliche Buchgesellschaft) 1955/56.

M4 Glaube, Politik und Krieg

Gregor von Tours berichtet von folgendem Vorfall:

In allen gallischen Landen wünschten schon damals viele von ganzem Herzen, die Franken zu Herren zu haben.

Es sprach aber König Chlodwig zu den Seinigen: „Es kümmert mich sehr, dass diese Arianer noch einen Teil Galliens besitzen. Lasst uns mit Gottes Beistand aufbrechen, sie besiegen und dieses Land in unsere Gewalt bringen.“ Und er brach mit seinem Heer auf und zog nach Poitiers. Dort hielt Alarich (der König der Westgoten) sich damals auf. Als aber ein Teil des Heeres durch das Gebiet von Tours zog, erließ er aus Verehrung für den heiligen Martin einen Befehl, niemand solle aus dieser Gegend etwas anderes nehmen als Gras zum Futter und Wasser. Es fand aber einer von seinem Heer bei einem armen Mann Heu und sprach: „Das ist ja Gras. Wir werden also des Königs Gebot nicht überschreiten, wenn wir es nehmen.“ Da er dem armen Mann aber Leid antat und ihm mit Gewalt Heu nahm, kam die Sache vor den König. Der hieb ihn schneller mit dem Schwert nieder als man es sagt und sprach: „Wie können wir auf Sieg hoffen, wenn wir den heiligen Martin erzürnen?“

Gregor von Tours II, 35-37. Zitiert nach: ebenda.

1 Stelle zusammen, welche Gebiete Chlodwig eroberte und welche unter seinen Söhnen zum Fränkischen Reich kamen (M1).

2 Gregor von Tours Erzählung (M3) ist kein historischer Bericht. An welchen Einzelheiten kann man das erkennen?

3 Arbeite aus M2 und M3 heraus, welche Vorteile sich Chlodwig von seinem Übertritt zum Christentum versprach. Lege seine Einstellung dar.

4 Erläutere, wie Chlodwig seine Stellung und seine Rechte als König auffasste (M4).

5 Stelle aus dem Autorentext zusammen, welche langfristigen Folgen die Taufe Chlodwigs hatte.

Europas Mitte wird christlich

Die Anfänge der Mission. Obwohl sich der Frankenkönig Chlodwig hatte taufen lassen und mit ihm etwa 3000 Gefolgsleute, war das ganze Frankenreich noch lange nicht christlich. Es fehlte auch eine Unterweisung in der christlichen Lehre. Nicht aus Rom, das von den Wirren der Völkerwanderung arg in Mitleidenschaft gezogen worden war, sondern aus Irland und Schottland kamen die ersten christlichen Missionare nach Mitteleuropa. Irland war im 5. Jh. durch den Briten Patrick zum Christentum bekehrt worden. Der irische Mönch Columban, begleitet von 12 Gefährten, missionierte im Frankenreich. Ihm folgte sein Schüler Gallus, der in der heutigen Schweiz ein Kloster gründete: Sankt Gallen. Der ebenfalls aus Irland stammende Mönch Kilian kam 680 nach Würzburg und missionierte in Bayern. Weitere Mönche folgten.

Die angelsächsischen Missionare verändern Europa. Unter Gregor I., der 590 ▸ Papst wurde, waren die Angelsachsen von römischen Mönchen zum Christentum bekehrt worden. Sie missionierten in Franken, zogen dann auch weiter östlich nach Sachsen. Der Mönch Willibrord reiste nach Friesland. Winfrid (672/675–754), der sich später Bonifatius nannte, folgte ihm zunächst nach, um später weiter östlich nach Hessen und Thüringen zu reisen.

M1 Bonifatius spendet einem Germanen die Taufe (links) und erleidet den Märtyrertod (rechts) *(Ausschnitt aus einer Buchmalerei, um 1020).*

Bonifatius als Missionar und Organisator. Anders als seine Vorgänger begnügte sich Bonifatius nicht nur mit Klostergründungen. Er erkannte die Bedeutung einer funktionierenden Verwaltung und Organisation für den dauerhaften Erfolg seiner ▸ Mission. Bonifatius reiste zunächst nach Rom (722). Mit der päpstlichen Erlaubnis zur Mission versehen, wandte er sich an die fränkischen Hausmeier (oberste Verwalter des Königsgutes). Mit deren Hilfe gründete Bonifatius 744 das Kloster Fulda, das zum Zentrum seiner Missionstätigkeit werden sollte. Die bereits christianisierten Gebiete teilte er nach Vorbild des Römischen Reiches in Verwaltungsbezirke ein. Als Leiter dieser Bistümer oder Diözesen setzte er fähige Männer ein, die ihm treu ergeben waren, und weihte sie zu Bischöfen. So entstand eine klar gegliederte und gut funktionierende Kirchenordnung. Bonifatius folgten zahlreiche weitere angelsächsische Mönche ins Frankenreich, die von neu gegründeten Klöstern seine Mission weiterführten und ausbauten.

Das Martyrium des Bonifatius. Im Alter von 80 Jahren brach Bonifatius noch einmal zu einer Missionsreise nach Friesland auf. Bei Dokkum (heutige Niederlande) überfielen ihn heidnische Friesen und erschlugen ihn. Bonifatius wurde in seiner wichtigsten Klostergründung Fulda beigesetzt und als Märtyrer verehrt. Hier treffen sich bis heute alljährlich die deutschen katholischen Bischöfe zu einer Vollversammlung.

M2 Europa wird christlich *(7./8. Jh.)*

M3 Empfehlungsschreiben Papst Gregors II. für Bonifatius *(722):*

Wir sind von großer Besorgnis erfüllt, weil wir erfahren haben, dass einige Stämme in Germanien östlich des Rheins umherirren und sich gleichsam unter dem Scheine christlichen Glaubens der Götzenverehrung hingeben. Andere wiederum besitzen weder die Erkenntnis Gottes noch sind sie im Wasser der heiligen Taufe gebadet worden. Wir haben daher notwendigerweise beschlossen, den Überbringer dieses Schreibens, unseren verehrungswürdigen Bruder Bischof Bonifatius, in diese Gegenden zu entsenden, damit er den Germanen das Wort des Heils verkünde und dadurch ihnen zum ewigen Leben verhelfe. Wenn er erfährt, dass irgendwer irgendwo vom Pfade des rechten Glaubens abgewichen ist, so soll er diesen durch seine Belehrung zum Hafen des Heils zurückbringen. Wir fordern alle auf, ihm in allem mit ganzer Kraft beizustehen und ihn in Jesu Christi Namen aufzunehmen und ihn überdies mit dem Nötigen zu versorgen. Gebt ihm Begleiter für seine Reise mit, gebt ihm Speise und Trank und was er sonst braucht. Jeder, der ihm Zustimmung und Unterstützung gewährt, der soll auf Fürbitte der Apostelfürsten die Gemeinschaft mit den heiligen Märtyrern Jesu Christi erlangen. Wer aber versucht, seine Arbeit durch Widersetzlichkeiten zu behindern und der ihm übertragenen Tätigkeit entgegenzuwirken, der soll nach dem Richterspruch Gottes vom Bannfluch getroffen ewiger Verdammnis verfallen. Lebt wohl.

Briefe des Bonifatius, Nr. 17. Zitiert nach: Ausgewählte Quellen zur deutschen Geschichte des Mittelalters, Bd. 4b, hrsg. von Rudolf Buchner, Darmstadt (Wissenschaftliche Buchgesellschaft) ²1988.

M4 „Betet für uns!“

Brief des Priesters Wigbert an die Mönche seines angelsächsischen Heimatklosters:

Gepriesen sei Gott, der will, dass alle Menschen gerettet werden und der uns nach seinem Willen in das Grenzgebiet der heidnischen Hessen und Sachsen über das Meer hinüber und durch die Gefahren dieser Welt geleitet hat. Ich lasse Euch wissen, Teuerste, dass unser Erzbischof Bonifatius in eigener Person uns eine weite Strecke entgegenzureisen und uns überaus gütig aufzunehmen geruhte. Mag es auch eine sehr gefährliche und fast in jeder Hinsicht mühselige Sache sein, unter Hunger und Durst, unter Kälte und den gegenseitigen Überfällen der Heiden zu leben. Daher bitte ich inständig: „Betet für uns!“

Briefe des Bonifatius, Nr. 101. Zitiert nach: a. a. O.

1 Betrachte das Bild (M1) genau. Achte auf die Gesichtsausdrücke und Haltungen. Woran erkennst du zusammengehörende Personengruppen? Bringe das Bild zum Sprechen, indem du für jede Personengruppe eine passende Sprechblase verfasst.

2 Gib anhand der Karte (M2) folgende Informationen in eine Tabelle ein: Wo war welcher Missionar wann tätig? Informiere dich mittels eines Lexikons oder anderer Nachschlagewerke über das Leben von einem der erwähnten Missionare und verfasse eine Kurzbiografie.

3 Arbeite die Aufgaben und Vollmachten heraus, die der Papst an Bonifatius übertrug (M3).

4 Fasse zusammen, welchen Herausforderungen die Missionare im Frankenreich gegenüberstanden (M2–M4).

Pippin und der Papst verbünden sich

Wer soll im Frankenreich herrschen? Fast 250 Jahre nach dem energischen Chlodwig saßen immer noch Merowinger auf dem fränkischen Thron. Aber wie hatten sich die Zeiten geändert! Der Thron war nur ein einfacher Holzstuhl. Der König hatte keine Macht mehr. Die Merowinger waren nur deshalb Könige, weil man immer noch glaubte, ihre Sippe besäße das „Königsheil", eine magische Kraft, die sie aus den übrigen Menschen heraushob. Das Zeichen dafür war ihr langes Haupthaar und ihr ungeschorener Bart. Die wirkliche Macht aber lag in den Händen ihrer obersten Verwalter oder „Hausmeier": Sie trafen alle wichtigen Entscheidungen und führten die fränkischen Heere in den Kampf. Lag es da nicht nahe, dass sie auch die Königskrone trugen?

751 kam der Hausmeier Pippin zu dem Entschluss, dass die Zeit reif sei. Wie aber konnte er das Königsheil ersetzen, das ihm und seiner Familie fehlte? Pippin und seine Anhänger beschlossen, auf die Kirche zurückzugreifen und sich ihres Segens zu vergewissern. So fragte er bei Papst Zacharias an, wer ▸ König sein solle: der, der das Königsheil besitze oder der, der die Macht habe. Der Papst gab die gewünschte Antwort. Der letzte Merowingerkönig wurde geschoren und ins Kloster verbannt und Pippin nach biblischem Vorbild zum König gesalbt. Dadurch sollte für alle deutlich werden, dass der neue Herrscher seine Stellung durch den Willen und die Gnade Gottes erlangt habe (▸ Gottesgnadentum).

Der Papst in Bedrängnis. Da der Herrscher in Byzanz all seine Kräfte im Kampf gegen die Muslime brauchte, konnte er den Papst nicht beschützen. Bereits Zacharias suchte nach einem anderen Schutzherrn. Als die Langobarden, die Nord- und Mittelitalien kontrollierten, Ravenna besetzten und Rom bedrohlich näher rückten, zog der neue Papst Stephan 753 in seiner Not über die Alpen ins Frankenreich. Er wiederholte an Pippin und dessen Söhnen die Königsweihe und verlieh ihnen den Titel „Patricius Romanorum" (= Schutzherr der Römer). Zugleich bat er um militärische Hilfe gegen seine Feinde. Pippin erfüllte die Erwartungen Stephans: Zweimal zog er mit einem Heer nach Italien, vertrieb die Langobarden aus dem Gebiet von Ravenna – und schenkte es dem Papst.

M 1 Pippin und Zacharias *(Ausschnitt aus dem Reliquienschrein des Klosters Prüm, Eifel)*
Papst Zacharias schenkte Pippin eine Reliquie mit Teilen der Sandalen Christi, die Pippin wiederum der Abtei Prüm überließ.

Langfristige Folgen. Das Bündnis des Frankenherrschers mit dem Papst brachte beiden Seiten Vorteile und veränderte die Kräfteverhältnisse in Europa:

Die römischen Päpste wandten sich dauerhaft den neuen Mächten im Norden zu, erst den Frankenherrschern, später den deutschen Königen, und lösten sich so aus der Oberhoheit des byzantinischen Kaisers. Auf dessen Kosten konnten sie sich einen eigenen weltlichen Herrschaftsbereich in Mittelitalien sichern, den später so genannten „Kirchenstaat", den sie 1200 Jahre lang behaupteten. Sie betonten immer deutlicher, dass sie als Nachfolger des Apostels Petrus Bischöfe der ehemaligen Hauptstadt der Welt waren. Daher fühlten sie sich nicht mehr nur für ihr römisches Bistum zuständig, sondern zunehmend für das ganze christliche Europa. Sie wollten die oberste geistliche Autorität über die ganze Kirche sein.

Pippin konnte mithilfe des Papstes die Stellung des neuen Königsgeschlechts der Karolinger absichern. Unter diesem gelangte das Frankenreich auf den Höhepunkt seiner Macht und Größe.

M2 Aus den Jahrbüchern des Fränkischen Reiches

Reichsannalen sind Jahrbücher, die von Mönchen in Klöstern geschrieben wurden. Sie berichten über wichtige Ereignisse im Frankenreich:

(751) Bischof Burkhard von Würzburg und Kaplan Folrad wurden zu Papst Zacharias gesandt, um wegen der Könige in Franzien zu fragen, die damals keine Macht als Könige hatten, ob das gut sei oder nicht. Und Papst Zacharias gab Pippin den Bescheid, es sei besser, den als König zu bezeichnen, der die Macht habe. Um die Ordnung nicht zu stören, ließ er kraft seiner apostolischen (= päpstlichen) Autorität den Pippin zum König machen.

(751/752) Pippin wurde nach der Sitte der Franken zum König gewählt und gesalbt von der Hand des Erzbischofs Bonifatius. Hilderich aber, dem Scheinkönig, schor man die Haare und schickte ihn ins Kloster.

(753) In demselben Jahr kam Papst Stephan (nach Franzien = Frankenreich) zu König Pippin und bat, ihn und die römische Kirche vor der Feindschaft der Langobarden zu schützen.

(754) Der erwähnte Papst Stephan bestätigte Pippin durch die heilige Salbung als König, und mit ihm salbte er auch seine beiden Söhne Karl und Karlmann zu Königen.

Annales Regni Francorum 749–754. Zitiert nach: Reinhold Rau: Quellen zur Karolinigischen Reichsgeschichte I (= Freiherr vom Stein-Gedächtnisausgabe), Darmstadt (Wissenschaftliche Buchgesellschaft) 1955.

M3 Papst Stephan II. an den fränkischen Adel *(753)*:

Bischof Stephan, an die ruhmreichen Männer, unsere Söhne, die gesamten Führer des Volkes der Franken:

„Wir hegen das Vertrauen, dass ihr euren Beschützer Petrus, den Fürsten der Apostel, liebet und auf unsere Beschwörung hin in voller Hingabe Mitarbeiter und Helfer zur Wahrung seines Nutzens sein werdet. Darum beschwören wir euch feierlichst, unserem Sohne, dem gottgeschützten König Pippin, dabei zu helfen, den Nutzen des seligen Apostelfürsten Petrus zu wahren. Gebet acht, o Söhne, bemühet euch eifrig, teilzunehmen an dem, was wir begehren! Denn wisset: Wer immer auf die andere Seite tritt, der wird ausgeschlossen sein vom ewigen Leben."

MG Epp. III, 8, 5. Zitiert nach: Wolfgang Lautemann: Mittelalter (= Geschichte in Quellen, Bd. 2, hrsg. von Wolfgang Lautemann und Manfred Schlenke), München (bsv) [3]1989, S. 57f. In weiterer Folge abgekürzt: GiQ 2.

M4 Pippin schenkt dem Papst Gebiete

Die Pippinsche Schenkung war ein Versprechen und kein Geschenk. Pippin versprach dem Papst, Gebiete dem Papst zu übertragen, die eigentlich dem byzantinischen Kaiser gehörten. Der Papst aber konnte eine Urkunde vorzeigen, in der stand, schon Konstantin habe jene Teile Italiens den römischen Bischöfen übergeben. Erst am Ende des Mittelalters fand man heraus, dass dieses Dokument eine Fälschung war:

(756) Als nun aber Pippin, der Frankenkönig, die Stadt Pavia belagerte, da sah sich (der Langobardenkönig) Aistulf genötigt, die Städte, die schon in einem früheren Vertrag bezeichnet waren, herauszugeben. Und über diese ganze Schenkung stellte Pippin eine Urkunde aus, die noch im Archiv unserer Kirche aufbewahrt wird.

(Im Auftrag Pippins) begab sich nun der Abt Fulrad mit den Bevollmächtigten des Königs Aistulf nach dem Exarchat (Gebiet des byzantinischen Statthalters) und ließ sich die einzelnen Städte der Pentapolis und der Provinz Aemilia ausliefern und Geiseln von ihnen stellen. Er kehrte dann mit den angesehensten Einwohnern und den Schlüsseln der verschiedenen Städte nach Rom zurück. Hier legte er die Schlüssel und die von seinem König ausgestellte Schenkungsurkunde beim Grab des heiligen Petrus nieder und übertrug dessen Stellvertreter, dem Papst und allen seinen Nachfolgern auf dem römischen Stuhl für ewige Zeiten, den Besitz der nachfolgenden Städte: (Es folgt eine Aufzählung von 23 Städten und Burgen zwischen Ravenna und Rom).

Liber pontificalis Stephan II., cap. 46–50. Die Chronik Fredegars und der Frankenkönige, übers. von Otto Abel, 3. neu bearb. Auflage, Leipzig (Dyk) 1888.

1 Informiere dich im Neuen Testament über Stellung und Auftrag des Apostels Petrus (Mt. 16, 13–19).

2 Petrus starb den Märtyrertod in Rom und soll dort begraben sein. Welchen Anspruch leitet der Bischof von Rom, der Papst, daraus ab?

3 Erstelle eine Chronik der Ereignisse 751–756 (M1–M4).

4 Suche die in M4 genannten Orte und Gebiete in einem Geschichtsatlas. Beschreibe die politische Situation in Italien nach 756.

5 Nenne die Vorteile, die Papst und Frankenkönig jeweils aus ihrer Zusammenarbeit zogen. Beurteile, wer von beiden den größeren Nutzen hatte.

6 Was bedeutet es, dass die Schenkung eine Fälschung ist?

Der Frankenkönig wird Kaiser

Karl „der Große“. Der Sohn Pippins trug in der lateinisch-französischen Übergangssprache der Zeit den Beinamen „le magne“, der Ältere, um ihn von seinem jüngeren Bruder Karlmann zu unterscheiden. Später wurde daraus eine Ehrenbezeichnung, „Charlemagne“, „Carolus magnus“, Karl der Große. Er regierte das Frankenreich von 768 bis 814. Unter seiner Herrschaft erreichte es seine größte Ausdehnung und erlangte weltgeschichtliche Bedeutung.

Eroberungen. Karl führte fast jedes Jahr Krieg – gegen die Araber im Südwesten, Wikinger und Dänen im Norden, Awaren im Osten. Zwei seiner Kriege sind besonders hervorzuheben: 774 eroberte er nach einem Hilferuf des Papstes in einem einzigen Feldzug das mächtige Langobardenreich in Nord- und Mittelitalien. Damit rückte Karls Machtbereich ganz nahe an den Papst in Rom heran. Von nun an nannte er sich „König der Franken und Langobarden“ und „Schutzherr der Römer“. Der zweite dieser Kriege dauerte fast dreißig Jahre und ging gegen die germanischen Sachsen im heutigen Westfalen und Niedersachsen. Sie wurden schließlich blutig unterworfen und unter Zwang zu Christen gemacht. Ihre Einbeziehung in das Reich Karls hatte für die deutsche Geschichte tief greifende Folgen.

Karls Kaisertum. 799 überfielen römische Adlige Papst Leo III. während einer Prozession; im letzten Augenblick konnte er fliehen. Seinem Hilferuf folgte Karl bereitwillig, hatte er doch selber Pläne, seine Stellung als Herrscher zu erhöhen, wozu er die Hilfe des Papstes gut gebrauchen konnte. Am Weihnachtstag des Jahres 800 begab er sich nicht in fränkischer Tracht, sondern gekleidet wie der oströmische Kaiser in die Peterskirche. Während der Messe setzte ihm der Papst eine Kaiserkrone aufs Haupt.

Karl wurde durch die Krönung „Imperator Augustus“, Erbe der weströmischen Kaiser, sein Reich das erneuerte Römerreich. Sein neuer Titel verband das Neue mit dem Hergebrachten: „Karl, der von Gott gekrönte Kaiser, der das Römische Reich regiert und der auch König der Franken und Langobarden ist.“ Er war also König über Volksstämme und auf einer höheren Ebene zugleich Kaiser über das einheitliche Herrschaftsgebiet – ein gewaltiges Reich, das einen Großteil Europas umfasste und gleichrangig neben dem Byzantinischen stand. Gott selbst, nicht der Papst hat ihm nach damaliger Überzeugung seine Stellung verliehen. Er sollte wie ein neuer Konstantin für die Verteidigung und Ausbreitung des Glaubens Sorge tragen. Der Kaiser galt als Vorkämpfer und Anführer aller Christen im Westen Europas.

Zwar zerfiel das Großreich schon wenige Jahre nach Karls Tod. Aber kulturell und geistig blieb das Gefühl der Gemeinsamkeit erhalten, weil die Völker sich ihrer Einheit unter dem ersten mittelalterlichen Kaiser erinnerten. Insofern ist Karl der Große bis heute, was ein Schriftsteller zur Zeit seiner Kaiserkrönung über ihn schrieb: „pater Europae“, der Vater Europas.

M1 Das Reich Karls des Großen

M2

Die folgende Quelle stammt aus der Feder von Einhard. Er lebte am Hof Karls des Großen und kannte den Herrscher sehr gut. Nach dessen Tod verfasste er 833 eine ausführliche Lebensbeschreibung Karls:

Seine letzte Reise nach Rom hatte mehrere Gründe. Die Römer hatten Papst Leo schwer misshandelt, ihm die Augen ausgestochen und die Zunge ausgerissen, sodass er sich gezwungen sah, den König um Schutz zu bitten. Daher begab sich Karl nach Rom, um die verworrenen Zustände der Kirche zu ordnen. Das dauerte den ganzen Winter. Bei dieser Gelegenheit erhielt er den Kaiser- und Augustus-Titel, der ihm anfangs so zuwider war, dass er erklärte, er würde die Kirche selbst an jenem hohen Feiertage (Weihnachten, 25. Dezember 800) nicht freiwillig betreten haben, wenn er die Absicht des Papstes geahnt hätte. Die Eifersucht der oströmischen Kaiser, die ihm die Annahme der Titel schwer verübelten, ertrug er dann allerdings mit erstaunlicher Gelassenheit. Er überwand ihren Widerstand durch seine Großmut – denn in dieser Beziehung stand er weit über ihnen – und indem er ihnen zahlreiche Botschaften sandte und sie in den Briefen immer als Brüder anredete.

Einhard: Das Leben Karls des Großen, übers. von Evelyn Scherabon Firchow, Stuttgart (Reclam) 1995, S. 53.

M3 Reiterstatuette Karls des Großen *(Bronze, um 870, ca. 25 cm hoch)*

Methode: Textquellen auswerten

Wir wissen genau, wann Karls Kaiserkrönung stattgefunden hat, weil mehrere Textquellen darüber berichten. Schwieriger ist es zu erkennen, wie das Ereignis genau abgelaufen ist. Denn Quellen berichten nie ganz sachlich. Vielmehr betonen oder verschweigen die Autoren bestimmte Einzelheiten. Es kommt darauf an, ob sie dem Frankenherrscher, dem Papst oder gar dem byzantinischen Kaiser nahe gestanden haben. Deshalb dürfen wir Textquellen nicht einfach wörtlich nehmen, sondern müssen gezielt vorgehen, wenn wir Informationen aus ihnen erhalten wollen. Dabei wertet man in folgenden Schritten aus:

1. Schritt: Die Quelle und ihren Autor einordnen
An welchem Ort und zu welchem Zeitpunkt fand das Ereignis statt? Wer ist der Verfasser der Quelle? War er bei dem Geschehen, von dem er berichtet, selbst anwesend? Stand er einer der Personen in seinem Bericht (hier dem Papst oder Karl) besonders nahe?

2. Schritt: Tatsachen erfassen
Über welches Ereignis oder welche Zustände wird berichtet? Welche Einzelheiten werden dabei genannt? Wie kann man die Aussage des Texts in einem Satz zusammenfassen? Auf welche möglichen Fragen gibt der Text Antwort, auf welche nicht?

3. Schritt: Information und Meinung unterscheiden
Welche Textteile berichten von Fakten, welche enthalten Wertungen? Womit kann man diese Unterscheidung begründen? Für wen oder was ergreift der Verfasser Partei? Wen oder was kritisiert er? Gibt es einen Zusammenhang zwischen der Meinung und dem, was wir vom Verfasser wissen (vgl. Schritt 1)?

1 Nenne die Gebiete, die Karl seinem Reich hinzufügte. Zähle die heutigen Staaten auf, die das Fränkische Reich umfasste (M1).
2 Werte Einhards Text (M2) in den oben beschriebenen Schritten aus. Finde eine Überschrift.
3 Suche in M3 die Herrschaftszeichen Karls. Charakterisiere Karls Ausdruck und seine Haltung.

Das Frankenreich zerfällt

Karls Nachfolger zerstreiten sich. Karl der Große starb im Januar 814 mit über siebzig Jahren in seiner Kaiserpfalz Aachen. Sein einziger noch lebender Sohn Ludwig der Fromme übernahm die Herrschaft über das Fränkische Reich. Noch zu seinen Lebzeiten stritten sich dessen Söhne Karl II., der Kahle, Ludwig der Deutsche und Lothar I. um das Erbe. Angriffe durch Normannen, Araber und Ungarn schwächten das Reich weiterhin. Auch einzelne Herzöge versuchten sich unabhängig zu machen. Nach dem Tod Ludwigs kam es zu weiteren Auseinandersetzungen unter den Söhnen. Schließlich einigten sich diese 843 im Vertrag von Verdun auf eine Teilung des Reichs. Aus dem romanisch geprägten Westfrankenreich entstand später Frankreich. Dort sprach man Französisch (der Name leitet sich von dem Gebiet Ile de France um Paris ab). Das germanisch geprägte Ostfrankenreich, in dem sich die deutsche Sprache durchsetzte, wurde zum Vorgänger Deutschlands. Aus dem Mittelreich Lothars ging Loth(a)ringen hervor. Auch in Italien begann mit dem Vertrag von Verdun eine eigenständige Entwicklung.

Nach dem Tod Lothars beließ man dessen Sohn Ludwig II. nur den italienischen Teil und den Kaisertitel, das übrige Gebiet teilten sich Karl und Ludwig im Vertrag von Meerssen 870. Damit war die fast während des ganzen Mittelalters bestehende Grenze zwischen Frankreich und Deutschland grundsätzlich festgelegt; sie blieb bis zum Zweiten Weltkrieg immer wieder umstritten.

Ein neuer Anfang im Osten. Innere Kriege und Angriffe von außen hielten an und schwächten das Ostfränkische Reich. Als 911 der letzte karolingische König starb ohne Erben zu hinterlassen, entschieden die adligen Führer der mächtigsten Stämme, die Herzöge der Franken, Sachsen, Bayern und Schwaben, sich nicht dem westfränkischen König unterzuordnen, sondern mit dem Frankenherzog Konrad einen der ihren zum neuen König zu wählen. Konrad verstarb bereits acht Jahre später ebenfalls kinderlos. Zu seinem Nachfolger wurde erstmals ein nichtfränkischer Herzog, nämlich Heinrich von Sachsen, gewählt. Würde der westfränkische König Karl III. das akzeptieren? Im Jahre 921 gestand Karl bei einem Treffen der beiden Könige in Bonn am Rhein – im Gegenzug für seine Bestätigung als westfränkischer Herrscher – Heinrich den Titel „ostfränkischer König" zu. Damit konnten auch andere Herzogsgeschlechter den Königstitel tragen und weiter vererben. Das Ostfränkische Reich war endgültig eigenständig geworden.

Der Sohn Heinrichs, Otto I., und seine Nachfolger verschafften dem Ostfränkischen Reich eine lange Herrschaft, die unter dem Namen „Heiliges Römisches Reich Deutscher Nation" fast 1000 Jahre bestehen sollte (s. S. 42f.).

M1 Karl II., der Kahle
(Seite aus einer Prachthandschrift, die dem Kloster St. Emmeram zu Regensburg geschenkt wurde, um 870)

M2 Das Reich Karls des Großen wird aufgeteilt

Vertrag von Verdun (843)

Vertrag von Meerssen (870)

M3 Ab wann gibt es das „Deutsche Reich"?

Immer wieder, auch in Schulbüchern, wird der Beginn eines Deutschen Reichs mit den ostfränkischen Königen Heinrich I. oder Otto I. angesetzt, werden diese beiden Herrscher als erste deutsche Könige bezeichnet. Die Menschen verstanden sich zunächst nur als deutsch sprechende Bewohnerinnen und Bewohner eines bestimmten Gebietes. Ein im Volk herrschendes Verständnis als „Deutsche" kann zumindest bis zum Ende des 11. Jh. nicht nachgewiesen werden. Somit gab es um 1000 weder ein Deutschland noch „deutsche Könige".

Das Wort „deutsch", das sich vom lateinischen Wort „theodiscus" (theoda = Volk) bzw. „teutonicus" ableitet, meinte nichts anderes als „Sprache des Volkes" – im Unterschied zu Latein. Dazu gehörten unterschiedliche Dialekte, etwa Alemannisch, Sächsisch, Baierisch und Ostfränkisch.

842 schwor das Heer Ludwigs in der „lingua teodisca":

„Oba Karl then eid, then er sinemo bruodher Ludhuwige gesuor, geleistit, indi Ludhuwig min hero, then er imo gesuor forbrihchit, ob ih inan es iruuenden ne mag: noh ih noh thero nohhein, then ih es irruenden mag, widhar Karle imo ce follusti ne uuirdhit."

Dieser Eid lautet übersetzt:

Wenn Karl den Eid, den er seinem Bruder Ludwig schwört, hält und Ludwig, mein Herr, ihn seinerseits nicht hält, wenn ich ihn nicht davon abhalten kann, dann werde weder ich noch irgendeiner, den ich davon abhalten kann, ihm gegen Karl irgendwelchen Beistand leisten.

Zitiert nach: Althochdeutsches Lesebuch, zusammengestellt von Wilhelm Braune, bearb. von Ernst A. Ebbinghaus, Tübingen (Max Niemeyer Verlag) [17]1994, S. 57.

1 M1 zeigt Karl den Kahlen als Herrscher. Wie wollte er gesehen werden?

2 Erläutere anhand von M2 die Teilungen des Fränkischen Reiches.

3 Weise Auswirkungen der Reichsteilung bis heute nach (M2).

4 Erkundige dich bei deinen Eltern, Großeltern, Verwandten, Lehrern, wann ihrer Meinung nach „Deutschland" entstanden ist. Überlege, wieso früher Historiker die ostfränkischen Könige als „deutsche Könige" bezeichnet haben, z. B. Ludwig der Deutsche.

Über 1000 Jahre Grundherrschaft

Schutz gegen Freiheit. Ursprünglich bebauten die freien Franken ihr Ackerland selbst und ritten für den König in den Krieg, wenn sie gerufen wurden. Denn der Kriegsdienst für den König war Pflicht und Ehre des freien Mannes. Jedoch Pferd, Rüstung und Gefolge zu bezahlen war teuer, der Kampf gefährlich. Außerdem mussten die Freien noch für Helfer aufkommen, die während ihrer Abwesenheit den Hof weiter bewirtschafteten. Viele freie Bauern verarmten und unterstellten sich deshalb dem Schutz eines reichen Grundherrn: Sie übergaben ihr Land, z. B. einem Abt oder einem Grafen, und wurden dadurch zu unfreien ▸ Hörigen dieser Herren. So hatten sie zwar Dienste und Abgaben zu leisten, mussten aber für den König nicht mehr in den Krieg ziehen. Der Grundherr stellte Krieger für die Leute, die nun unter seinem Schutz standen, und rüstete sie aus. Der Grundherr vertrat die Hörigen bei Gericht, richtete auch über sie.

Dieses System der ▸ Grundherrschaft hatte in verschiedenen Ausprägungen über 1000 Jahre Bestand. Erst im 19. Jh. wurde es beseitigt.

Herrschaft über Land und Leute. Grundherren, die über viel Land verfügten, ließen es von eigenen Leuten bearbeiten. Diese ▸ Leibeigenen galten als „Zubehör" zum Boden. Wer den Boden besaß, dem gehörten also die Menschen, die auf ihm arbeiten mussten. Die, die immer schon Leibeigene gewesen waren, und die Freien, die Hörige geworden waren, ließen sich bald nicht mehr unterscheiden. Unfreie durften das Land nicht verlassen und auch nicht ohne Zustimmung des Grundherrn heiraten. So bedeutete die Grundherrschaft, Herr und Richter über „Land und Leute" zu sein.

Familiennamen, die jeder kennt, stammen aus der Grundherrschaft: Einen Bauernhof, der eine Familie ernährte, nannte man eine „Hufe" (lat. huoba). Der Bauer, der auf einer „huoba" saß, war deshalb ein „Huber". Mehrere Höfe oder ganze Dörfer eines Grundherrn wurden von einem Fronhof aus verwaltet; das war der „dem Herrn gehörende" Hof. Als Verwalter wohnte und arbeitete dort ein „maior domus". Dieser „Haus-Meier" hatte darauf zu achten, dass die „Huber" ihre Abgaben leisteten und die Leibeigenen richtig arbeiteten, aber auch versorgt wurden.

M1 Bauern bei der Fronarbeit, der Grundherr oder Meier überwacht sie *(Buchmalerei, 14. Jh.).*
Das Wort Frondienst leitet sich vom mittelhochdeutschen „frô" = Herr ab.

M2 Abgaben und Leistungen

Der Bauer Widrad hatte an das Kloster Prüm in der Eifel Folgendes abzuliefern bzw. zu leisten. Aus einer Urkunde aus dem Jahre 893:

Widrad gibt an das Kloster jedes Jahr 1 Eber, 1 Pfund Garn, 3 Hühner, 18 Eier. Er fährt 5 Wagenladungen von seinem Mist auf unsere Äcker, bringt 5 Bündel Baumrinde für die Beleuchtung und fährt 12 Wagenladungen Holz zum Kloster. Dieses Holz dient im Winter zum Heizen. Ferner liefert Widrad dem Kloster jährlich 50 Latten und 100 Schindeln für Dachreparaturen.

Sein Brot bäckt Widrad in unserem Backhaus und das Bier braut er in unserem Brauhaus. Hierfür zahlt er an das Kloster eine Gebühr. Eine Woche in jedem Jahr verrichtet er den Hirtendienst bei unserer Schweineherde im Wald. Er bestellt drei Morgen Land, das ganze Jahr hindurch, jede Woche drei Tage. Das bedeutet: Er muss bei der Einzäunung unserer Äcker und Weiden helfen, zur rechten Zeit pflügen, säen, ernten und die Ernte in die Scheune bringen.

Bis zum Dezember, wenn das Getreide gedroschen wird, muss er es zusammen mit anderen Hörigen bewachen, damit es nicht von Brandstiftern angezündet wird. Wenn Widrad 15 Nächte den Wachdienst verrichtet, das Heu geerntet und auf unseren Äckern gepflügt hat, erhält er in einem guten Erntejahr Brot, Bier und Fleisch; in anderen Jahren erhält er nichts. Die Frau Widrads muss leinene Tücher aus reinem Flachs anfertigen, 8 Ellen lang und 2 Ellen breit. Sie fertigt daraus Hosen für die Mönche an.

Zitiert nach: Günther Franz: Quellen zur Geschichte des deutschen Bauernstandes im Mittelalter, Darmstadt (Wissenschaftliche Buchgesellschaft) 1967, S. 83ff.

M3 Abgaben im Laufe des Jahres

(aus einem mittelalterlichen Kalender)

Der Zehnt war der zehnte Teil der Ernte, der an den Grundherrn zu bestimmten Tagen abgeliefert werden musste.

1 Erfinde ein Gespräch, in dem ein freier Bauer sich einem Herrn „ergibt“, um sein Höriger zu werden.

2 Beschreibe und erkläre mithilfe des Verfassertextes die Darstellung M1.

3 Ordne die Pflichten Widrads (M2) nach a) Abgaben und b) Diensten.

4 Der Bildkalender M3 ist wie ein Bilderrätsel. Welche Abgaben kannst du erkennen? Welche Bilder kannst du nicht deuten?

Das Leben und Arbeiten auf dem Dorf

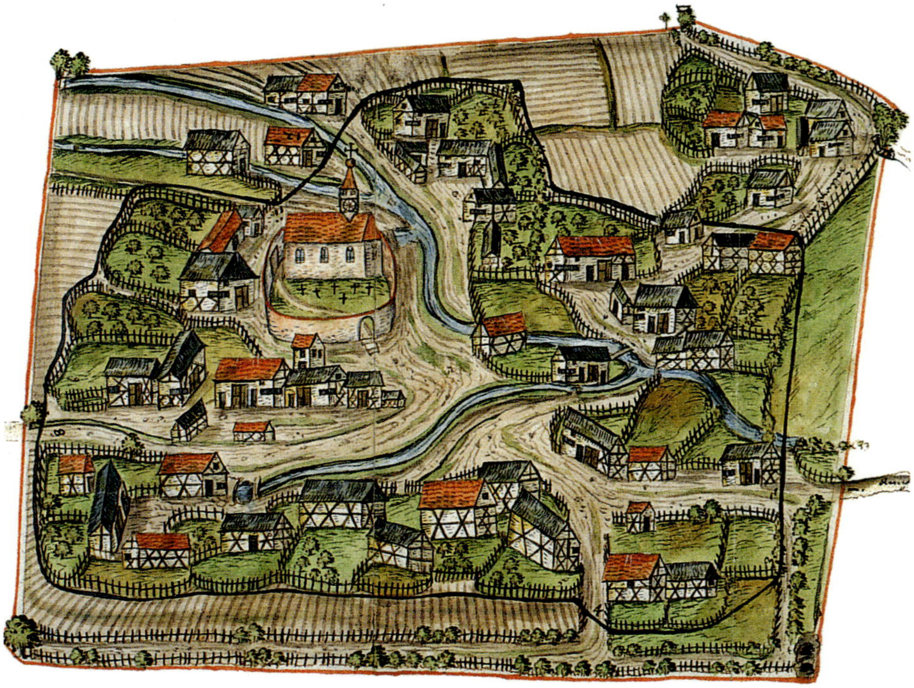

M1 Heudorf um 1576 *(Kreis Konstanz)*

Ein Rundgang. Wir gehen durch ein mittelalterliches Dorf. Hier wohnen etwa 100 Menschen. Jeder der 20 Höfe ist von einem Garten umgeben. Das Dorf wird von einem Zaun, dem Etter, eingefasst. Die Felder ringsum sind eingeteilt in drei „Gewanne“ oder „Ösche“. Die Flurstücke der einzelnen Bauern liegen nebeneinander in den Gewannen. Sie werden gemeinsam in Form der Dreifelderwirtschaft bebaut. Das bedeutet, Sommergetreide, Wintergetreide und Brache folgen aufeinander. Es gibt auch Wiesen und Viehweiden, welche die Dorfgemeinschaft gemeinsam besitzt, die „Allmende“. Die Bauern müssen zuerst Wald und Buschwerk roden, um die Flächen als Äcker und Weiden nutzen zu können. Bei dieser schweren Rodungsarbeit fällt das Holz für den Hausbau an. Aus dem Wald holen sich die Dorfbewohner Brennholz, Früchte und Kräuter aller Art. Er dient auch als Weide für die Schweine. Zum Dorf gehören ein Bach und eine Mühle. Bauern, die kleinere Höfe betreiben und davon nicht leben können, arbeiten noch als Handwerker. Der Wagner baut und repariert Karren und alle Geräte aus Holz. Der Hufschmied ist mit der Herstellung und Reparatur der Pflüge, Kessel, Hacken und Spaten beschäftigt. Der Sattler im Dorf erledigt die Lederarbeiten, etwa am Zaumzeug der Pferde.

Gemeinschaft und Ordnung im Dorf. Die Kirche mit dem Pfarrhaus und der Platz, auf dem das Wirtshaus und die Dorflinde standen, waren wichtige Versammlungsorte. Gemeinsam musste der Zaun in Stand gehalten werden, der das Dorf umgab, und die Wege angelegt und ausgebessert werden. Die Bauern mussten Gewanne, Wälder und Wiesen gemeinsam nutzen; außerdem die Verteilung des Bachwassers regeln. Sie mussten zur selben Zeit auf ihren Äckern pflügen, säen, ernten oder düngen. Um das alles gerecht zu regeln, gaben sie sich Dorfordnungen und bestimmten einen Dorfältesten oder Schultheißen. Sie richteten unter der Linde über Dorfbewohner, die die Ordnung übertraten.

Fast alles, was ein Bauer und seine Familie erwirtschafteten, brauchten sie zum Leben und um die Abgaben zu leisten. Mit Spinnen von Flachs zu Leinwand, mit Weben, Stricken oder Schnitzen verdienten sie sich im Winter etwas hinzu. War die Ernte gut, konnten sie etwas davon auf dem Markt in der Stadt verkaufen. War die Ernte schlecht, hungerten sie, wenn die Vorräte knapp wurden. Es ist kein Zufall, dass die kirchlichen Fastenzeiten in das Winterhalbjahr fallen. Die sehr harte Arbeit und die mangelhafte Ernährung machten die Menschen anfällig für Krankheiten und führten zum frühen Tod.

Ereignisse und Feste des Kirchenjahres, an denen man sich richtig satt essen und einmal über den Durst trinken konnte, zählten zu den freudigen Höhepunkten im Leben der Bauern. Kirchweih, Jahrmärkte, Erntedank- und Schlachtfeste werden heute noch gerne gefeiert. Was sie für das Leben auf dem Lande einmal bedeutet haben, können wir nur verstehen, wenn wir wissen, wie schwer es war.

M2 Bäuerliche Arbeiten im Laufe eines Jahres *(um 1480)*

M3 Vom Hunger bedroht

Der Mönch Radulf Glaber aus dem Kloster Cluny berichtet über die Jahre 1032 bis 1034:

Die Hungersnot griff mit ihren Verheerungen immer weiter um sich, sodass das Auslöschen des ganzen Menschengeschlechts zu befürchten stand. Es herrschte eine so ungünstige Witterung, dass man keine geeignete Zeit zum Säen fand und dass es vornehmlich wegen der Überschwemmungen unmöglich war, eine Ernte einzubringen ... Unablässige Regenfälle hatten das Erdreich derart aufgeweicht, dass man drei Jahre lang keine Furchen ziehen konnte, die die Saat hätten aufnehmen können. Zur Erntezeit waren die Felder ganz von Unkraut und der verderblichen Tollgerste überwuchert. Ein Mud (= Hohlmaß) Saatgut trug im günstigsten Fall einen Sester (= kleineres Hohlmaß), und ein Sester wiederum warf kaum eine Handvoll ab. Fand man glücklich Nahrung zum Verkauf feilgeboten, so konnte der Verkäufer jeden beliebigen Wucherpreis dafür fordern. Nachdem die Menschen die wilden Tiere und die Vögel verzehrt hatten, begannen sie, Aas und Dinge, die kaum zu benennen sind, zusammenzutragen, um sich daran zu sättigen. Manche sammelten, um dem Tode zu entgehen, im Walde Wurzeln und in den Flüssen das Wasserkraut. Entsetzen erfasst jeden, der von den Verirrungen vernimmt, die damals das Menschengeschlecht befielen. Ach und Weh! In ihrem wütenden Hunger verschlangen die Menschen sogar das Fleisch von ihresgleichen.

Zitiert nach: Jacques Le Goff: Kultur des europäischen Mittelalters, München/Zürich (Artemis) 1970, S. 401. Übers. von Gerda Kunz und Siglinde Summerer.

1 Zeichne das Dorf (M1) im Grundriss und trage die wichtigen Einrichtungen ein.

2 Erstelle aus den Bildern von M2 einen Jahresplan bäuerlicher Arbeiten. Welche Arbeiten fehlen?

3 Bauer Hans Unold hält sich nicht an die Dorfordnung. Wogegen kann er verstoßen (Autorentext)?

4 Schreibe als Anwalt für die Bauern eine Bittschrift an den Grundherrn, in der ihre Nöte (M3) vorgetragen werden.

5 Untersuche, welche Haltung der Verfasser in M3 den Bauern gegenüber einnimmt.

Das Kloster – eine Welt für sich

Was ist ein Kloster? Das deutsche Wort „Kloster“ leitet sich vom lateinischen Wort „claustrum“ ab, was etwa so viel wie „abgeschlossener Bezirk/Raum“ bedeutet. Damit bezeichnet man den von der weltlichen Umgebung abgetrennten Wohnort für die Gemeinschaft der dort lebenden Nonnen oder Mönche. Das Mönchtum hat einen entscheidenden Anteil in der kulturellen Entwicklung Europas genommen. Auch heute noch gibt es diese Lebensform.

Rückzug aus der Welt. Schon immer waren manche Menschen des geschäftigen Lebens in der Welt mit ihrem Streben nach Macht und Reichtum überdrüssig und sehnten sich nach einem einfachen Dasein jenseits aller irdischen Güter und Sorgen. So auch im frühen Christentum. Jesu Leben und Worte und die Schriften des Neuen Testaments wurden so gedeutet, dass ein Leben ohne Besitz und Familie (Askese = Übung zum Verzicht) als wahre Nachfolge Jesu angesehen wurde. Einzelpersonen, aber auch ganze Gruppen von Menschen zogen sich zurück, um ein Leben ganz in Konzentration auf Gott und nur auf die täglich notwendige Arbeit zu führen. „Ora et labora“ – bete und arbeite – wurde zu ihrer Lebensgrundhaltung. Solche Menschen nannte man „Mönche“ (griech. monachos = Einsiedler) bzw. „Nonnen“ (weibl. Form von lat. nonnus = Mönch).

M1 Singende Mönche *(Buchmalerei, 13. Jh.)*

M2 Nonnen beim Chorgesang
(aus einem Psalmenbuch, um 1430)

Mönchsgemeinschaften entstehen. Als Urvater des abendländischen Mönchtums gilt Benedikt von Nursia (480–547). Er stellte in dem von ihm 529 gegründeten Kloster Monte Cassino (südlich von Rom) eine Regel auf, die von zahllosen weiteren Klöstern übernommen wurde. Die Mönche und Nonnen, die nach dieser Regel leben, nennen sich „Benediktiner“ bzw. „Benediktinerinnen“. Die Klosterordnung des heiligen Benedikt regelt fast alle Fragen des Alltags, vom Aufstehen über die Arbeit und das tägliche Gebet bis hin zur Einhaltung der Nachtruhe. Vor allem aber verlangt sie drei Gelübde:

1. lebenslange Bindung an die Klostergemeinschaft,
2. Eigentumsverzicht und Ehelosigkeit,
3. unbedingter Gehorsam gegenüber dem Abt (lat. abbas = Vater).

Wer nach dieser Ordnung (lat. ordo) lebte, gehörte zum „Orden“, d.h. zur Mönchsgemeinschaft. Später spalteten sich vom Orden der Benediktiner weitere ab, wie der Zisterzienserorden. Neue Mönchsgemeinschaften entstanden, z.B. die Franziskaner. Auch Frauen gründeten Orden.

Kloster St. Gallen. Anfang des 7. Jh. hat sich der heilige Gallus dort niedergelassen, wo heute die Stadt St. Gallen in der Schweiz liegt. Aus einer „Zelle“, so nennt man die Anfänge eines Klosters, entstand eine Mönchsgemeinschaft, deren Abt Gozbert (816–836) ein neues Kloster bauen lassen wollte. Seine Nachbarn, die Mönche von der Insel Reichenau im Bodensee, schickten ihm dafür um das Jahr 820 einen Plan. Er wird heute in der berühmten Bibliothek von St. Gallen aufbewahrt. Auf diesem einzigartigen Klosterplan haben die Benediktiner aufgezeichnet, wie sie sich ein ideales Kloster vorstellten. Niemals ist ein Kloster genau so gebaut worden.

Schon beim ersten Blick auf diesen Plan merkt man, dass hier trotz der vielen Gebäude und Grünflächen eine durchdachte Ordnung herrscht. In der Mitte der Anlage liegen die Kirche und das Kloster mit dem Kreuzgang. Die Kirche ist Zentrum des Gottesdienstes und Begräbnisstätte für die Stifter. Auf dem Weg zwischen der Kirche und dem Kloster benutzen die Mönche regelmäßig den Kreuzgang. Rings um dieses Viereck im Inneren liegen vier Randbereiche, die klar erkennbare Aufgaben haben. Ein Kloster nach diesem Plan ist also ein Ort, an dem es alles gibt, was Menschen zum Leben brauchen.

M3 Klosterplan von St. Gallen

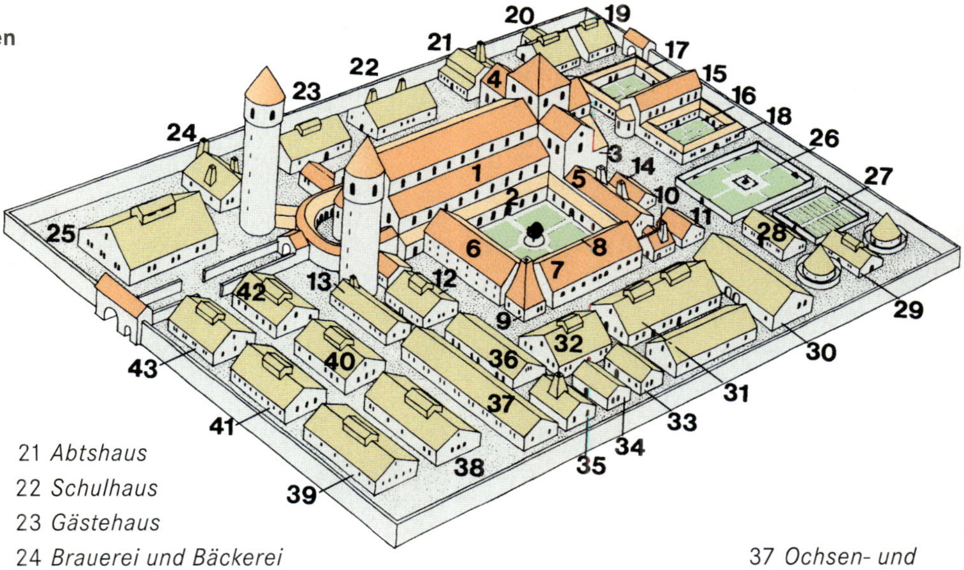

1 *Klosterkirche*
2 *Kreuzgang*
3 *Sakristei*
4 *Schreibstube/Bibliothek*
5 *Schlafsaal*
6 *Wein- und Bierkeller*
7 *Speisesaal (Refektorium)*
8 *Klostergarten*
9 *Küche*
10 *Badehaus*
11 *Latrinen*
12 *Pilgerherberge*
13 *Brauerei und Bäckerei für Pilger*
14 *Badehaus*
15 *Spital- und Novizenkirche*
16 *Kreuzgang*
17 *Spital*
18 *Novizenschule*
19 *Ärztehaus und Apotheke*
20 *Haus für Aderlässe*
21 *Abtshaus*
22 *Schulhaus*
23 *Gästehaus*
24 *Brauerei und Bäckerei für Gäste*
25 *Haus für Gefolge der Gäste*
26 *Friedhof und Obstgarten*
27 *Gemüsegarten*
28 *Gärtnerhaus*
29 *Geflügelhaus*
30 *Kornscheuer*
31 *Handwerkerhaus*
32 *Brauerei*
33 *Mühle*
34 *Bäckerei*
35 *Malzlager*
36 *Kornhaus und Küferei (Fassanfertigung)*
37 *Ochsen- und Pferdestall*
38 *Kuhstall*
39 *Stutenstall*
40 *Ziegenstall*
41 *Schweinestall*
42 *Schafstall*
43 *Gesindehaus*

1 Zeichne nach M3 einen einfachen Grundriss der Kirche und des Klosters.
2 Ordne um diesen Grundriss herum die Gebäude den vier Aufgaben des Klosters zu: Ernährung – Handwerk – Dienstleistung – Bildung. Du kannst diese Aufgabe mithilfe einer Mindmap erledigen.
3 Stelle dir vor, du bist der Pförtner. Beschreibe einem Novizen, also einem ganz jungen Mönch, den Weg zu seiner Schule. Oder beschreibe einem Klosterbauern den Weg zu den Mühlen, damit er dort sein Korn abgeben kann.
4 Vergleiche diesen Plan mit einem Stadtplan. Welche Gemeinsamkeiten, welche Unterschiede stellst du fest?

Leben nach der Klosterregel

Wie wurde man Mönch oder Nonne? Im Gegensatz zu heute traten im Mittelalter die Menschen oft nicht aus freien Stücken einer Klostergemeinschaft bei. Meist noch als Kinder wurden sie von ihren Eltern mit sechs oder sieben Jahren feierlich einem Kloster übergeben. Viele adlige Eltern versuchten so, ihre Kinder standesgemäß zu versorgen und gleichzeitig für ihr eigenes Seelenheil Vorsorge zu treffen. Auch die zum Teil großzügigen Stiftungen an die Klöster hatten zumeist diesen Hintergrund.
Im Kloster wurden die Kinder im Singen und Beten, aber auch im Lesen und Schreiben, Rechnen und in Latein unterrichtet, damit sie die Bibel sowohl lesen als auch abschreiben konnten. Mit etwa 16 Jahren legten die Schüler (lat. Novize = Neuling) ein feierliches Gelübde ab, das sie für immer an die Mönchsgemeinschaft band.

M1 Florus übergibt seinen Sohn einem Kloster
(Buchmalerei, 11. Jh.)
Die Übersetzung des lateinischen Textes lautet: „Florus übergibt seinen Sohn. Es kommt zu einer Zusage. Er (Florus) übergibt Grundbesitz.“

M2 Geschichte erzählt

Ein Tag im Leben des Novizen Burckhard

Burckhard hat gerade einmal vier Stunden geschlafen, da weckt ihn die Glocke. Es ist eine Stunde nach Mitternacht, als er sich zusammen mit den anderen Mönchen zum Nachtgottesdienst begibt. Danach sinkt er nochmals in einen tiefen, aber kurzen Schlaf. Denn schon um kurz vor fünf Uhr muss er wieder in der Klosterkirche sein – die Laudes, die Lobgesänge auf Gott, stehen bevor und enden erst mit Tagesanbruch. Und schon folgt – bei mittlerweile vollem Tageslicht – das eigentliche Morgengebet, die Prim. Jetzt ist es 6.00 Uhr. Burckhard muss während der drei Psalmen, die von den Mönchen gesungen werden, immer wieder an das Frühstück denken, so hungrig ist er mittlerweile. Um 7.30 Uhr, so weiß er, versammeln sich die Mönche noch einmal zur Terz, bevor jeder seiner Arbeit nachgeht. Der eine arbeitet in der Landwirtschaft, der andere prüft die Verwaltungsakten, der dritte geht zur Gärtnerei, andere in die Schreibstuben, um die Bibel abzuschreiben. Burckhard besucht mit den anderen Novizen die Novizenschule. Um 12.00 Uhr ruft dann die Glocke alle zur Sext zusammen. Der Choral, der jetzt angestimmt wird, zeigt, dass der Tag der Mönche seinen Höhepunkt erreicht hat. Kurz nach 12.00 Uhr dann endlich Mittagessen. Schweigend sitzen die Mönche zusammen und lauschen im Refektorium (= Speisesaal) der Lesung aus der Bibel. Von 13.00 bis 14.00 Uhr ist Mittagsruhe. Die braucht Burckhard jetzt auch dringend. Danach kehrt er mit den anderen Mönchen wieder an seine Arbeitsstelle zurück. Um 15.00 Uhr wird gemeinsam die Non gebetet. Abermals wird gearbeitet, bis um 18.00 Uhr die Mönche aus allen Richtungen zur Vesper zusammenströmen. Die beruhigenden Gesänge leiten die Abendruhe ein. Im Refektorium wartet bereits das Abendbrot. Jetzt folgen für Burckhard und die Mönche die erholsamsten Momente. Die Mönche bewegen sich schweigend im Kreuzgang des Klosters, der Tag neigt sich dem Ende zu. Um 21.00 Uhr ruft die Glocke zur Komplet, dem Abendgebet. Todmüde sinkt Burckhard danach in sein Bett im Schlafsaal. Beim Einschlafen geht ihm schon wieder der nächste Tag mit seinem festgelegten Ablauf durch den Kopf.

Verfassertext

M3 In der Klosterschule *(Buchmalerei, 13. Jh.)*

Neben einer inneren Schule, an der die zukünftigen Mönche unterrichtet wurden, besaßen die Klöster äußere Schulen. Hier lernten die Kinder der Adligen.

M4 In der Schreibstube *(Buchmalerei, 11. Jh.)*

Da die meisten Leute weder Lesen noch Schreiben konnten, war es etwas Besonderes, schreibend abgebildet zu werden.

M5 Aus der Klosterregel des Benedikt:

Kapitel 4. Die Werkzeuge der geistlichen Kunst: Vor allem: Gott, den Herrn lieben ... Ebenso: Den Nächsten lieben wie sich selbst. Nicht falsch aussagen. Alle Menschen ehren. Und keinem anderen antun, was man selbst nicht erleiden möchte ... Den Leib in Zucht nehmen. Sich Genüssen nicht hingeben. Das Fasten lieben. Arme bewirten. Nackte bekleiden. Kranke besuchen. Tote begraben. Bedrängten zu Hilfe kommen. Trauernde trösten. Sich dem Treiben der Welt entziehen. Der Liebe zu Christus nichts vorziehen. Den Zorn nicht zur Tat werden lassen. Der Rachsucht nicht einen Augenblick nachgeben ...

Kapitel 5. Der erste Schritt zur Demut ist Gehorsam ohne Zögern ...

M6 Das Vorgehen bei Verfehlungen:

Kapitel 23. Es kommt vor, dass ein Bruder trotzig oder ungehorsam oder hochmütig ist oder dass er murrt und in einer Sache gegen die Heilige Regel und die Weisungen seiner Vorgesetzten handelt. Wenn er sich so als Verächter erweist, werde er nach der Weisung unseres Herrn einmal und ein zweites Mal im Geheimen von seinen Vorgesetzten ermahnt. Wenn er sich nicht bessert, werde er öffentlich vor allen zurechtgewiesen. Wenn er sich aber auch so nicht bessert, treffe ihn die Ausschließung, falls er einsehen kann, was diese Strafe bedeutet. Wenn er es aber nicht versteht, erhalte er eine körperliche Strafe.

Kapitel 30. Nach Alter und Einsicht muss es unterschiedliche Maßstäbe geben. Daher gelte: Knaben und Jugendliche oder andere, die nicht recht einsehen können, was die Ausschließung als Strafe bedeutet, sollen für Verfehlungen mit strengem Fasten oder mit kräftigen Rutenschlägen bestraft werden. Sie sollen dadurch geheilt werden.

Zitiert nach: Die Benediktusregel lateinisch/deutsch, hrsg. im Auftrag der Salzburger Äbtekonferenz, Beuron 1992, Kap. 23 und 30, S. 141 u. 151.

1 Betrachte die dargestellten Personen (M1) genau. Achte besonders auch auf ihre Haltung bzw. ihren Gesichtsausdruck. Beschreibe, was dir alles auffällt. Versetze dich in die jeweilige Rolle: a) der Eltern: Warum geben sie ihr Kind ins Kloster? b) der Mönche: Warum nehmen sie das Kind auf? c) des Kindes: Was mag in seinem Kopf gerade vorgehen?

2 Setze den Tagesablauf des Burckhard (M2) in ein Kreisschema mit 24 Stunden grafisch um. Markiere dabei farbig die Phasen des Betens, des Arbeitens, des Essens und des Ruhens.

3 Beschreibe die Atmosphäre in M3. Schaue dir auch hier die Gesichter des Lehrers und der Schüler an.

4 Ordne die Vorschriften (M5) nach ihrer Wichtigkeit. Welche fallen dir persönlich leicht, welche schwerer? Diskutiert darüber.

5 Erkläre, wieso ältere Mönche anders bestraft wurden als jüngere (M6). Was hältst du davon?

In Armut leben und dennoch reich werden

Adlige stiften Klöster. Die führenden Familien nahmen an der Spitze der Stämme den christlichen Glauben an. Sie kämpften jetzt mit und für Christus. Denn sie wollten „in den Himmel kommen" und ewiges Heil erlangen. Dafür sollten an ihren Gräbern Ordensleute für alle Zeiten beten und singen. Das dauernde Chorgebet der Mönche und Nonnen galt als wichtiger religiöser Dienst für die Seelen der Verstorbenen. Der Adel gründete daher Klöster und beschenkte sie mit Land. Nach ihrem Tod wollten die vornehmen Stifter in „ihrem" Kloster beerdigt werden. Weil viele Klöster durch Stiftungen entstanden sind, werden sie auch „Stifte" genannt. Viele Klöster wurden so im Laufe der Zeit durch Beten reich, obwohl die Benediktregel persönliche Armut vorschreibt.

Wovon Nonnen und Mönche gelebt haben. Benedikt hatte in seinen Regeln festgelegt, dass jedes Kloster für seinen Lebensunterhalt selbst sorgen sollte, um nicht von fremder Hilfe abhängig zu sein.
Für Mönche und Nonnen bedeutete dies, dass sie neben ihren Gebetspflichten auch Handarbeit zu leisten hatten. Damit setzten sie ein weiteres Zeichen dafür, dass sie es mit Demut und Gehorsam ernst meinten. Bei Griechen und Römern war Arbeit mit den Händen eine Sache für Unfreie, für Sklaven – bestenfalls für Handwerker. Mönche und Nonnen trugen so dazu bei, dass die Handarbeit größeres Ansehen erhielt.

M1 Mönche bauen ein Kloster *(Gemälde, um 1450)*

Klöster als Vorreiter neuer Techniken. Dass Mönche Bücher abgeschrieben und ausgemalt, Bier gebraut und Wein angebaut haben, ist auch heute noch den meisten bekannt. Aber sie haben noch viel mehr getan. Um die Vorschriften der Benediktregel zu erfüllen, mussten die Mönche die Zeit messen können. Sie beobachteten dazu den Stand der Sonne, des Mondes und der Sterne sehr genau. Schon deshalb betrachtete man im Kloster aufmerksam die Natur. Benediktiner und vor allem Zisterzienser haben früh erkannt, wie man Wasserkraft nutzen kann. So betrieben sie damit mechanische Mühlen, Hammer- und Sägewerke. Sie bauten Bewässerungsanlagen für ihre Gärten, Felder und Wiesen; Unrat und Abfall wurden mithilfe einer Kanalisation aus dem Kloster geschwemmt. Vom Wasserbau mussten die Mönche auch etwas verstehen, um Fischteiche anzulegen. Denn die Regeln erlaubten nur selten, das Fleisch von vierfüßigen Tieren zu essen. Man aß deshalb im Kloster häufig Fisch, nicht nur in der Fastenzeit.

M2 Ausschnitt aus einem Werk über Pflege und Nutzung der Bäume

Mönche haben Wälder gerodet und Sümpfe trocken gelegt. Dass aus einer Wildnis fruchtbare, blühende Landschaften wurden, ist den Mönchen und ihren Laienbrüdern, den so genannten Konversen, zu verdanken. Die Mönche brachten den Bauern verbesserte Anbaumethoden bei und vermittelten neuere Kenntnisse, u.a. im Bereich der Viehhaltung.

M3 Ein Mönch gibt medizinischen Rat
(Buchmalerei, 11. Jh.)

Die Mönche übersetzten viele Bücher. Das dadurch gewonnene Wissen der Antike vermittelten sie weiter.

M4 Aus dem Kloster Obermarchtal in Oberschwaben:
Abt Manegold (1191 – 1204) ... verbannte den Müßiggang unter den Seinen, und ließ ... das Neue und Alte Testament, die Psalmen Davids für den Chorgesang und insbesondere die Messe- und Opferliturgien ... auf das feinste Pergament schreiben.
Zitat nach: Sebastian Sailer: Das jubilierende Marchtal, 1771, S. 166.

Im Jahre 1209 versuchte ein gewisser Chorherr, Heinrich genannt, dem Wassermangel abzuhelfen, und solches durch einen Graben in den Garten zu leiten. Er legte dabei vielfältig Hand an und brachte sein Vorhaben zustande, sodass eine auf einem Damm des Convents-Gartens (= Garten der Mönche) stehende Mühle dadurch getrieben wurde.

Abt Haberkalt (1514–1518) ... baute die Mühle und das Wehr an der Donau, die ... durch einen Eisstoß zerstört worden waren, aufs Neue und dauerhaft. Zugleich errichtete er an der Donau ein Wasserwerk, durch welches das Wasser in bleiernen Teicheln (= Rohre) in das Wasserbehältnis getrieben, und von da in verschiedene Teile des Klosters geleitet wurde. Durch ihn wurden eine Ziegelhütte und eine Werkstätte für Handwerksleute 80 Schuh lang errichtet.
Zitiert nach: Friedrich von Walter: Kurze Geschichte von dem Prämonstratenserstift Obermarchtal, Ehingen, 1835, S. 14, 62. Vom Verfasser bearbeitet.

1 Betrachte M1 bis M3, lies außerdem die Berichte von der Arbeit der Ordensleute (M4). Schreibe auf, welche Berufe und Tätigkeiten sie ausübten.
2 Wie werden diese Arbeiten heute erledigt? Stelle Arbeit und Werkzeuge gegenüber.
3 Einige Mönche waren besonders gut ausgebildet in der Heilkunde (M3). Die Benediktinerin Hildegard von Bingen (1098–1197) gehörte dazu. Lies in einem Lexikon nach oder informiere dich im Internet und gib einen kurzen Lebenslauf wieder.
4 Stelle Gründe dafür zusammen, dass viele Klöster im Laufe der Zeit sehr wohlhabend wurden.
5 Man sagt, die Mönche haben „rational" gewirtschaftet. Kläre, was dieser Begriff heute bedeutet.

■ GESCHICHTE AKTIV/KREATIV

Projektidee: „Kloster einst und heute"

- Recherchiert im Internet unter verschiedenen Stichworten zum Begriff Kloster, z. B. Benediktiner, Zisterzienser, Franziskaner, Ursulinen. Formuliert einen Katalog von Fragen, die euch interessieren. Sucht im Internet Antworten darauf. Ihr könnt beginnen mit: www.orden.de oder www.benediktiner.de
- Sucht in eurer Nähe: Welche Klöster gibt es heute noch? Wie alt sind sie? Welchen Orden gehören sie an? Was machen sie heute? Kann man sie besuchen? Berichtet darüber in der Klasse.
- Plant einen Ausflug in ein Kloster in der Nähe. Oder: Ladet einen Mönch oder eine Nonne in eure Klasse ein. Bereitet euch auf das Gespräch vor, indem ihr Fragen formuliert.
- Fasst die Ergebnisse eurer Aktionen in einem Plakat zusammen. Sicher könnt ihr euch von einem Kloster dazu Material geben lassen.

Gesellschaft und Herrschaft im frühen Mittelalter

496	Taufe des Frankenkönigs Chlodwig
529	Klosterregel Benedikts von Nursia
570	Geburt Mohammeds in Mekka
732	Sieg bei Poitiers und Tours stoppt den Vormarsch der arabischen Heere in Westeuropa
751	Pippin König der Franken
754	Märtyrertod des Bonifatius
800	Krönung Karls des Großen zum Kaiser
843/870	Teilung des Frankenreichs
919	Ostfrankenreich wird selbstständig, „Frankreich" und „Deutschland" entstehen

Geschichte erzählt
Ein Mönch als Gesandter beim Kalifen

Ein Kloster ersteht neu. Abtwahl im Kloster Gorze. Für die Mönche steht fest: Ihr Mitbruder Johannes muss der neue Vorsteher werden. Ihm vor allem verdankt die Gemeinschaft ihren Aufschwung. Das völlig heruntergekommene Kloster bei Metz in Lothringen wurde 933 von einer Handvoll Männern neu besiedelt. Johannes war verantwortlich für die gesamte Wirtschaftsführung, sorgte für die Neuanlage von Fischteichen und Gehegen für die Vogelzucht, errichtete Mühlen und Werkstätten. Er ließ das Kloster mit einer Mauer umgeben, sorgte für den Kirchenbau, erweiterte die Bibliothek.

Ein Bauer wird Mönch. Johannes entstammte einer Familie freier Bauern. Sein Vater wollte, dass er Priester wird und schickte ihn in eine nahe gelegene Klosterschule – doch Johannes war ein miserabler Schüler. So übernahm er nach dem Tod des Vaters die Verwaltung des Familienerbes. Als Freier nicht belastet durch Frondienste und Abgaben, wurde er ein fähiger Landwirt. Er beherrschte Ackerbau und Viehzucht, Obst- und Weinbau, konnte Brot backen, Schweine schlachten, sogar Mühlen reparieren. Sein Wissen und sein Fleiß brachten ihm Hausbesitz und Vermögen. Aber er war noch nicht am Ziel – er suchte, zusammen mit Gefährten, nach einer religiösen Lebensform. In den Ruinen des Klosters Gorze hoffte er sie zu finden.

Der König braucht einen Botschafter. 953 schlug Kalif Abderrachman III. von Córdoba in Spanien dem deutschen König Otto I. einen Freundschaftsvertrag vor. Otto musste antworten und einen Gesandten nach Córdoba schicken. Man riet ihm, einen Mönch aus Gorze damit zu betrauen. Denn nur hier, in Lothringen, gab es in Ottos Reich Leute, die die muslimische Welt einigermaßen kannten. Doch keiner der Mönche wollte den gefährlichen Auftrag übernehmen. Da meldete sich Johannes.

Reise nach Spanien. Den Bericht über seine Reise nach Spanien hat Johannes selber geschrieben; er ist als Einschub in die Lebensbeschreibung erhalten, die ein befreundeter Abt verfasst hat. Zunächst begab er sich an Ottos Hof und erhielt vom König persönlich einen Brief an den Kalifen. Dieser Brief hatte es in sich – er offenbarte ein erschreckendes Unverständnis des Islam und strotzte von Beleidigungen der unbekannten Religion. Mit drei Begleitern, darunter einem Priester aus Spanien, und fünf Pferden zog Johannes ans Mittelmeer und fuhr per Schiff die Küste entlang nach Westen. Unterwegs fielen sie Räubern in die Hände und verloren ihre ganze Ausrüstung. Beim Eintritt in das islamische Spanien hielt der Kommandant der Grenzfestung sie fest und fragte erst in der Hauptstadt an, ob er sie durchlassen solle.

Am Hof des Kalifen. In Córdoba bringt man Johannes in einem Palast unter – und lässt ihn warten. Denn an der Grenze ist der spanische Priester vorausgeeilt und hat am Hof vertraulich über den Inhalt des Schreibens berichtet. Was ist zu tun? Würde Johannes den Brief verlesen, wäre ein Aufruhr die Folge, sogar Mord und Totschlag an den spanischen Christen. Man schickt Boten zu Johannes – Chisdai, einen weltgewandten Juden, der ihn über die Landessitten belehrt, und einen spanischen Bischof, der ihm rät, die Geschenke Ottos zu überreichen, den Brief aber zurückzuhalten. Johannes lehnt ab. Nach einiger Zeit drückt man ihm auf dem Weg zum Gottesdienst ein Schreiben des Kalifen in die Hand: Wenn er nicht nachgibt, wird es ein Massaker unter den Christen geben, und er ist schuld daran. Johannes versteht endlich und lässt Kontakt mit Otto I. aufnehmen; der ist einverstanden, dass der umstrittene Brief unterdrückt wird. Erst jetzt, 956 – nach drei Jahren Wartezeit! – wird der Gesandte des Königs beim Kalifen vorgelassen. Auch dabei gibt es noch Misstöne: Johannes weigert sich, die vorgeschriebenen vornehmen Gewänder anzulegen, als Mönch dürfe er nur sein schwarzes Ordenskleid tragen. Abderrachman gefällt solche Hartnäckigkeit, er führt mit Johannes ein höfliches Gespräch.

Keine Annäherung. Hier bricht der Bericht ab, mitten im Satz. Wir wissen nur, dass der furchtlose Mönch unversehrt in sein Kloster zurückgekehrt ist. Die politischen Verhandlungen zwischen Kalif und König wurden von anderen Gesandten fortgesetzt, bald aber aufgegeben. Zu einem wirklichen Gespräch und einem Vertrag zwischen Christen und Muslimen ist es bei dieser Gelegenheit nicht gekommen.

M1 Deckel des Goldenen Buches von Prüm *(um 1100)*
Der thronende Christus ist umgeben von den karolingischen Herrschern des Frankenreichs, deren Namen in lateinischer Sprache wiedergegeben werden.

1 Ermittle die deutschen Namen der karolingischen Herrscher (M1). Trage sie in der richtigen Reihenfolge in eine Tabelle ein (linke Spalte). Ordne ihnen wichtige Ereignisse der fränkischen Reichsgeschichte zu (rechte Spalte).
2 Stelle aus dem Text alle Stichwörter und Begriffe zum Themenbereich „Landwirtschaft" zusammen. Ordne sie im Kasten „Sicherung wichtiger Begriffe" an der richtigen Stelle ein.
3 Zeichne anhand des Texts eine Planskizze des Klosters Gorze. Vergleiche mit dem St. Gallener Klosterplan (s. S. 31).
4 Erkläre, wie ein muslimisches Reich in Spanien entstehen konnte.
5 Versetze dich in die Rolle eines Ratgebers König Ottos: Du sollst ihm die wichtigsten Elemente des Islam erklären.
6 Kalif – König – Kaiser: Vergleiche Amt und Macht dieser Herrscher (s. S. 10, 14, 20–24).

Sicherung wichtiger Begriffe

- **Eigene Dateien**
  - **Geschichte**
    - **Mittelalter**
      - **Methoden**
        - Textquellen
      - **Fachbegriffe**
        - Grundherrschaft
        - Kaiser
        - Kalif
        - Kloster
        - König
        - Papst

Das Reich im Hochmittelalter –

„heilig“, „römisch“ und „deutsch“?

Ein Bild von Macht und Herrschaft

Der thronende Herrscher. Das Bild auf der Vorderseite haben Mönche der Klosterinsel Reichenau im Bodensee kurz vor dem Jahr 1000 in ein Gebetbuch gemalt. Es zeigt den deutschen König Otto III., umgeben von den Mächtigen seines Reichs. Er war damals etwa 18 Jahre alt. Er regierte das später so genannte Heilige Römische Reich Deutscher Nation von 996 bis 1002. Otto III. war zugleich römischer Kaiser.
Schon im Sitzen ist der Herrscher größer als die Männer zu seiner Rechten und Linken. Würde er aufstehen, wäre er ein Riese, an die drei Meter groß. Auf diese Weise haben Maler im Mittelalter die Bedeutung eines Menschen dargestellt. Otto ist in eine Tunika gehüllt, ein langes, festlich besticktes Gewand. Auf dem Kopf trägt er eine Krone; in den Händen hält er die Weltkugel mit dem Kreuz und einen Stab mit einem Adler darauf. Dies sind die Zeichen seiner Macht: Er ist König und Kaiser, um dem ganzen christlichen Erdkreis den Frieden zu sichern.

Die Helfer des Königs. Rechts vom Thron stehen zwei Adlige, links zwei Priester, deren Haar nach Art der Mönche zu einer Tonsur geschoren ist. Sie sind Erzbischöfe, sehr hohe Geistliche. Das erkennt man an dem Pallium, dem weißen Wollstreifen mit aufgestickten Kreuzen um ihre Schultern. Ihre Aufgabe ist Gebet und Gottesdienst und darüber hinaus alles, was die Kunst des Schreibens erfordert. Der Geistliche links vom Thron legt die Hand auf das Sitzkissen des Kaisers; der Adlige auf der anderen Seite stützt dessen Hand mit der Weltkugel. Auf diese Weise kommt zum Ausdruck, dass der Herrscher auf den Adel und die Geistlichkeit angewiesen ist. Er kann sein hohes Amt nur ausüben, wenn sie ihn dabei unterstützen.

Das Reich. Von links nähern sich dem Herrscher vier Frauengestalten in demütiger Haltung. Zusammen stellen sie das Reich dar, über das Otto gebot. „Roma“ steht für die Stadt des Papstes und der Kaiser, aber auch für das nördliche und mittlere Italien. „Gallia“ vertritt die Gebiete des römischen Gallien, die bei der Teilung des Frankenreichs an das Ostreich fielen. „Germania“ verkörpert die germanischen Stämme zwischen Alpen und Nordsee. Im 11. Jh. begann man sie mit dem Wort „theodisk“ zu bezeichnen, woraus sich „deutsch“ entwickelte (s. S. 24f.). „Sclavinia“ schließlich steht für die Völker Ostmitteleuropas. Die Slawen zwischen Elbe und Oder wurden in zahllosen Kriegen von den deutschen Königen unterworfen und christianisiert. Andererseits suchte vor allem Otto III. zu den Herrschern von Polen und Ungarn ein freundschaftliches Verhältnis. Als römischer Kaiser wollte er die Fürsten und Völker Europas im Zeichen des Christentums unter seiner Führung einen.

Wovon handelt dieses Kapitel? Die Abfolge der einzelnen Themen entspricht dem Aufbau des Majestätsbildes Ottos III. Zunächst wird die Stellung des Herrschers anhand seiner Herrschaftszeichen verdeutlicht. Danach folgt eine Darstellung über die Rolle von Adel und hoher Geistlichkeit innerhalb der Herrschaftsordnung. Diese Ordnung war keines-

M1 Das Heilige Römische Reich um 1000

wegs festgefügt, es entwickelten sich vielmehr nach beiden Seiten Konflikte: Kirche und hoher Adel entzogen sich zunehmend der Kontrolle des Königs. Die Beschäftigung mit dem Adel führt auch zur Behandlung der Burg als Lebensort und dem Ritterdasein.

M2 Christus krönt Otto II. und Theophanu

(Elfenbeinschnitzerei nach einem byzantinischen Vorbild, 982).

M3 Theophanu, die Mutter Ottos III. – die mächtigste Frau des Abendlands

Es ist das Jahr 972, als die 12-jährige Theophanu, Nichte des Kaisers von Konstantinopel, nach Rom aufbricht. Hier soll sie die Frau von Otto II., dem Sohn Ottos des Großen, werden. Die Ehe ist ein politisches Geschäft des byzantinischen Kaisers im Osten mit dem aufstrebenden Herrscher des Westens. Ihr Bündnis soll beider Macht stärken. In Rom heiratet Theophanu Otto II. und wird selbst zur Mitkaiserin gesalbt. Sie bekommen zunächst vier Töchter; 980 kommt der Thronfolger Otto zur Welt. Schon 983 wird er zum König gekrönt. Schön ist Theophanu und machtbewusst, eine glänzende Erscheinung am „barbarischen“ Hof der Ottonen. Die elegante und gebildete Orientalin bringt Kultur und Kunst nach Mitteleuropa. Ihr Einfluss verändert sogar die Mode: Sie führt die Tunika als Kleidung bei Hofe ein.

Doch nicht ein Leben in Luxus erwartet Theophanu, sondern der tägliche Kampf um die Macht. Nach einer verlorenen Schlacht gegen die Araber, dem plötzlichen Tod ihres Gemahls im Jahre 983 und einem zeitgleich ausbrechenden Aufstand der Slawen steht das Reich kurz vor der Katastrophe. Der Bayernherzog Heinrich „der Zänker“, ein Vetter des verstorbenen Kaisers, will selbst König werden. Er nutzt die Gunst der Stunde und bringt den Thronfolger in seine Gewalt. Doch er hat die Rechnung ohne Theophanu gemacht. Sie schmiedet ein Bündnis gegen den Aufständischen. 984 gelingt es ihr, ihren vierjährigen Sohn den Fängen Herzog Heinrichs zu entreißen. Sie zwingt den „Zänker“, Otto III. ewige Treue zu schwören. Jetzt übernimmt sie die Vormundschaft über den minderjährigen König und führt die Regierungsgeschäfte. 989 zieht sie mit kleinem Gefolge über die Alpen nach Rom und gewinnt den Papst für die noch ausstehende Kaiserkrönung ihres Sohnes. Von dort aus knüpft sie Kontakte nach Osteuropa – nach Böhmen, Russland, Ungarn und Polen. Theophanu schafft so erste Grundlagen für eine Art europäisches Staatensystem, auf welchem Otto III. später aufbauen kann. Als König und später Kaiser in einem starken Reich in der Mitte Europas wird Theophanus Sohn wegen seiner Bildung und seines politischen Geschicks gerühmt. Er kommt eben nach der Mutter.

Theophanu, fünffache Mutter, Kaiserin, eine der bedeutendsten weiblichen Herrschergestalten im Mittelalter, stirbt 991 mit nur 31 Jahren und wird in Köln beigesetzt. Byzanz hat sie nie wieder gesehen.

Zitiert nach: Astrid Klinge und Judith Krötz: Kaiserin Theophanu, Februar 2005 http://www.mdr.de/geschichte/filme/

1 Ordne die vier Frauengestalten des Auftaktbildes dem jeweiligen Reichsteil zu (M1 und S. 38).

2 Beschreibe und deute die Anordnung der Figuren und die Größenverhältnisse im rechten Auftaktbild (S. 39) und in Abbildung M2.

3 Zeige, wie Theophanu die Herrscherstellung ihres Sohnes Otto vorbereitet hat (M3 und Autorentext).

4 Erläutere, warum das westliche Kaisertum zu Spannungen mit Byzanz führen konnte (M3, siehe auch S. 11 und S. 22).

Deutscher König und römischer Kaiser

Die Zahl acht. Die Krone des Reiches, „daz rîche“ genannt, ist schon von ihrer Form her etwas Besonderes: Sie besteht aus zweimal vier goldenen Teilen. Vier Platten zieren große Perlen und Edelsteine; vier zeigen bunte Bilder in Emailarbeit. Für sich genommen, bilden diese vier Seiten je ein Quadrat. Wir kennen das Quadrat als Grundriss von Kastellen und Kaiserpalästen Roms. Das Achteck, das sich ergibt, wenn zwei Quadrate ineinander geschoben werden, ist das Zeichen für Vollendung und Ewigkeit. Acht Ecken – ein Oktogon – finden wir wieder im Felsendom von Jerusalem und im Grundriss der Pfalzkapelle von Aachen. In Letzterer ließen sich fast alle deutschen Herrscher zu Königen krönen.

M1 Die Reichskrone *(10. Jh.)*
Auf den Emailplatten steht: König David: „Der ehrenhafte König liebt das gerechte Urteil.“ – König Salomo: „Fürchte Gott und meide das Böse.“ – Christus als Weltenherrscher: „Durch mich regieren die Könige.“ – Christus zum kranken König Ezechias: „Ich will deiner Lebenszeit noch 15 Jahre hinzufügen.“

Eine Stadt aus Perlen und Edelsteinen. Die große Stirnplatte der Krone trägt zwölf Edelsteine. Sie stehen für die Grundsteine des „neuen“ Jerusalem. Die Perlen symbolisieren die zwölf Tore dieser ewigen Stadt, wie die Bibel schreibt. Die vier Bildplatten zeigen die Könige David und Salomo, den kranken König Ezechias und Christus als Herrscher über die Welt. Überragt wird die Stirnplatte der Krone von einem Kreuz. Ein Bügel überwölbt die Krone von vorne nach hinten.
In der Sprache der Symbole heißt das: Der deutsche König versteht sich als Nachfolger der römischen Cäsaren, als Kaiser eines Weltreichs, das von Rom ausgeht. Sein Königtum ist von Gott geheiligt, seine Vorbilder sind die Herrscher des Volkes Israel in Jerusalem. Als König beherrscht er mit göttlichem Segen die deutschen Stämme. Als Kaiser herrscht er im Auftrag Christi über die Welt, bis an deren Ende das himmlische Jerusalem kommt.

Träger des Königsheils. Die Symbole der Herrschaft waren durch Form, Material und Wert ausgezeichnet. Sie wurden als Dinge verstanden, die Heil und Erfolg brachten. Ein König musste die heiligen Gegenstände besitzen und sich mit ihnen dem Volk zeigen. Sie verliehen seiner Herrschaft die Rechtmäßigkeit.

1 Nenne die Eigenschaften, die ein König/Kaiser nach M1 haben muss.
2 Zähle – z. B. als Mindmap – auf, wodurch Otto nach M5 rechtmäßiger deutscher König wurde.
3 Stelle in einer Tabelle zusammen, was an der Herrschaft des Königs/Kaisers a) germanischen, b) römischen, c) christlichen und d) jüdischen Ursprungs war.

M2 Das Schwert *(11. Jh.)*
Das Reichsschwert steckt in einer Scheide, die mit 14 Goldblechplatten verziert ist. Herrscher von Karl dem Großen bis Heinrich III. sind darauf abgebildet. Bei der Krönung wurde es dem König vorangetragen. Es zeigte, dass er sich als Verteidiger der Christenheit verstand.

M4 Reichsapfel
(11. Jh.)

Er stellt die Weltkugel dar.

M3 Die heilige Mauritiuslanze *(10. Jh.)*
Im Lanzenblatt war in einer Öffnung ein Nagel vom Kreuz Christi eingelassen.

Als Zeichen der Barmherzigkeit sollte die Lanze dem König Heil bringen.

M5 Wahl und Krönung König Ottos I. 936
Widukind von Corvey (925–973) berichtet in seiner Sachsengeschichte:

Nachdem also der Vater des Vaterlandes und der größte wie beste König Heinrich gestorben war, wählte sich das gesamte Volk der Franken und Sachsen seinen Sohn Otto, der bereits vorher vom Vater zum König auserwählt worden war, als Herrscher aus. Als Ort der allgemeinen Wahl nannte und bestimmte man die Pfalz Aachen ... Und als man dorthin gekommen war, versammelten sich die ▸ Herzöge und obersten Grafen mit der übrigen Schar vornehmster Ritter in dem Säulenhof, der mit der Basilika Karls des Großen verbunden ist, setzten den neuen Herrscher auf einen dort aufgestellten Thron, huldigten ihm, gelobten ihm Treue, versprachen ihm Unterstützung gegen alle seine Feinde und machten ihn nach ihrem Brauch zum König ... Er (der Erzbischof von Mainz) wandte sich zum Volk und sagte: „Seht, ich bringe euch den von Gott erwählten und von dem mächtigen Herrn Heinrich einst erwählten, jetzt aber von allen Fürsten zum König gemachten Otto; wenn euch diese Wahl gefällt, zeigt dies an, indem ihr die rechte Hand zum Himmel emporhebt." Da streckte das ganze Volk die Rechte in die Höhe und wünschte unter lautem Rufen dem neuen Herrscher viel Glück. Dann schritt der Erzbischof mit dem König, der nach fränkischer Sitte mit einem eng anliegenden Gewand bekleidet war, hinter den Altar, auf dem die königlichen Insignien lagen: das Schwert mit dem Wehrgehänge, der Mantel mit den Spangen, der Stab mit dem Zepter und das Diadem ... Auf der Stelle wurde er mit dem heiligen Öl gesalbt und mit dem goldenen Diadem gekrönt ... Und nachdem die rechtmäßige Weihe vollzogen war, wurde er von ... Bischöfen zum Thron geführt ... , dass er von da aus alle sehen und selbst von allen gesehen werden konnte. Nachdem man dann das Lob Gottes gesungen und das Messopfer feierlich begangen hatte, ging der König hinunter zur Pfalz, trat an die marmorne, mit königlicher Pracht geschmückte Tafel und nahm mit den Bischöfen und dem ganzen Adel Platz; die Herzöge aber taten Dienst. Der Herzog der Lothringer, Giselbert, zu dessen Machtbereich dieser Ort gehörte, organisierte alles; Eberhard kümmerte sich um den Tisch, der Franke Hermann um die Mundschenken, Arnulf sorgte für die Ritterschaft sowie für die Errichtung des Lagers ...

Zitiert nach: Deutsche Geschichte in Quellen und Darstellung, Band 1: Frühes und Hohes Mittelalter 750–1250, hrsg. von Wilfried Hartmann, Stuttgart (Reclam) 1995, Nr. 33, S. 143f.

Reisekönigtum: Sattel statt Thron

Wer an der Macht ist, macht sich auf die Reise. Die mittelalterlichen Könige regierten ihr Reich nicht von einer Hauptstadt, sondern „vom Sattel" aus. Bereits Karl der Große wird reitend mit den Insignien seiner Macht dargestellt (s. S. 23). Es gab keine Hauptstadt. Um die Herrschaft auszuüben und seine Macht zu behalten, musste der König zu seinen Untertanen kommen. Regierung bedeutete, politische und rechtliche Entscheidungen vor Ort zu treffen. Da der Herrscher aber nicht überall zu gleicher Zeit sein konnte, setzte der König Stellvertreter ein, die in seiner Abwesenheit für Recht und Ordnung in seinem Reich sorgten.

Wer an die Macht will, muss gewählt werden. Mit Spannung wurde das Treffen der Mächtigen des Reichs Anfang September 1024 in der Nähe von Oppenheim am Rhein verfolgt. Alle waren angereist, um den neuen Kaiser zu wählen, weil Heinrich II. im Sterben lag und keinen Nachfolger bestimmt hatte. Unter beiden zur Wahl stehenden Kandidaten konnte kein Wahlsieger ermittelt werden, sodass der Erzbischof die Entscheidung, wer in Zukunft regieren solle, in die Hände der Kandidaten selbst legte. Die beiden Anwärter auf den Thron einigten sich. Der Franke Konrad wurde als neuer Herrscher in Mainz gesalbt und zum König gekrönt.

Unterwegs und doch daheim. Nach den Feierlichkeiten brach Konrad II. auf, um sich im Reich vorzustellen und seinen Pflichten als Herrscher nachzukommen. Mit ihm reiste sein gesamter Hofstaat, der im kleinen Kreis etwa 150 Personen zählte, aber auf bis zu 1 000 Krieger und Gefolgsleute anwachsen konnte. Vor Ort führte er die Regierungsgeschäfte aus. Neben seiner Familie wurde der König von Schreibern und Geistlichen begleitet, die ihn bei seiner Arbeit unterstützten, indem sie ihn berieten und die notwendigen Schriftstücke (Urkunden) verfassten. Auf welchen Wegen sich der Tross Konrads II. mit all seinen schwer bepackten Ochsenkarren und Reitern bewegte, ist heute schwer zu sagen. Soweit die Straßen noch vorhanden waren, wird er die alten Römerstraßen benutzt haben, um an sein Ziel zu gelangen. Die Aufenthaltsorte Konrads sind indes gut belegt, weil sie in Urkunden genannt werden, die er an seinen Aufenthaltsorten ausstellen ließ. Für die besuchten Städte, Pfalzen und auch Klöster bedeutete ein „Besuch" des Hofstaates weniger eine Freude als eine enorme Belastung, da der König nicht nur standesgemäß untergebracht sein wollte, sondern mit seinen Gefolgsleuten auch bewirtet werden musste. Der Quartiermeister reiste voraus und sorgte dafür, dass Lebensmittel ebenso herbeigeschafft wurden wie Brennholz zur Beheizung der Räume. Enorme Mengen mussten bereitgestellt werden. Für einen Aufenthalt von zehn Tagen mussten die besuchten Grafen oder Bischöfe für die bis zu 1 000 Personen zählende Begleitmannschaft des Königs ungefähr je 20 000 kg Fleisch und Getreide sowie 30 000 l Wein zur Verfügung stellen. Diese große finanzielle Belastung der Gastgeber machte es nötig, dass der König nach ein paar Tagen oder Wochen wieder in den Sattel stieg und weiterzog. Das Winterquartier des Königs musste sich allerdings auf eine mehrmonatige Verweildauer des Hofes einstellen.

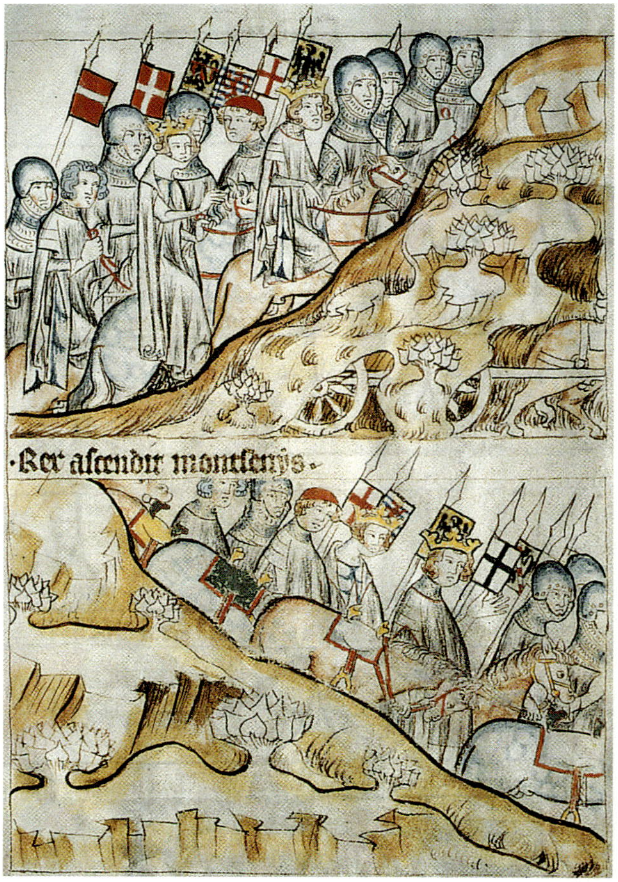

M 1 Alpenüberquerung *(aus dem Codex Balduini, 14. Jh.) Auch die Königin reitet im Herrensitz.*

M2 Der Umritt Konrads II. *(1024/25)*
(Die Aufenthaltsdauer ist nicht vollständig belegt.):

Mainz	Bischofssitz (= B), 6.–11. Sept.
Köln	B, 11. Sept.
Aachen	Pfalz, 23. Sept.
Lüttich	B, 2. Okt.
Dortmund	Pfalz, Dez.
Minden	B, Weihnachten
Paderborn	B, Neujahr
Corvey	Kloster, Epiphanias (6. Jan.)
Hildesheim	B, 18. Jan.
Goslar	Pfalz, 22. Jan.
Halberstadt	B, Jan.
Quedlinburg	Kloster, Jan.

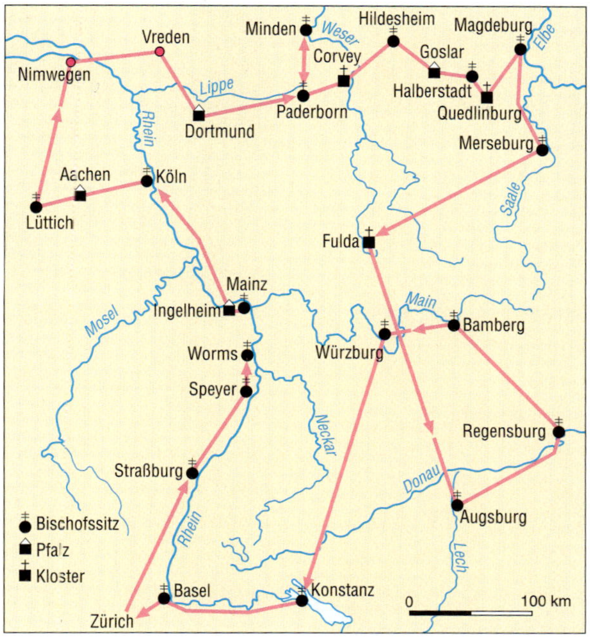

Magdeburg	B, Mariä Reinigung (2. Febr.)
Merseburg	B, 8. Febr.
Fulda	Kloster, 29. Mrz.
Augsburg	B, Ostern
Regensburg	B u. Herzogssitz, Mai
Bamberg	B, Mai
Würzburg	B, Mai
Konstanz	B, Juni
Basel	B, 14. Juni
Zürich	Festung, Juni
Straßburg	B, 8. Juli
Speyer	B, 14. Juli
Worms	B, 18. Juli

M3 Pfalz von Ingelheim
(Rekonstruktionszeichnung)

Ingelheim war eine der Königspfalzen im Heiligen Römischen Reich. Das Wort „Pfalz" leitet sich ab vom lateinischen „palatium" und steht für den Regierungs- und Wohnsitz des römischen Kaisers auf dem Palatin, einem der sieben Hügel Roms. Für die umherziehenden Herrscher boten Pfalzen sehr große Annehmlichkeiten. Weitere wichtige Pfalzen gab es in Aachen, Gelnhausen und Goslar.

1 Was sagen die einzelnen Personen in M1? Füge jeder eine Sprechblase mit einem Satz hinzu.

2 Berechne die Länge des Weges, die Konrad II. in den Jahren 1024 bis 1025 auf seinem Umritt zurückgelegt hat (M2). Nimm einen Atlas zu Hilfe.

3 Zähle die Gründe auf, warum Konrad II. diese Reisen auf sich nahm (Autorentext).

4 Informiere dich über eine der genannten Pfalzen im Internet, indem du den Namen der jeweiligen Pfalz als Suchbegriff eingibst. Notiere dir Wesentliches.

Die Helfer des Königs: der Adel

Der König braucht Krieger. Im Mittelalter besaßen die Könige kein eigenes Heer zur Verteidigung ihres Reichs. Im Kriegsfall mussten sie sich auf ihre Untertanen verlassen. Das Waffenhandwerk war allerdings ein kostspieliges Unterfangen, allein der Panzer für einen berittenen Krieger kostete so viel wie ein Bauernhof. Da jeder Kämpfer für seine Ausrüstung aufkommen musste, konnte es sich nur eine kleine Schicht vermögender Grundbesitzer leisten, dem König beizustehen. Aber die Herrscher brauchten viel mehr Männer in Waffen, um Aufstände, z. B. in Italien, niederzuwerfen und um die Sachsen und Sarazenen zu bekämpfen.

Der Kriegsdienst zahlt sich aus. Um die Schar der Krieger zu erhöhen, rüsteten neben dem König auch der Adel und reiche Kirchenmänner unvermögende Männer aus ihrer Gefolgschaft für den Kriegsdienst aus. Diese unfreien Dienstmannen (Ministerialen) kamen dank ihres Herrn als Krieger zu Ansehen und versprachen ihm, neben lebenslangem Dienst, Gehorsam und Treue. Über mehrere Generationen war es so im Mittelalter möglich, allein durch Leistung zu gesellschaftlichem Ansehen zu gelangen und in die Schicht des waffentragenden Adels aufzusteigen. Auch für den Adel zahlte sich der Kriegsdienst aus. Als Stellvertreter des Königs bereits an der Regierung des Landes beteiligt, gewährte ihnen der König ein besonderes Bündnis. Er überließ verdienten Adligen ein Stück Land, eine Burg oder ein besonderes Recht (z. B. Stadt- oder Marktrecht) zur Nutzung. Diese Leihgabe nennt man ▸ Lehen. Im Gegenzug für das Lehen erhielt der König von dem adligen Vasallen (= Lehnsmann) das Versprechen, dass er im Kriegsfall auf seiner Seite kämpfen würde. In einer feierlichen Zeremonie leistete er dem König die so genannte „Mannschaft", indem er seine gefalteten Hände in die Hände des Herrn legte, seit dem 13. Jh. in kniender Haltung. Der König als Lehnsherr gab dabei ebenfalls ein Treueversprechen ab.

Jeder dient jedem. Durch den Treueid gingen Lehnsherr und Lehnsmann ein Bündnis ein. Beide Seiten zogen ihre Vorteile daraus. Der Lehnsherr sicherte sich durch den Eid treue Verbündete im Kampf und politische Berater. Der Lehnsmann erhielt von ihm Schutz und ein Lehen. Jeder Vasall konnte einen Teil seines empfangenen Lehens wieder an Untervasallen weiterverleihen und somit selbst Lehnsherr sein. Diese persönlichen Bindungen sind ein wichtiges Kennzeichen der Herrschaft im Mittelalter. Da ein Herrscher mithilfe von Menschen regierte, die ihm persönlich verpflichtet waren, spricht man bei dieser Herrschaftsform von einem ▸ Personenverbandsstaat.

M1 Ein Lehnsmann bittet den Lehnsherrn um Verlängerung seines Lehens *(Illustration aus dem Sachsenspiegel, 13. Jh.). Die römischen Zahlen deuten auf die Frist von Jahr und Tag. Da der Lehnsmann mit beiden Händen die „Mannschaft" leistet, hat der Zeichner eine dritte Hand hinzugefügt, mit der er die hinter ihm stehenden Männer zu Zeugen des Geschehens macht.*

Aus der Leihgabe wird Besitz. Der Lehnsherr suchte sich seine Lehnsmänner aus und verlieh ihnen ein Lehen als besonderen Beweis seines Vertrauens. Starb ein Vasall, fiel es wieder zurück an den Herrn. Der traditionsbewusste Adel strebte danach, Lehen auf Dauer zu erhalten, um sie den nachfolgenden Generationen vererben zu können. Den Herrschern gefiel dieser Wunsch nicht, denn das Lehen war ein Teil ihrer Machtgrundlage. Brach ein Vasall die Treue, konnte der Herr ihm das Lehen wieder entziehen. Dieses Druckmittel war ein wichtiger Pfeiler ihrer Macht, den die Herrscher nicht gern aus der Hand geben wollten. Allerdings waren auch die Vasallen zu Macht und Einfluss gelangt. Sie verfügten über kampfbereite Untervasallen, die dem Herrscher gefährlich werden konnten. Um die eigene Macht zu sichern, machten die Herrscher Zugeständnisse. Sie sicherten dem Adel im 13. Jh. die Erblichkeit der Lehen zu.

M2 Das Lehnswesen

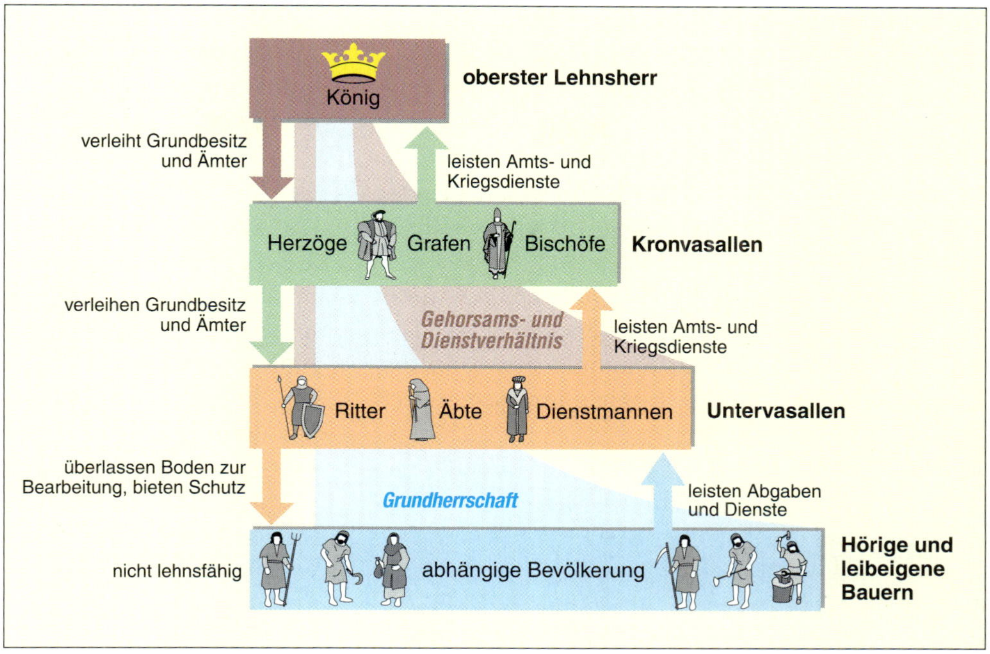

M3 Der König verleiht Lehen an einen Bischof und an einen Fürsten *(aus dem Sachsenspiegel, 13. Jh.).*

Er überreicht ihnen als Zeichen Zepter und Fahne.

M4 Gegenseitiges Treueversprechen

Am 7. April (des Jahres 1127) wurde dem Grafen (von Flandern) mehrmals Mannschaft geleistet. Sie wurde mit dem Ziel, Treue und Sicherheit herzustellen, auf folgende Weise vollzogen: Als Erstes leisteten sie (die neuen Vasallen) die Mannschaft, wobei der Graf fragte, ob der neue Vasall vollständig sein Mann sein wolle und dieser antwortete: „Ich will"; und mit gefalteten Händen, umschlossen von den Händen des Grafen, gaben sie sich den Kuss und vereinten sich im Bündnis. Als zweiten Akt leistete jener, der die Mannschaft vollzogen hatte, dem Grafen in diesen Worten den Treueid: „Ich gelobe und gebe mein Wort, dass ich dem Grafen von Flandern in Zukunft getreu sein werde und ihm Mannschaft leisten werde gegen jedermann in fester Treue und ohne List." Dieser Eid erfolgte über den Reliquien der Heiligen. Hierauf übergab der Graf mit einer Rute, die ein Vertrauter in der Hand hielt, allen, die durch dieses Bündnis Sicherheit, Mannschaft und zugleich den Eid geleistet hatten, ihre Lehen.

Zitiert nach: Galbert von Brügge, Geschichte und Ermordung Karl des Guten, Graf von Flandern, hrsg. von Henri Pirenne, 1891, S. 89. Übers. von Stefan Weinfurter.

1 Erkläre Grafik M2. Benutze dabei die Fachbegriffe. Beziehe M1, M3 und M4 mit ein.

2 Beschreibe die Abbildung M3. Begründe, wer Lehnsherr und wer Lehnsmann ist. Welcher Art sind die Lehen, die hier vergeben werden?

3 Notiere dir stichwortartig die Punkte, die sich Lehnsherr und Lehnsmann gegenseitig versprechen (M4) und spiele zusammen mit einem Partner die Szene der Belehnung vor. Du kannst auch die Darstellung in M1 wiedergeben.

Helfer des Königs: die Geistlichkeit

Der König als Herr über die Kirche. Seit der Salbung Pippins durch den Papst galt der fränkische Herrscher als Gesalbter des Herrn und Stellvertreter Christi; denn „Christos" heißt im Griechischen „der Gesalbte". Auch Otto I. ließ sich 936 bei seiner Krönung salben. Damit erhielt der König eine geistliche Weihe, wie Widukind von Corvey berichtet (s. S. 43). Otto I. hatte seine Herrschaft zuerst auf die Mitglieder seiner Familie stützen wollen. Aber weder seine Brüder noch seine Schwiegersöhne waren ihm als Herzöge der deutschen Stämme gehorsam, sondern erhoben sich mehrfach gegen ihn. Nach vielen Kämpfen übertrugen Otto I. und seine Nachfolger deshalb wichtige Ämter des Reichs auf Bischöfe und Äbte (▸ Reichskirchensystem). Der König berief sich dazu auf seine Hoheit über die Kirche. Wurde ein Bischof oder ein Abt gewählt, so lag die Entscheidung beim König. Auch die Einsetzung in das geistliche Amt, die ▸ Investitur (lat. investire = bekleiden), geschah durch den König, der seinem Kandidaten den Bischofsstab und den Ring feierlich überreichte. Mit dem Amt waren Grundbesitz und Hoheitsrechte verbunden, die der König damit an Vertreter der Kirche gab. Seinen Bruder Brun machte Otto I. nicht nur zum Erzbischof von Köln, sondern auch zum Herzog von Lothringen.

Dienste für Reich und König. Als Gegenleistung für Amt und Besitz verlangten die Könige von den Bischöfen und Äbten des Reichs die Erfüllung vieler Aufgaben. Auf ihrem Umritt durch das Reich machten sie oft in Klöstern oder in Bischofstädten Station, wo sie mit ihrem Gefolge bewirtet und untergebracht werden mussten. Außerdem hatten Bischöfe und Äbte Bewaffnete zu schicken und auszurüsten, wenn der König ein Heer aufstellte. Mancher Mann der Kirche verstand es, mit dem Schwert für das Reich zu kämpfen. Auch als Gesandte des Königs, als Stellvertreter bei seiner Abwesenheit oder als Erzieher der Prinzen wurden Bischöfe eingesetzt. Da sie zwar Geistliche waren, aber aus hochadligen Häusern stammten, brachten sie die Voraussetzungen für diese Dienste von Hause aus mit. Sie lebten wie ihre Standesgenossen aus dem Adel, allerdings sollten sie unverheiratet sein. Das war ein Vorteil für den König, denn er konnte nach dem Tod eines Bischofs dessen Amt wieder mit einem Mann seines Vertrauens besetzen.

Die Hofkapelle. Geistliche waren auch deshalb immer am königlichen Hof, um für den Herrscher und seine Begleitmannschaft festliche Gottesdienste zu feiern. An den hohen Festen der Kirche, an Weihnachten oder Ostern, dienten die Hochämter der glanzvollen Darstellung christlicher Herrschaft des Königs und Kaisers. Jede königliche Pfalz hatte für diesen Zweck eine Kapelle. Die Priester und Bischöfe, die solche geistlichen Dienste versahen, bildeten zusammen die ▸ Hofkapelle. Da ihre Mitglieder Latein konnten und die Kunst des Schreibens von Urkunden beherrschten, waren sie zugleich die Kanzlei des Königs. Der Vorsteher der Hofkapelle und Kanzler des Reichs hatte damit eine sehr wichtige und einflussreiche Position inne. Da der König die Geistlichen, die ihn auf seinen Reisen begleiteten, gut kannte, wählte er oft den Nachwuchs unter diesen Mitgliedern aus. Viele Bischöfe des Reichs hatten im Hofdienst ihre Karriere begonnen.

M1 Otto II. setzt Adalbert von Prag in sein Amt ein *(Detail einer Bronzetür am Dom von Gniezno/Gnesen, um 1120).*

M2 Kaiser Otto III. reist im Jahr 1000 nach Polen

Kaiser Otto hatte von Wundern gehört, die Gott durch den Märtyrer Adalbert von Prag wirkte. Also brach er auf, um an Adalberts Grab in Gnesen zu beten. In der Stadt Zeitz wurde er vom dortigen Bischof ehrenvoll aufgenommen. Schnell reiste Otto weiter nach Meißen. Auch dort wurde er feierlich vom Bischof empfangen. Sein weiterer Weg führte ihn durch das Milzener Land. Bei Sprottau traf er mit dem Polenherzog Bolesław Chrobry zusammen. Der Herrscher der Polen freute sich über den Besuch des Kaisers und begleitete ihn durch sein Land bis nach Gnesen. Als Otto die Burg Gnesen von weitem sah, lief er barfuß wie ein demütiger Pilger ihr entgegen. Dort wurde der Kaiser vom Bischof von Posen ehrfürchtig empfangen und in die Kirche geleitet. Am Grab des Adalbert kniete Otto nieder und bat unter Tränen, dass der Heilige für ihn bei Gott Fürbitte leiste. Dann erhob der Kaiser Gnesen zum Erzbistum und machte den Bruder des heiligen Adalbert zum ersten Erzbischof in Polen. Die Bischöfe von Kolberg, Krakau und Breslau unterstellte Otto dem neuen Erzbistum.

Zitiert nach: Thietmar von Merseburg, Chronik (= Freiherr-von-Stein-Gedächtnisausgabe), Darmstadt (Wissenschaftliche Buchgesellschaft) [4]1970, S. 161f. Vom Verfasser nacherzählt.

M3 Kirchenmänner im Dienst von Reich und Kirche

a) König Heinrich I. ernannte mich zum Bischof. Ich habe meine Stadt 955 militärisch verteidigt. Damit habe ich Otto I. zu einem großen Sieg verholfen. Wie heißt meine Stadt? Wer waren ihre Feinde? Wann bin ich gestorben? (U. v. A.)

b) Ich habe von der Reise Kaiser Ottos III. nach Polen berichtet. Die Chronik über mein Bistum vollendete ich 1018. Für die Kaiser aus Sachsen bin ich einer der wichtigsten Geschichtsschreiber gewesen. Hier seht ihr den Dom meiner Stadt, dessen Bischof ich war. Sie liegt an der Saale. Wie ist mein Name? Wer hat mein Bistum gegründet? (Th. v. M.)

c) Theophanou machte mich 987 zum Hofkaplan und Erzieher des jungen Königs Otto III. 993 nahm ich die Wahl zum Bischof an. Otto III. schenkte mir ein Stück Holz vom heiligen Kreuz. Am Dom meiner Stadt gibt es auch berühmte Bronzetüren. Sie sind eine Bilderbibel für das Volk, das damals ja nicht lesen konnte. Wie ist mein Name? Wo liegen mein Bistum und mein Dom? (B. v. H.)

1 Beschreibe und erkläre, wie das Verhältnis König und Bischof in M1 dargestellt wird.

2 Erarbeite aus M2–M3: Was macht der König für die Kirche? Was tun die Bischöfe für ihn?

3 Versuche herauszufinden, wer die drei Bischöfe sind, die sich in M3 vorstellen. Das „Heiligenlexikon" im Internet hat viele brauchbare Hinweise. Die Abkürzungen in den Klammern helfen dir, die richtige Lösung zu finden.

4 Überlege, was heute die Kirche für den Staat und der Staat für die Kirche tut.

Die Kirche gegen die Welt des Adels

Simonie – Handel mit geistlichen Ämtern. Der Adel gründete nicht nur Klöster, sondern stiftete auf eigenem Land auch Kirchen. Für diese „Eigenkirchen“ durfte ein Adliger die Geistlichen selbst einsetzen. Da mit einer Pfarrei, insbesondere mit dem Amt eines Abts oder Bischofs, Grundbesitz und Einkünfte verbunden waren, kam es zum Handel mit kirchlichen Ämtern. Hochadlige Familien hatten Interesse, ihre zweitgeborenen Söhne und ihre Töchter standesgemäß zu versorgen, indem sie ihnen eine Stelle als Bischof, Abt oder Äbtissin kauften. Und hatte man sich kirchliche Ämter und Land teuer gekauft, dann wollte man sie auch weiter vererben. So entsprach es der Gewohnheit. Besonders in Frankreich verlor die Kirche dabei viel Land. In Rom waren die Zustände noch bedenklicher. Amt und Würde bzw. der Besitz des Kirchenstaates waren hier das Ziel der rivalisierenden Familien des städtischen Adels. Mit Gewalt und Geld suchten sie sich den Thron des Papstes zu erkämpfen. Dabei kam es zu Doppelwahlen, da jede Partei ihren Kandidaten als Papst durchsetzen wollte.

Widerstand gegen Simonie und Fehde. Vor allem unter den Mönchen des Klosters Cluny in Burgund regte sich Widerstand gegen diese Zustände. Sie meinten, wer für ein geistliches Amt bezahle, lade die Sünde der Simonie auf sich. Sie setzten sich für die „Freiheit der Kirche“ ein. Das bedeutete: Laien, also Menschen ohne geistliche Weihen, durften sich in geistliche Dinge nicht einmischen und keinesfalls kirchliche Ämter kaufen, verkaufen oder vererben. Wer Priester wurde, gehörte damit nicht mehr zur Familie. Am Adel kritisierten die Mönche von Cluny auch, dass er ständig sein Fehderecht ausübte. Es bestand darin, dass jeder freie Herr zu den Waffen greifen durfte, um sich sein Recht zu erstreiten. Unzählige Kleinkriege zum Schaden der Untertanen waren die Folge. Ein „Gottesfrieden“ sollte die dauernden Fehden eindämmen.

Clunys Ausstrahlung. Die Ideen zur Erneuerung der Kirche hatten großen Erfolg. Mönche aus Cluny reformierten viele Klöster, z. B. Gorze in Lothringen (s. S. 36) und Hirsau im Schwarzwald. Anhänger der Reform beachteten wieder die Regel des heiligen Benedikt (s. S. 30ff.) und sorgten für strenge Disziplin und bessere Bildung hinter Klostermauern. Das Zölibat, ein Leben ohne Ehepartner, sollte nicht nur für Mönche, sondern für alle Geistlichen Pflicht sein. Die meisten Priester und selbst Bischöfe waren damals verheiratet. Der Klerus sollte sich aber seinen geistlichen Pflichten – ohne Rücksicht auf Besitz und Familie – widmen. Das erneuerte Leben in Armut und Gehorsam begeisterte viele. Neue Orden wurden gegründet, welche die Benediktiner in ihren Idealen noch übertreffen wollten. Die Zisterzienser siedelten sich an einsamen Orten an, wo sie durch harte Handarbeit die Wildnis urbar machten. Ihre Kirchen bauten sie völlig ohne Schmuck.

Könige auf der Seite der Reform. Die Könige Heinrich II. und Heinrich III. unterstützten die Reform der Kirche im Reich. Heinrich II. gründete 1007 das Bistum Bamberg und setzte dort einen Bischof ein. Mit Papst Benedikt VIII. traf er sich 1022 in Pavia/Norditalien, wo sie gemeinsam ein Dekret (Verordnung) zur Reform der Kirche erließen. Heinrich III. mischte sich noch stärker in kirchliche Dinge ein. Drei Päpste, die der römische Adel in Konkurrenz erhoben hatte, setzte er auf einer Synode in Sutri/Mittelitalien 1046 ab. Er ernannte deutsche Bischöfe zu Päpsten. Mit ihnen hielten die Ideen aus Cluny Einzug in der römischen Kirche.

M1 Kaiser Heinrich III. und seine Helfer

(Buchmalerei, 11. Jh.)

M2 Blick auf die Klosteranlage von Cluny, wie sie um 1150 ausgesehen haben mag *(Rekonstruktionszeichnung). Mit einer Länge von 187 m war die Klosterkirche die größte im Abendland. Der mächtige Bau sollte auch den Vorrang der Kirche vor der weltlichen Macht ausdrücken.*

M3 Über das Mönchstum im 10. Jh.

Der Mönch und Geschichtsschreiber Lampert von Hersfeld berichtet:

Und in der Tat, nicht ohne Grund hat der Herr über die Mönche unseres Landes Verachtung ausgeschüttet. Denn die persönliche Schändlichkeit einiger Pseudomönche hatte das Mönchtum in sehr üblen Ruf gebracht, denn sie kümmerten sich nicht mehr um göttliche Dinge, sondern beschäftigten sich ausschließlich mit Geld und Gewinn. Sie bestürmten die Ohren der Fürsten ungestüm nach Abteien und Bistümern und bemühten sich um kirchliche Würden nicht wie unsere Vorfahren auf dem Wege der Tugenden, sondern suchten sie sich ... mit ihren übel erworbenen Geldern zu ergattern. Selbst um ein kleines Amt zu erkaufen, versprachen sie täglich goldene Berge und schlossen weltliche Käufer durch ihr übermäßig hohes Angebot aus; und der Verkäufer wagte nicht so viel zu fordern, wie der Käufer zu zahlen bereit war. Die Welt fragte sich staunend, wieso Privatleute solche Schätze hätten anhäufen können, und noch dazu gerade solche Menschen, die ... den Ehrentitel der Armut als Aushängeschild benutzten und vorgaben, außer einfacher Nahrung und Kleidung nichts zu besitzen.

Lamperti Monachi Hersfeldensis Annales, 1071: Zitiert nach: GiQ 2, S. 232f. Übers. von Adolf Schmidt.

M4 Aus den Bestimmungen des Gottesfriedens von Arles in Südfrankreich *(um 1040):*

Von der Vesper (Abendgebet) des Mittwochs bis zum Sonnenaufgang am Montag sollen zwischen allen Christen ... fester Frieden und unverbrüchliche Waffenruhe herrschen, sodass in diesen vier Tagen und Nächten alle Christen zu jeder Stunde sicher seien und alles tun können, was nützlich ist, frei von aller Furcht vor Feinden und sicher in der Ruhe dieses Friedens und Waffenstillstandes.

Alle, die diesen Frieden und diese Gottesruhe beachten und sicher halten, sollen ... von ihren Sünden losgesprochen sein. Wer aber den Frieden versprochen hat und ihn wissentlich bricht, der sei ... exkommuniziert, verflucht und verwünscht ... Wer an diesen Tagen des Gottesfriedens einen Menschen tötet, werde verbannt und aus seiner Heimat verjagt. Er soll nach Jerusalem wallfahren und dort ein langes Exil erleiden. Wer auf andere Weise den oben beschriebenen Gottesfrieden bricht, der werde nach den weltlichen Gesetzen abgeurteilt und soll sich entsprechend seiner Schuld lösen. Nach den heiligen Kanones (den Bestimmungen des Kirchenrechtes) aber werde er mit einer doppelten Buße belegt.

MG Constt. I, Appendix III, Nr. 419, S. 596f. Zitiert nach: GiQ 2, S. 234. Übers. von Wolfgang Lautemann.

1 Beschreibe und deute das Bild M1. Erkläre, warum der Kaiser zwischen zwei Geistlichen steht.

2 Ein Mönch des 11. Jh. kommt erstmalig nach Cluny. Schildere, was ihn besonders beeindruckt haben könnte (M2).

3 Zähle aus M3 die Missstände auf, die unter den Geistlichen beklagt werden. Vergleiche mit M5/S. 33.

4 Erläutere, mit welchen Mitteln der Gottesfrieden durchgesetzt werden sollte (M4).

5 Stelle aus dem Autorentext und den Quellen die Unterschiede gegenüber, die Adel und Klerus nach der Reform voneinander trennten.

Der Machtkampf zwischen Kaiser und Papst

Vom Mönch zum Reformpapst. Der Mönch Hildebrand lernte in einem römischen Kloster den Kampf gegen Simonie und Priesterehe kennen. Mit Eifer unterstützte er Papst Gregor VI., nach dessen Absetzung durch Kaiser Heinrich III. 1046, auch den nachfolgenden Papst Leo IX. Unter ihm bekamen Anhänger der Kirchenreform hohe Posten als Bischöfe und Kardinäle. Auf einem Konzil in Rom beschlossen sie 1059, dass nur Kardinäle, d.h. die höchsten kirchlichen Würdenträger, den Papst wählen dürfen. Außerdem wurden jetzt alle Priester aus der Kirche ausgeschlossen, die mit Frauen zusammenlebten. Als 1073 wieder Papstwahl war, sollen Kardinäle und römisches Volk gerufen haben: „St. Peter will Hildebrand als Papst!" Er nannte sich nun Gregor VII. und setzte seine Pläne sogleich um. Bischöfe, die seinen Befehlen nicht folgten, schloss er aus der Kirche aus. Im „Dictatus papae" (= Leitsätze des Papstes) formulierte er seine Vorstellungen von den Rechten des Papstes. Er beanspruchte damit den Primat, die Oberherrschaft über alle Kirchen in allen Ländern.

Der ▸ Investiturstreit. Zum Machtkampf zwischen Kaiser Heinrich IV. und Papst Gregor VII. kam es 1075. In Mailand sollte ein neuer Erzbischof eingesetzt werden. Heinrich IV. investierte nach Gewohnheit seinen Kandidaten in dieses Amt und ernannte weitere Bischöfe in Italien. Gregor protestierte dagegen und verlangte Gehorsam. Kaiser Heinrich sollte seine Investituren zurücknehmen und Buße tun; sonst würde er aus der Kirche ausgeschlossen werden. Heinrich IV. reagierte wütend. Er versammelte 1076 die deutschen Bischöfe in Worms, wo sie die Absetzung des Papstes beschlossen. Heinrich III. hatte 1046 drei Päpste absetzen können; aber diesmal konnte sich der Kaiser nicht durchsetzen. Gregor VII. sprach nämlich den Bann über Heinrich IV. aus, der so aus der Kirche ausgestoßen wurde. Damit standen die Untertanen vor einer schwierigen Entscheidung: Entweder sie waren dem Kaiser treu – oder sie gehorchten dem Papst.

Der Gang nach Canossa. Kaiser Heinrich verlor als Gebannter seine Gefolgschaft. Bischöfe und Fürsten, die Herzöge Welf von Bayern, Rudolf von Schwaben und Berthold von Kärnten, fielen von ihm ab. Sie drohten, den Kaiser nicht mehr anzuerkennen, wenn er nicht vor dem Papst Buße tun würde. Da zog Heinrich IV. mit Gemahlin und seinem zweijährigen Sohn nach Italien. Vor der Burg Canossa, wo der Papst zu Besuch weilte, erschien er im Januar 1077 an drei Tagen im Bußgewand. Dann löste ihn der Papst vom Bann. Der Kaiser hatte sich damit dem Oberhaupt der Kirche demütig unterworfen. Aber er war dadurch immerhin in seinem Amt geblieben.

Spaltung von Kirche und Staat. Der Kampf zwischen Kaisern und Päpsten zog sich noch lange hin. Erst 1122 gelang ein Kompromiss. Im ▸ Wormser Konkordat einigte man sich darauf, dass der König in Deutschland die Wahl eines Bischofs mit beeinflussen konnte; die Einsetzung mit Ring und Stab ging an die geistliche Macht über. Bischöfe und Äbte blieben aber Vasallen des Königs. Im Kampf um Investitur, Simonie und Zölibat hatte sich allerdings ein Riss zwischen Kirche und Staat gebildet.

M1 *Dieses Bild aus dem Sachsenspiegel zeigt zweimal das Verhältnis von Kaiser und Papst.*

M2 „Dictatus Papae" von Papst Gregor VII. *(1075):*

I. Dass die römische Kirche vom Herrn allein gegründet worden sei.

II. Dass allein der römische Bischof zu Recht als universal bezeichnet werde.

III. Dass ausschließlich jener Bischöfe absetzen oder in den Schoß der Kirche wieder aufnehmen könne.

IV. Dass sein Gesandter allen Bischöfen auf einem Konzil übergeordnet sei ...

V. Dass der Papst Abwesende ihres Amtes entheben könne.

VIII. Dass er allein kaiserliche Insignien benutzen könne.

IX. Dass alle Fürsten allein des Papstes Füße küssen sollen.

X. Dass allein sein Name in den Kirchen verlesen werde.

XI. Dass dieser Name einzigartig ist in der Welt.

XII. Dass es jenem erlaubt sei, Kaiser abzusetzen.

XVI. Dass keine Synode (Kirchenversammlung) ohne seine Anweisung als allgemein bezeichnet werden darf.

XIX. Dass er selbst von niemandem gerichtet werden dürfe.

XXII. Dass die römische Kirche niemals geirrt hat und nach dem Zeugnis der Schrift auch in Zukunft niemals irren wird.

XXVII. Dass er Untertanen vom Treueid gegen unbillige (Herrscher) entbinden kann.

Zitiert nach: Johannes Laudage (Hrsg.): Der Investiturstreit. Quellen, Dokumente, Materialien (= Böhlau Studienbücher), Köln 1989, S. 57ff. (leicht verändert).

M3 „Steige herab ...!"

Brief Heinrichs IV. an Gregor VII. (1076):

Heinrich ... durch Gottes gerechte Anordnung König, an Hildebrand, nicht mehr den Papst, sondern den falschen Mönch. Auch mich, der ich ... zum Königtum gesalbt worden bin, hast du angetastet, mich, von dem die Überlieferung der heiligen Väter lehrt, dass ich nur von Gott gerichtet werden darf, und versichert, dass ich wegen keines Verbrechens abgesetzt werden darf, ich wiche denn vom Glauben ab, was ferne sei ... Selbst der wahre Papst, der heilige Petrus, ruft aus: „Fürchtet Gott und ehret den König"; du aber entehrst mich, weil du Gott, der mich eingesetzt hat, nicht fürchtest. ... So steige du denn, der du durch ... das Urteil aller unserer Bischöfe und unser eigenes verdammt bist, herab, verlasse den Apostolischen Stuhl, den du dir angemaßt hast. Ein anderer steige auf den Thron des heiligen Petrus, einer, der Gewalttat nicht mit Frömmigkeit bemäntelt, sondern die reine Lehre des heiligen Petrus lehrt. Ich, Heinrich, durch die Gnade Gottes König, sage dir zusammen mit allen meinen Bischöfen: „Steige herab, steige herab!"

Zitiert nach: Die Briefe Heinrichs IV., hrsg. von Carl Erdmann, MGH: Deutsches Mittelalter. Kritische Studientexte 1, Leipzig (Hiersemann) 1937, Nr. 12, S. 15ff.

Methode: Textquellen im Vergleich

Im Zusammenhang mit der Kaiserkrönung Karls des Großen (s. S. 14f.) haben wir uns schon einmal mit Textquellen beschäftigt. Der Investiturstreit führt erneut zum Thema „Kaiser und Papst". Und wieder sind es schriftliche Quellen, die uns darüber etwas sagen. Da es sich um einen Streit handelt, scheint es sinnvoll, die Quellen zu vergleichen. Folgende Schritte können dir dabei helfen:

1. Schritt: Halte fest, wer zu wem in den Quellen spricht, und welche Form er dabei gewählt hat.

2. Schritt: Stelle in zwei oder drei kurzen Sätzen gegenüber, a) was der Verfasser über sich sagt und b) was er von seinem Gegner behauptet.

3. Schritt: Schreibe auf, wie die Behauptungen beider begründet sind.

4. Schritt: Abschließend solltest du dir noch überlegen: Welche Partei überzeugt dich mehr? Begründe deine Meinung.

1 Bearbeite M2 und M3 in den oben angegebenen Schritten.

2 Beschreibe und erkläre, was die doppelte Darstellung von Kaiser und Papst in M1 bedeutet.

3 Ergänze M1 durch Sprechblasen, in denen die Figuren sagen, was sie tun.

4 Zähle Rechte auf, die Papst Gregor in M2 für das Papsttum allgemein beansprucht.

5 Versetze dich in die Situation eines Mönchs zu dieser Zeit. Wie erlebt er den Kampf zwischen König bzw. Kaiser und Papst?

Vom Lehnsmann zum Landesfürsten

Die Staufer erlangen die Krone. Nicht nur mit dem Papst fochten die Kaiser des Heiligen Römischen Reiches einen Kampf aus – auch mit den Fürsten kam es zu Konflikten. 1125 starb der letzte Herrscher aus dem Geschlecht der Salier, Heinrich V., kinderlos. Wer sollte das Reich nun führen? Ein heftiger Streit entbrannte unter den beiden mächtigsten Adelsgeschlechtern, den Welfen und den Staufern. Die Welfen waren Herzöge von Sachsen und Bayern, die Staufer hatten die Herzogswürde von Schwaben inne und waren erst im Jahrhundert zuvor zu den führenden Adelsgeschlechtern des Reichs aufgestiegen. 27 Jahre stritten beide Familien um die Krone, bis es 1152 zum Ausgleich kam: Die Fürsten wählten Friedrich I. Barbarossa (ital. barba rossa = Rotbart) zum König. Er hatte einen staufischen Vater und eine welfische Mutter.

Barbarossa kämpft um Italien. Unter Friedrich I. (1152–1190) erlebte das Reich eine kulturelle Blüte. Im Südwesten gründete er zahlreiche Städte, z. B. Esslingen, Ettlingen oder Schwäbisch Gmünd. Das größte Interesse zeigte Barbarossa jedoch an Italien: Fünfzehn Mal nahm er den im Vergleich zu heute beschwerlichen Weg über die Alpen auf sich, um für das Reich die Oberherrschaft über Italien zu sichern. Die Gründe dafür waren zum einen der immense Reichtum der norditalienischen Städte, die rege Handelsbeziehungen zum Orient unterhielten, zum anderen aber auch, dass er als „römischer Kaiser" die Herrschaft über Norditalien beanspruchte. Nach vielen Kriegen kam es 1186 zu einer Einigung: Die Städte der Lombardei erkannten den Kaiser als ihren Oberherrn an, durften sich aber weitgehend selbst verwalten.

Cousins als Rivalen. Der Welfe Heinrich der Löwe, der Cousin Friedrich Barbarossas, herrschte als Herzog über Bayern und Sachsen. Er hatte Friedrichs Wahl zum König nur zugestimmt, nachdem dieser ihm freie Hand über den Nordosten des Reichs zugesagt hatte. Dafür versprach Heinrich seinem Vetter, ihm bei der Durchsetzung seiner kaiserlichen Interessen in Italien zu unterstützen. 1176 brach die Rivalität zwischen beiden offen aus. Als sich Kaiser Friedrich bei Chiavenna in Norditalien in einer militärischen Notlage befand, weigerte sich Heinrich der Löwe, ihm neue Truppen zu schicken. Ein Gesandter Heinrichs soll dem Kaiser mitgeteilt haben: „Habt acht, dass Euch die Kaiserkrone nicht vor die Füße fällt!" Ein Herzog hatte also dem Kaiser ganz offen das verweigert, was er ihm zuvor zugesichert hatte. Wie viel Macht hatte der Kaiser dann aber noch?

Der Ausbau der Landesherrschaft. Im Konflikt mit Heinrich konnte sich Friedrich Barbarossa noch einmal behaupten. 1180 wurde Heinrich vor das Reichsgericht zitiert, dort wegen Treuebruchs als Lehnsmann verurteilt und nach England verbannt. Dieses Urteil war aber nur möglich, weil die anderen Reichsfürsten den Kaiser unterstützten, da ihnen inzwischen Heinrich der Löwe zu mächtig geworden war; aus eigener Kraft wäre es Friedrich nicht möglich gewesen, seinen Vetter zu verbannen.

In der Folgezeit gelang es den Fürsten zusehends, innerhalb des Reichs ihre Herrschaft auszubauen. Ihre Herzogtümer vergrößerten sie durch Verträge oder Kriege und wandelten sie von Lehen, die sie nach ihrem Tod an den Kaiser hätten zurückgeben müssen, in vererbbaren Familienbesitz um. So entstand die „Landesherrschaft"; ein Herzog oder Graf herrschte über sein Gebiet (▸ Territorium) beinahe wie ein König. Der Kaiser hatte zwar über das gesamte Reich die Oberhoheit, konnte sich jedoch in die Regierung dieser neuen Landesherren nicht wirksam einmischen und wurde letztlich von diesen abhängig, weil er ihre Hilfe, z.B. bei Kriegszügen, brauchte.

1232 rangen die Fürsten Friedrich II. weitere wichtige Rechte ab: So durfte fortan niemand mehr außer dem Fürsten selbst – nicht einmal der König – auf dem Gebiet eines Landesherrn eine Burg oder eine Stadt errichten oder eine neue Münze einführen.

Nach dem Tod des letzten Stauferherrschers im Jahre 1268, gelang es keinem Kaiserhaus mehr, die Macht der Landesfürsten dauerhaft zu schmälern. Dies fand auch in der „Goldenen Bulle" von 1356 Ausdruck: Mit dieser Urkunde ließen sich die sieben mächtigsten Fürsten des Reichs, die ▸ Kurfürsten, das Recht verbriefen, den deutschen König zu wählen (küren = wählen) und bei der Regierung mitzuentscheiden.

M1 Heinrich der Löwe und seine Frau Mathilde werden von Gott gekrönt *(Buchmalerei aus dem Evangeliar Heinrichs des Löwen, 1175).*
Links vom Herzog stehen dessen Eltern und der welfische Kaiser Lothar III. Rechts von der Herzogin sieht man die englische Königsfamilie, aus der Mathilde abstammt.

M2 Die „Goldene Bulle" von 1356

Die „Goldene Bulle" ist eines der wichtigsten Gesetze des Heiligen Römischen Reiches. Sie erhielt ihren Namen von dem goldenen Siegel (aurea bulla):

... Wenn nun die Kurfürsten diesen Eid geleistet haben, sollen sie zur Wahl schreiten und fortan die Stadt Frankfurt nicht verlassen, bevor die Mehrzahl von ihnen der Welt oder der Christenheit ein weltliches Oberhaupt gewählt hat, nämlich einen römischen König und künftigen Kaiser.

... Wir bestimmen ferner, dass, wer zum römischen König gewählt worden ist, sogleich nach vollzogener Wahl, bevor er in irgendwelchen anderen Angelegenheiten oder Geschäften aus Vollmacht des Heiligen Reichs seine Tätigkeit beginnt, allen Kurfürsten ihre Privilegien, Rechte, Freiheiten und Vergünstigungen, alte Gewohnheiten und auch Würden und alles, was sie vom Reich bis zum Tage seiner Wahl empfangen und besessen haben, ohne Verzug durch seine Briefe und sein Siegel bestätigen und bekräftigen soll.

Wir verordnen daher, dass von jetzt an künftig auf ewige Zeiten die berühmten und mächtigen Fürstentümer die Länder, Gebiete, Lehen- und Vasallitätsverhältnisse und alles, was zu ihnen gehört, nicht getrennt oder zersplittert werden dürfen, sondern es soll der erstgeborene Sohn in ihnen nachfolgen, und ihm allein soll Recht und Herrschaft zustehen.

Zitiert nach: Quellen zur Neueren Geschichte, hrsg. vom Historischen Seminar der Universität Bern, Heft 25 (1957), bearbeitet von Konrad Müller, Bern (Lang Verlag).

1 Nach dem Streit von Chiavenna 1176 verliert Kaiser Friedrich eine wichtige Schlacht. Kurz darauf stellt er seinen Cousin Heinrich zur Rede. Verfasse einen Dialog zwischen den beiden Herrschern.

2 Erkläre anhand des darstellenden Textes, auf welche Weise die Landesfürsten ihre Herrschaft vergrößern konnten.

3 Beschreibe die Darstellung der Krönung Herzog Heinrichs des Löwen (M1). Überlege, welche Funktion die Umstehenden wahrnehmen, wer die Malerei in Auftrag gegeben hat und welche Absicht dahinter stand.

4 Diskutiert anhand von M2, ob nach dieser Abmachung der Kaiser oder die Fürsten mehr Macht besaßen.

5 In Baden-Württemberg gibt es viele Überreste und Zeugnisse aus staufischer Zeit. Recherchiert im Internet und berichtet in eurer Klasse darüber (Suchbegriff z. B. „Straße der Staufer").

Leben auf der Burg

Burgen als Zeichen adliger Macht. Ursprünglich hatte nur der König das Recht, Burgen zu bauen. Die Schwächung der Macht des Königs (s. S. 54f.) brachte eine Stärkung der Fürstenmacht mit sich. Sichtbarer Ausdruck dafür waren nicht zuletzt die Burgen, die die Fürsten und andere Adlige nun in großer Zahl bauen ließen.
Welche Bedeutung die Burg für das Selbstverständnis der adligen Familien besaß, erkennt man daran, dass sich viele von ihnen nun nach ihren Burgen nannten. Der Name der Burg wurde somit zum Familiennamen. Ließ ein adliger Herr seine Burg auf einem Berg errichten, so nicht nur deshalb, um sich vor Angreifern wirksamer zu schützen. Vielmehr zeigte er den ihm untertänigen Bauern auf diese Weise auch, wer in der Ordnung der Gesellschaft „oben" stand und wer „unten". Mancher Fürst besaß mehrere Burgen, die er allerdings nicht alleine verwalten konnte. ▸ Ritter wurden als deren Verwalter eingesetzt.

Burgen als Wohnsitz und Verteidigungsanlage. Burgen dienten der Verwaltung der umliegenden Ländereien. In Abwesenheit des Burgherrn übernahm diese Aufgabe häufig seine Frau. Zudem war eine Burg der Wohnsitz adliger Familien mit ihren Bediensteten, denen er Schutz vor Angriffen bot. Dies spiegelte auch die Bauweise der Burg. Das herrschaftliche Wohngebäude, der so genannte Palas (Palast), enthielt meist einen großen Saal, in dem Feierlichkeiten abgehalten wurden. Daneben standen Schlafräume zur Verfügung. Meist gab es jedoch nur einen Raum, der beheizbar war. Ihn nannte man Kemenate (lat. caminata = Kamin). Bei großer Gefahr konnten sich die Burgbewohner in den Bergfried zurückziehen, der meterdicke Mauern und einen Eingang hatte, den man nur mithilfe von Leitern erreichen konnte. Auch die abhängige Bevölkerung suchte Schutz hinter den Burgmauern.

M 1 Burg Wildenberg *(Odenwald)*
(oben: Luftaufnahme; unten: Rekonstruktion)

M 2 Angriff auf eine Burg *(Buchmalerei aus der Manessischen Handschrift, einer Sammlung von Werken von über 100 Dichtern mit bildlichen Darstellungen, um 1300).*

M3 Höfisches Festmahl *(aus einer Handschrift, 14. Jh.)*
Ein solches Festessen war für einen Ritter die Ausnahme. Es fand statt, wenn z. B. der König zu Besuch kam.

M4 Der Burgenbau
In dieser Erzählung lässt ein mittelalterlicher Dichter einen Ratgeber seinem adligen Herrn begründen, warum er eine Burg bauen solle:

Erweitert eure Macht! Habt ritterlichen Wagemut, unterwerft euch Menschen und Besitz in dieser Gegend, wem sie auch gehören, und lasst keinen aus. Es kommt sehr schnell an den Punkt, dass sie es als ihre höchste Freude betrachten, eure Huld zu gewinnen ... Die Reichen fürchten eure Macht, die Armen müssen euch dienen. Mit geeigneten Maßnahmen können wir die Leute leicht dazu bringen, dass sie euch Tag für Tag aus freien Stücken dienen ... Sie werden nicht wagen, sich zu widersetzen; so müssen sie auf immer Abgaben leisten.

Der Stricker, Die Gäuhühner. Zitiert nach: Joachim Bumke: Höfische Kultur. Literatur und Gesellschaft im hohen Mittelalter Bd. 1, München (dtv) [3]1986, S. 163.

M5 Lebenswirklichkeit des niederen Adels
Der Ritter Ulrich von Hutten (1488–1523) schildert in einem Brief das Leben auf einer Burg:

Gleichgültig, ob eine Burg auf einem Berg oder in der Ebene steht, so ist sie auf jeden Fall doch nicht für die Behaglichkeit, sondern zur Wehr erbaut, ... innen von bedrückender Enge, zusammengepfercht mit Vieh- und Pferdeställen, voll gepfropft mit schweren Büchsen, Pech, Schwefel und allen übrigen Waffen und Kriegsgerät. Überall stinkt (es), und der Duft der Hunde und ihres Unrates ist auch nicht lieblicher ... Und welch ein Lärm! Da blöken die Schafe, brüllt das Rind, bellen die Hunde, auf dem Felde schreien die Arbeiter ... und bei uns zu Hause hört man die Wölfe heulen.

Zitiert nach: Wolfgang F. Schuerl: Burgen und Städte des Mittelalters, Wiesbaden (Ebeling) 1977, S. 92f.

1 Betrachte M1. Diskutiere mit deinen Mitschülern, bei welchen Gebäudeteilen es sich um den Palas und den Bergfried handeln könnte. Begründet eure Entscheidung. Beschreibt weitere Gebäudeteile der Burg und überlegt, welche Funktion sie gehabt haben könnten. Bezieht M2–M5 mit ein.

2 Erläutere, mit welchen Mitteln die Angreifer versuchen, die Burg zu stürmen, und wie sich deren Bewohner verteidigen (M2).

3 Lies Ulrich von Huttens Brief durch (M5) und formuliere ein Antwortschreiben, in dem du dich auf die Szene beziehst, die M3 darstellt.

■ GESCHICHTE AKTIV/KREATIV

Projektidee: „Die Geschichte einer Burg in unserer Umgebung erforschen"

Auf der Internet-Seite www.burgenwelt.de werden sehr viele deutsche und europäische Burgen beschrieben. Hier findet ihr unter anderem Bilder, Grundrisse und Angaben zur Geschichte der jeweiligen Burg.

1 Informiert euch mithilfe dieser oder einer anderen Internet-Seite über eine Burg in eurer Heimatregion.

2 Gestaltet ein Plakat, auf dem für den Besuch der Burg geworben wird.

Gut reiten, schießen und tanzen: die Ritter

Die Erziehung zum Ritter. Noch heute bezeichnen wir eine Person, die sich zu benehmen weiß, als „ritterlich“ und „höflich“. Das heißt, sie beherrscht die Umgangsformen, die im Mittelalter von einem Ritter erwartet wurden. Das Vorrecht, eine ritterliche Erziehung zu erhalten, hatten nur Adlige. Ritter waren Berufskrieger. Die Ausbildung zum Ritter begann im Alter von sieben Jahren. Als Page lernte er an einem fremden Hof mit Lanze und Schwert zu kämpfen. Man brachte ihm die Regeln bei, die im Turnier, dem ritterlichen Kampfspiel, galten, sowie gute Manieren. So war es zum Beispiel unhöflich, sich beim Essen ins Tischtuch zu schnäuzen. Lesen und schreiben dagegen lernten meist nur die adligen Mädchen. Mit 14 Jahren wurde der Page zum Knappen erhoben. Nun musste er seinen Herrn zu Turnieren begleiten und mit ihm in die Schlacht ziehen. Hatte sich der Knappe bewährt, wurde er als etwa Zwanzigjähriger feierlich in den Kreis der Ritter aufgenommen: Er erhielt den Ritterschlag oder es wurde ihm das Schwert angelegt, ein Ritual, das man Schwertleite nannte.

Der Minnedienst. Für das gesellschaftliche und kulturelle Leben hatte der Minnedienst große Bedeutung: In Liedern pries der Ritter die Schönheit und Tugend einer verheirateten adligen Dame. Häufig handelte es sich bei ihr um die Burgherrin, die dem Werben des Ritters jedoch nicht nachgeben durfte. Vielmehr wurde von ihr Zurückhaltung erwartet, vom Ritter aber, dass er der enttäuschenden Zurückweisung zum Trotz den Minnedienst freudig fortsetzte. Dadurch sollte er Beständigkeit, Selbstbeherrschung und maßvolles Verhalten lernen.

Der Ritterstand. Waffen, Pferde und Rüstungen waren sehr teuer. Bauern konnten sich auf Dauer diese Ausgaben nicht leisten (s. S. 26). So beauftragten Herrscher und Adlige zunehmend unfreie Dienstmannen, die Ministerialen, mit dem Ritterdienst. Zur Finanzierung ihrer Aufgaben übergaben bzw. überließen sie ihnen ein Lehen (s. S. 46f.).
Im späten Mittelalter verarmten viele Ritter. Zudem erwiesen sich die mit Armbrust und langen Spießen bewaffneten Fußtruppen den Panzerreitern überlegen. So verlor das Rittertum zu Beginn der frühen Neuzeit seine Bedeutung.

M1 Der Ritter und Dichter Wolfram von Eschenbach
(Manessische Liederhandschrift, um 1300)

Seinen Körper schützte der Ritter mit einem Schild und einem Kettenhemd, das aus vielen miteinander verbundenen Eisenringen bestand. Auf dem Kopf trug er einen Topfhelm. Im späten Mittelalter wurden die Rüstungen immer aufwändiger. Da der Ritter vom Scheitel bis zur Sohle in Metall gehüllt war, konnte er nur an seinem Wappen oder an der Helmzier erkannt werden.

M2 Wolfram von Eschenbach: Parzival *(ca. 1200/1210)*
Der junge Parzival wird am Hofe des Adligen Gurnemanz mit den Tugenden eines Ritters vertraut gemacht:
Ihr habt eine schöne Gestalt und seht gut aus, Ihr könnt wohl ein Herrscher werden. Doch auch, wenn Ihr von hoher Geburt seid ..., so sollt Ihr doch stets Erbarmen mit den Not Leidenden haben. Bekämpft ihre Not mit Großherzigkeit und Güte; seid immer bereit, anderen zu dienen ...
Ihr sollt das rechte Augenmaß behalten, ob Ihr nun arm oder reich seid. Verschwendung steht einem Herrn ebenso wenig an wie das Anhäufen von Schätzen; auch das ist unehrenhaft. Haltet immer das rechte Maß.
Wolfram von Eschenbach: Parzival 170,21-172,16. Übertragen von Wilhelm Hertz, hrsg. von Walther Hofstaetter, Stuttgart (Reclam) 1934/2001.

M3 Turnier *(Manessische Liederhandschrift, um 1300)*

M4 Höfisches Paar
(Manessische Liederhandschrift, um 1300)

M5 Raubritter überfallen ein Dorf
(zwischen 1460 und 1480)

Im späten Mittelalter sanken die Getreidepreise und mit ihnen die Einnahmen der Ritter. Manche versuchten, als Raubritter ihren Lebensstandard zu halten.

1 Stell dir vor, du wärst im Mittelalter der Knappe eines Ritters gewesen und bekämst Besuch von deiner Schwester: Entwirf ein Gespräch, in dem du sie über deine Ausbildung zum Ritter informierst (M1–M4 und Autorentext).
2 Benenne die Bestandteile der Ritterausrüstung, die du auf dem Bild erkennen kannst (M1).
3 Stelle die Aufgaben eines Ritters zusammen (M1–M4 und Autorentext).
4 Erkläre, wie die Ritter im Turnier gegeneinander kämpften, und erläutere die Gebärden der Frauen (M3).
5 Beschreibe die in M4 gezeigte Szene. Achte dabei besonders auf die Gestik der Figuren. Begründe unter Berücksichtigung des Autorentextes, inwiefern das Bild den Minnedienst veranschaulicht.
6 Vergleiche M5 mit M2 und arbeite heraus, welche Tugenden die Raubritter verletzten.

Der Dom zu Speyer: Symbol für weltliche und geistliche Macht

936	Wahl und Krönung Ottos I. zum König
962	Otto I. wird Kaiser des Heiligen Römischen Reichs
1077	Heinrich IV. in Canossa
1122	Wormser Konkordat – Vorschriften zur Investitur von Geistlichen
1152–1199	Friedrich I. Barbarossa
1356	Goldene Bulle – Regelung der Kaiserwahl

Eine Kirche als Ort der Geschichte. Auch heute noch sind sie von weitem zu sehen, die mächtigen Türme des Doms zu Speyer. Kaiser Konrad II. (1024–1039) aus dem Haus der Salier begann den Bau um 1030. Aber erst sein Enkel Heinrich IV. (1056–1106) konnte 1061 die Domweihe mitfeiern. Kaiser und Könige des 11. und 12. Jh., ihre Frauen und einige Bischöfe sind in der Krypta unter dem Chorraum beigesetzt. Französische Truppen zerstörten den Dom 1689 und noch einmal 1794 (s. S. 154f.). Als Symbol für das untergegangene Heilige Römische Reich wurde er im 19. Jh. wieder errichtet.

M1 Kaiserdom zu Speyer
Auffällig sind jeweils die Turmpaare am Westwerk (links im Bild) und an der östlichen Seite der Kirche. Beide Bereiche sind durch das Langhaus verbunden (Länge des Doms: 134 m, Höhe der Türme: 65 bzw. 71 m).

Sicherung wichtiger Begriffe

- **Eigene Dateien**
  - **Geschichte**
    - **Heiliges Römisches Reich**
      - **Methoden**
        - Textquellen vergleichen
      - **Fachbegriffe**
        - Investitur
        - Reichsinsignien
        - Kirchenreform
        - Reisekönigtum
        - Kurfürsten
        - Ritter
        - Lehnswesen

Der Dom – mehr als ein Gotteshaus. Unterschiedliche Gründe bewogen im Mittelalter die Besucher, den Dom in Speyer aufzusuchen. Viele kamen als Pilger, die am Gottesdienst teilnehmen wollten. Der Dom wurde aber auch als Versammlungsort, als Markt- und Gerichtshalle genutzt. Wie passte diese scheinbar gegensätzliche Nutzung des Doms zusammen?
Die Architektur allein gibt schon Rätsel auf. So fragt sich der Betrachter beim Anblick dieser Kirche, wo vorn und wo hinten ist. Beide Seiten, das Westwerk (im Bild links) und der Chorraum (rechts), sind durch Kuppeln und Türme betont. Man betritt die Kirche durch das Westwerk, einen mächtigen Querriegel, der wie eine Burg an die Kirche angebaut ist. Vorbild

dieser Bauform ist die königliche Gerichtshalle. Im Chor gegenüber steht der Altar, hier ist der Platz des Bischofs und der Priester. Westwerk und Chor sind durch das Langhaus, den Raum der Gemeinde, verbunden. Abgetrennt vom weltlichen Tun im westlichen Teil der Kirche hielten hier die Geistlichen ihre Gottesdienste und Gebete auf Latein ab. Getrennt durch eine Absperrung konnte das einfache Volk aus der Entfernung an den religiösen Handlungen teilhaben. Allerdings verstanden nur wenige die lateinischen Texte. Gegenüber im Eingangsbereich, im so genannten Westwerk, hatte der Kaiser seinen Thron, wenn er an Gottesdiensten teilnahm oder Gerichtssitzungen abhielt.
Weltliche Macht und geistliche Macht lagen sich im Dom zu Speyer gegenüber und waren so für die Menschen im Hochmittelalter unmittelbar greifbar. Nicht mit einem Schloss wie spätere Herrscher, sondern mit einem großen Kirchenbau wollten die Kaiser des hohen Mittelalters ihre Stellung und ihre Aufgabe darstellen. Das Westwerk ist Sinnbild der kaiserlichen Macht: Der Kaiser bietet Schutz gegenüber den Gefahren der Welt. Der Chor weist nach Osten, auf Christus, die aufgehende Sonne. Die Kirche steht für den Schutz des Seelenheils. Geistliche und weltliche Gewalt kommen von Gott und dienen ihm. Symbolisiert wird das durch die beiden Türme, die jeweils im Osten und im Westen in den Himmel ragen. Beide Machtbereiche sind miteinander verbunden, der Kaiser soll zusammen mit der Kirche den Erdkreis lenken.

M2 Krönung Ottos III. *(Buchmalerei aus dem Liuthar-Evangeliar, um 990)*
Otto sitzt christusgleich auf dem Thron. Zwei weitere Kronenträger verneigen sich vor ihm. Weltliche und geistliche Berater sind in der untersten Reihe zu sehen.

1 Erkläre in eigenen Worten, welche Bauteile des Doms in Speyer die geistliche und welche die weltliche Macht zum Ausdruck bringen (M1 und Autorentext).
2 Der Dom lässt geistliche und weltliche Macht als eine Einheit erscheinen. Das Verhältnis dieser beiden wichtigen Säulen des Mittelalters zueinander hat sich immer wieder geändert. Zeige anhand je eines Beispiels auf, a) wie beide Seiten voneinander profitierten (z. B. S. 20–23, S. 48–49) und b) wie sie sich bekämpften (S. 52–53). Nenne den Namen des jeweiligen Herrschers und den des Papstes.
3 Vergleiche M2 mit dem Bild von Otto III. auf S. 38f.
4 Erläutere das Verhältnis des Königs zu großen Adligen in der Zeit der Ottonen und der Staufer.

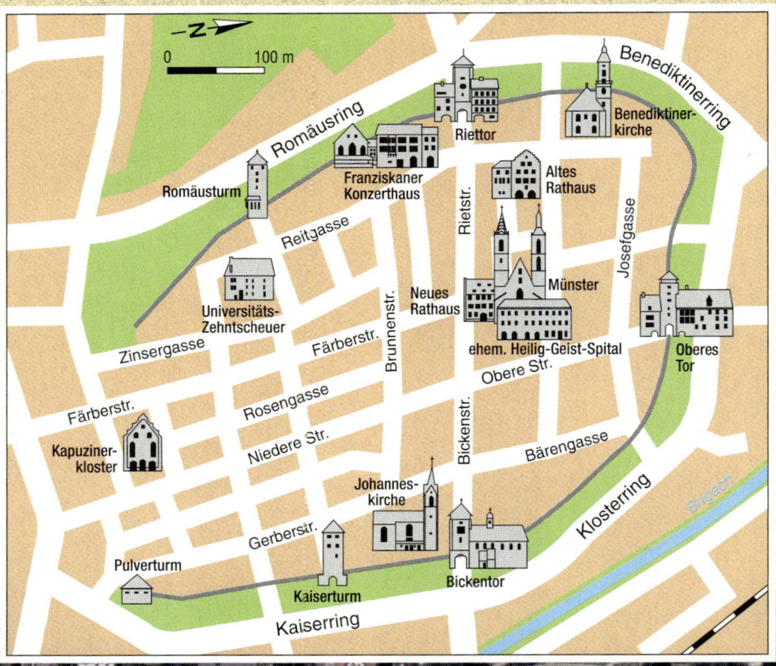

N
0
100 m
Romäusring
Benediktinerring
Riettor
Benediktiner-kirche
Franziskaner Konzerthaus
Altes Rathaus
Romäusturm
Rietstr.
Josefgasse
Reitgasse
Münster
Universitäts-Zehntscheuer
Neues Rathaus
Brunnenstr.
Färberstr.
ehem. Heilig-Geist-Spital
Oberes Tor
Zinsergasse
Obere Str.
Färberstr.
Rosengasse
Bickenstr.
Kapuziner-kloster
Niedere Str.
Bärengasse
Johannes-kirche
Klosterring
Gerberstr.
Pulverturm
Kaiserturm
Bickentor
Kaiserring

Die Stadt des Mittelalters

Städte oder Dörfer?

Was zeigt das Luftbild? Das Bild auf der vorangehenden Doppelseite zeigt den Stadtkern von Villingen. Gut erkennbar ist der Verlauf der Stadtmauer, die heute von einer Parkanlage umgeben ist. Auch Wachtürme und mächtige Stadttore sind zu sehen. Aus dem Häusermeer ragen Kirchtürme empor. Kirchen zeugen von der Frömmigkeit und dem Gemeinsinn der mittelalterlichen Stadtbewohner, die es als eine Ehre betrachteten, das prächtigste Gotteshaus in ihrer Gegend erbaut zu haben. Am Schnittpunkt der beiden Villinger Hauptstraßen wurde wöchentlich der Markt abgehalten.
Heute besuchen viele Touristen Städte wie Villingen wegen ihrer mittelalterlichen Bauten. Am Anfang seiner Besichtigungstour sollte man sich aber verschiedene Modelle der Stadt in einem Museum ansehen. Auf diese Weise kann man das mittelalterliche Stadtbild besser mit dem heutigen vergleichen. In den Museen gibt es auch viele Bilder, welche die städtische Entwicklung im Laufe der Jahrhunderte verdeutlichen. Denn die Städte aus dem Mittelalter haben sich gewaltig verändert. Die Einwohner bauten ihre Stadt ständig aus und um, ersetzten Holzbauten durch Steinhäuser, die bis 1300 eher selten waren, erweiterten bestehende Befestigungen und überbauten Altes durch Neues.

Gewachsene und gegründete Städte. Städte als Siedlungsform kennst du bereits aus den alten Kulturen. Vor über tausend Jahren gab es auf dem Gebiet des heutigen Deutschland keine Städte. Römerstädte wie Köln, Trier, Mainz, Worms, Augsburg und Regensburg waren zum größten Teil verfallen, blieben aber besiedelt und glichen eher großen Dörfern.
Mit dem Anstieg der Bevölkerung und dem Wiederaufschwung des Handels um 1000 kam es zu einer Gründungswelle von Städten. In der Zeit zwischen 1000 und 1400 entstanden in Mitteleuropa etwa 4 000 Städte. Diese Neugründungen wurden nach bestimmten Plänen an Flussübergängen, an den Kreuzungen wichtiger Fernstraßen oder in der Nähe von Pfalzen, Klöstern und Bischofssitzen angelegt. Wo die Kaufleute sich niederließen, kamen bald auch Handwerker hinzu und produzierten für den örtlichen Markt. Damit wurde aus der ländlichen Siedlung eine richtige Stadt. Sie belebte mit ihrem Markt Handel und Handwerk der Umgebung.

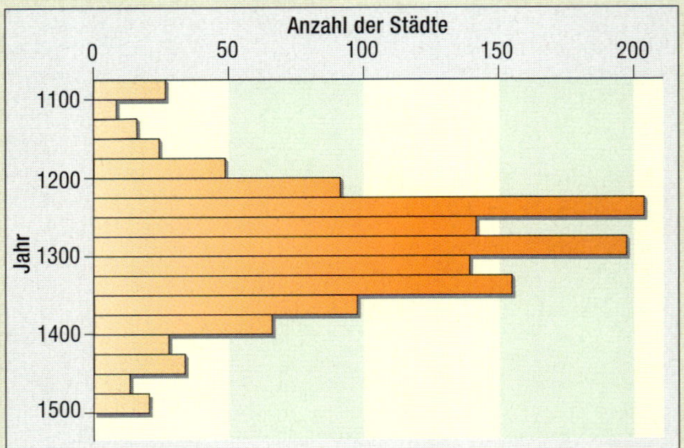

Einwohnerzahlen um 1300				
	Paris	ca. 80 000	Köln	ca. 50 000
	Florenz	ca. 100 000	Nürnberg	ca. 23 000

M1 Städtegründungen in Mitteleuropa *1150–1500*

Reichsstädte und Landesstädte. Städtegründer waren der König und die großen Adligen. Die Städte gewannen allmählich eine große Unabhängigkeit und konnten Gesetze, Steuern oder Handelsbeziehungen selbst bestimmen. Nur den Kaiser mussten sie über sich anerkennen, aber der war selten anwesend (s. S. 44f.). In Süddeutschland gab es besonders viele „Reichsstädte", unter ihnen Nürnberg, Augsburg, Ulm und Ravensburg. Herzöge, Grafen und Bischöfe als Landesherren gründeten Märkte, weil sie den Wohlstand ihres Territoriums fördern und mehr Steuern einnehmen wollten. Nachdem sich diese Märkte zu Städten weiterentwickelt hatten, stritten sie oft mit ihren Stadtherren um mehr Selbstverwaltung.

Wovon handelt dieses Kapitel? Es zeigt die Unterschiede im Alltagsleben und in der Erwerbstätigkeit der Stadtbevölkerung zu denen der Landbevölkerung auf. Wer innerhalb der Stadtmauern wohnte, unterstand nicht der Grundherrschaft (s. S. 26f.). In der Stadt bestimmten Handel und Gewerbe sowie der Mut zum Unternehmertum das Leben der Einwohner. So entwickelten sich in den mittelalterlichen Städten Europas das Bürgertum als neue gesellschaftliche Gruppe neben Adligen, Bauern und Geistlichen. Die folgenden Seiten stellen dar, wie sich die Bürger Anerkennung verschafften, wie die städtische Selbstverwaltung funktionierte, welche Bürgerrechte und Pflichten sich herausbildeten und wie die Produktion von Waren und der Fernhandel organisiert wurden.

M2 Stadtansicht Villingen *(17. Jh.)*

M3 Geschichte erzählt

Anflug auf eine mittelalterliche Stadt

Im 13. Jahrhundert schrieb der Dichter Gottfried in der Stadt Straßburg einen berühmten Liebesroman mit dem Titel „Tristan und Isolde". Eine neue Übersetzung dieses Romans veröffentlichte Dieter Kühn 1991. Darin beschreibt der Übersetzer im Vorwort das mittelalterliche Straßburg aus der Sicht eines anfliegenden Raben:

Der kluge Rabe ... sieht unmittelbar hinter der nördlichen Stadtmauer kleine Häuser – sie unterscheiden sich nicht von den Bauernhütten, die er schon oft gesehen hat. Einige Hütten sind dicht aneinander gerückt, andere halten Abstand voneinander. Gärten gibt es in der Stadt, kleine Felder, Pferde und Kühe; suhlende Schweine zwischen Frauen, Männern und Kindern. Auf dem Flüsschen wird ein Schiff gezogen: vor dem Seil ein Pferd auf dem Treidelpfad (treideln = ein Schiff stromaufwärts ziehen) ...

Nach eleganter Schwebeschleife fliegt der Rabe zum größten Gebäude der Stadt. Aus den Hütten werden in Richtung Dom richtige Häuser, die sogar ein erstes Stockwerk tragen. Und wieder Brunnen und Kühe und Pferde und Schweine, die zum Himmel hoch stinken. Die Straßen bilden ein rechteckiges Grundmuster – immerhin sind sie hier so breit, dass zwei Fuhrwerke aneinander vorbei passen. Doch auf den Straßen wird verkauft, gesägt, gehämmert. Der kundige Rabe sieht mehrere Böttcher – offenbar werden viele Fässer in dieser Stadt gebraucht.

Auch im Zentrum sind die Straßen nach einem Regenguss matschig. Unter dem Raben fährt ein Karren mit Bauholz, zwei Männer prügeln sich, er sieht einige Reiter und viele Fußgänger. Noch mehr Menschen hocken oder stehen herum und plaudern. Keiner spielt auf, keiner führt Zaubertricks vor, keiner zeigt, wie ein Bär tanzen kann. Also fliegt der Rabe zur doppeltürmigen außerordentlich großen Kirche. Ein Glockenschlag verhallt im Turm. Aus der Kathedrale klingt Chorgesang, begleitet vom Hämmern auf Holz und Meißeln auf Stein aus der Dombauhütte.

Zitiert nach: Dieter Kühn: Tristan und Isolde des Gottfried von Straßburg, Frankfurt (Insel) 1991, S. 8ff.

1 Städte oder Dörfer? Vergleiche M3 mit M1 auf Seite 28. Suche aus M3 und dem Autorentext alle Merkmale des Stadtlebens im Mittelalter heraus.

2 Beschreibe mit den Ergebnissen aus Arbeitsauftrag 1 das Eingangsbild und den Stadtgrundriss (s. S. 62f. und M2). Stelle Vermutungen an, welche Gebäude nach dem Mittelalter entstanden sind. Wo verlaufen heute die Verkehrsachsen (Straßen, Schienen)?

3 Was war neu am „Leben innerhalb der Mauern"?

4 Erläutere die Grafik M1. In welchen Zeiträumen wurden besonders viele Städte gegründet?

Aufbruch in Europa

Land und Leute in Mitteleuropa um 1000. Riesige Wälder bedeckten um das Jahr 1000 fast das gesamte mittlere und nördliche Europa von England bis nach Polen. Dazwischen lagen Sumpfgebiete und Heidelandschaften, die kaum Lebensgrundlagen für Menschen boten. Nur nach Südeuropa hin nahmen diese oft undurchdringlichen Waldgebiete ab. Im Vergleich zum Byzantinischen Reich und den muslimischen Gebieten waren das nördliche und mittlere Europa in der kulturellen und materiellen Entwicklung vergleichsweise rückständige Gebiete.

Um das Jahr 1000 arbeiteten 95% der Bevölkerung als Bäuerinnen und Bauern. Hauptsächlich bauten sie Getreide an; Brot und Brei aus Getreide waren das Hauptnahrungsmittel. Fleisch kam sehr selten in den Kochtopf. Was Jäger, Hirten und Fischer zur Nahrungssuche beisteuerten, reichte nie zu einer angemessenen Ernährung aus. Entsprechend gering war die Lebenserwartung der Menschen (s. S. 28f.). Der Boden konnte nur wenige Jahre für den Ackerbau genutzt werden; dann war er erschöpft. Durch Abbrennen von Waldgebieten (Brandrodung) wurde neues Ackerland gewonnen.

Mehr Menschen, neue Techniken. Um die Jahrtausendwende wuchs in den meisten Gebieten Europas die Bevölkerung stark an. Das Klima erwärmte sich und ermöglichte – auch dank der Dreifelderwirtschaft – bessere Ernteerträge; es erlaubte auch mehr Viehzucht. Für neue Siedlungen mussten Wälder gerodet, Sümpfe trockengelegt sowie Flüsse und Küsten eingedeicht werden. Noch heute erinnern Ortsnamen auf -rode, -rath, -roth oder -brand an diese Zeit der großflächigen Rodungen. Um 1200 lebten auf dem Gebiet des heutigen Deutschland schon vier- bis fünfmal so viele Menschen wie zur Zeit Karls des Großen, 400 Jahre zuvor.

Eine verstärkte Eisenproduktion ermöglichte die Herstellung einer größeren Zahl von Äxten, Hufeisen und Pflügen. Die wichtigsten Erfindungen dieser Zeit waren der mit Eisen beschlagene Streichbrettpflug, der Lastkarren mit der Deichsel und die Schubkarre. Mithilfe des Kummets, eines mit Leder gepolsterten Halskragens für Tiere, konnten diese jetzt kräftiger und ausdauernder ziehen.

Grundlage für den Aufbruch: Die Nutzung von Wasserkraft und Wind. Wassergetriebene Mühlen waren seit der Antike bekannt. Ab dem Ende des 10. Jh. wurden überall in Europa Wassermühlen, bald auch Windmühlen, gebaut. Für das Jahr 1086 zählt eine Quelle 5624 Wassermühlen in nur 3000 englischen Dörfern auf. Die Mühlen erleichterten vielfach den Arbeitsalltag der Menschen, da man sie zum Mahlen, Zerstampfen, Drehen, Filtern und Pumpen einsetzen konnte. Blasebälge von Schmelzöfen, Schmiedehämmer und Schleifsteine wurden so angetrieben. Dennoch stand die Muskelkraft von Mensch und Tier bei der Erledigung anstehender Arbeiten an erster Stelle. Die intensive Nutzung von Wasser- und Windenergie und die damals unbegrenzte Verfügung über den Rohstoff Holz waren die Grundlage für den Boom des Mittelalters: Die Forscher sprechen von der „Aufbruchepoche Europas".

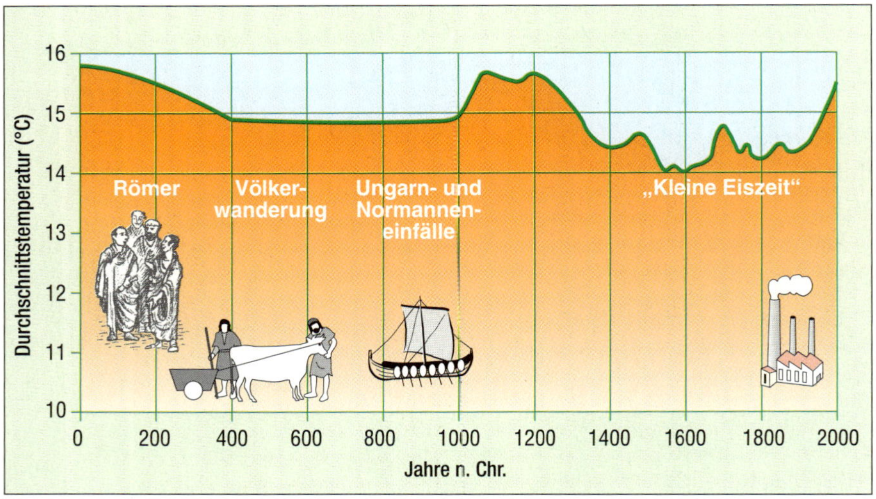

M1 Temperaturentwicklung in Europa während der letzten 2000 Jahre *(Durchschnittstemperatur während der Sommermonate).*

M2 Bodenbestellung im 9. Jh. und im 14. Jh.

M3 Von der Zweifelder- zur Dreifelderwirtschaft

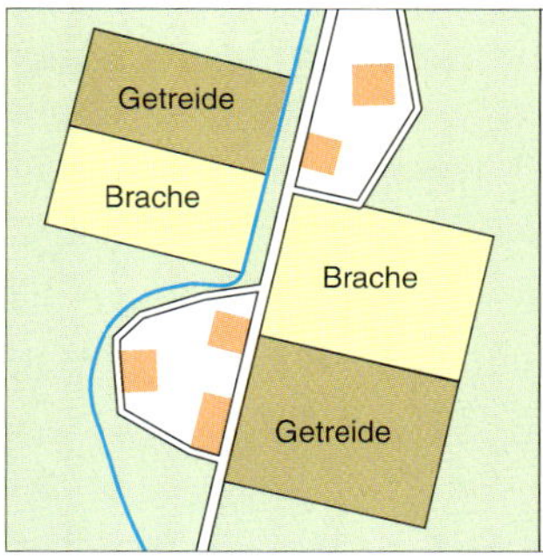

	Feld 1	Feld 2
1. Jahr	Getreide	Brache
2. Jahr	Brache	Getreide
3. Jahr	Getreide	Brache

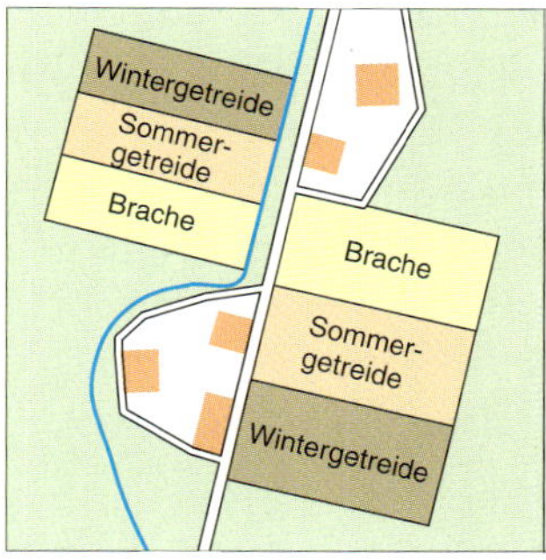

	Feld 1	Feld 2	Feld 3
1. Jahr	Winter-getreide	Sommer-getreide	Brache
2. Jahr	Sommer-getreide	Brache	Winter-getreide
3. Jahr	Brache	Winter-getreide	Sommer-getreide

Ein großes Feld wurde meist in mehrere Streifen aufgeteilt und von mehreren Bauern genutzt. Die Bauern mussten sich auf den Anbau einer Frucht festlegen. Sommergetreide waren Hafer und Gerste, Wintergetreide Weizen und Roggen. Nach der Ernte ließ man das Feld ungepflügt. Die Brache nutzte man auch als Viehweide.

M4 Bevölkerungsentwicklung

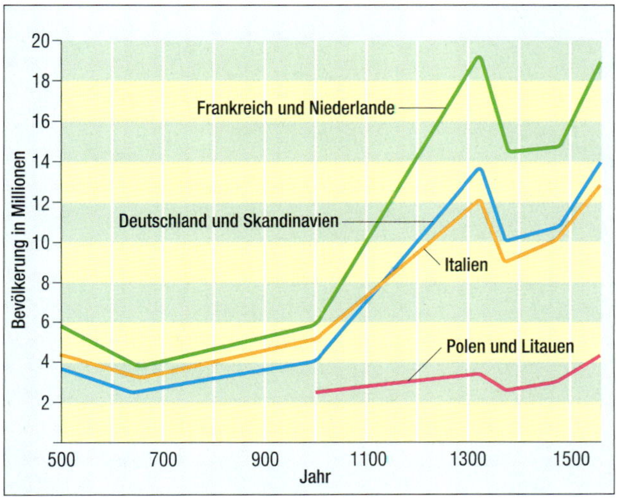

1 Wiederhole, was du im Erdkundeunterricht über die Ermittlung der Durchschnittstemperatur gelernt hast. Beschreibe die Temperaturentwicklung des letzten Jahrtausends (M1). Wann gab es wärmere, wann besonders kalte Abschnitte? Stelle Verbindungen zum Begriff „Aufbruchepoche“ her.

2 Zeige an den Bildern von M2 den Fortschritt in der Bodenbearbeitung. Schlage nach unter den Wörtern „Hakenpflug“ und „Beetpflug“.

3 Welche Bedeutung hatte der Übergang von der Zweifelder- zur Dreifelderwirtschaft (M3)? Erkläre beide Wirtschaftsformen.

4 Verfasse einen kurzen Lerntext zum Stichwort „Die Aufbruchepoche Europas“ (M1–M4 und Autorentext).

Die Gründung der Stadt Freiburg

Vom Markt zur Stadt. In den Dörfern waren die Bauern Selbstversorger, d.h. sie stellten alles zum Leben Notwendige, wie Nahrungsmittel, Kleidung und Werkzeuge, selbst her. Das sah in den Städten anders aus: Handwerker, wie Schuster oder Weber, spezialisierten sich auf die Herstellung ganz bestimmter Produkte, die sie auf den Märkten zum Verkauf anboten. Für Händler und Handwerker stellten die Märkte die wichtigsten Absatzmöglichkeiten für ihre Waren dar. Im Laufe der Zeit entstand so eine sichtbare Aufteilung der Haupttätigkeiten zwischen Bauern, Handwerkern und Händlern. Damit aber ein Handelsort Kaufleute und Händler anzog, bedurfte es nicht nur einer günstigen Verkehrslage, sondern vor allem auch des Schutzes eines mächtigen Herrn. Die neu gegründeten Städte lockten mit besonderen Vergünstigungen und rechtlichen Vorteilen für ihre Einwohner. Wie diese aussahen und welche Bedeutung sie hatten, wird hier am Beispiel der Stadt Freiburg gezeigt.

M1 Rekonstruktionszeichnung einer mittelalterlichen Stadt um 1100 *(Stadtansichten aus dem Hochmittelalter sind nicht vorhanden. Die Wissenschaftler stützen sich bei ihren Untersuchungen in erster Linie auf die Funde der Stadtarchäologen.)*

Macht Stadtluft frei? Die Städte Lübeck, Freiburg, München und Leipzig sind die frühesten Neugründungen Mitte des 12. Jh. Sie entwickelten sich aus einer Marktsiedlung. Als Stadt besaßen sie das Recht, über die Art der Befestigungen zu entscheiden, Münzen zu prägen und Zölle zu erheben. Die Einwohnerzahl der Städte wuchs rasch an, weil Städte eine große Anziehungskraft auf die Landbevölkerung ausübten. Dies hing mit den unterschiedlichen Rechten von Stadt- und Landbewohnern zusammen: Die Bürger einer Stadt galten zwar nicht als sozial gleichgestellt, genossen aber alle das gleiche Recht, Eigentum zu erwerben und zu vererben. Vor allem aber waren die Stadtbewohner von keinem Grundherrn abhängig und mussten auch nicht die vielen Einschränkungen im Privatleben, z.B. Ehebeschränkungen, hinnehmen. Wem es als Landbewohner gelang, seinem Grundherrn zu entfliehen, und nach „Jahr und Tag" nicht aufgespürt und zurückgebracht worden war, wurde als Bürger einer Stadt aufgenommen. Die Flucht in die Städte bot zwar keine Garantie für ein besseres Leben, doch bestand auf der Grundlage von harter Arbeit die Möglichkeit zur Verwirklichung eigener Ideen und privaten Glücks.

M2 Siegel der Stadt Freiburg

Freiburg besaß seit 1218 ein Siegel. Die hier abgebildete Form ist seit 1255 bis heute unverändert geblieben. Sie zeigt:

– ein zinnenbewehrtes Stadttor mit drei Türmen,

– zwei Wächter, die auf den Außentürmen ins Horn blasen,

– eine Lilie und vier Sterne.

M3 Die Gründung der Stadt Freiburg

Freiburg im Breisgau gehört zu den ältesten Gründungsstädten. Die folgende Urkunde wurde daher Vorbild für viele Stadtgründungen im 12. Jh. Darin verlieh der Herzog von Zähringen den Bürgern des Marktortes die folgenden Rechte:

Kund sei allen, den Zukünftigen wie den Gegenwärtigen, dass ich, Konrad, in meinem Ort Freiburg einen Markt gegründet habe im Jahr 1120 nach der Geburt des Herrn. Mit den von überallher zusammengerufenen und angesehenen Kaufleuten habe ich in einer Vereinbarung, die von allen beschworen wurde, beschlossen, dass Kaufleute die Marktsiedlung beginnen und ausbauen sollen. Daher habe ich jedem Kaufmann in der geplanten Marktsiedlung ein Grundstück zugeteilt, auf dem er sein eigenes Haus bauen kann. Ich habe verfügt, dass mir und meinen Nachfolgern von jedem Grundstück jedes Jahr am Martinstag ein Schilling Zins bezahlt wird. Es sei daher jedermann kund, dass ich auf ihr Bitten den Kaufleuten folgende Vorrechte bewilligt habe:

1. Ich verspreche Frieden und sichere Reise in meinem Machtbereich und Herrschaftsgebiet allen, die meinen Markt aufsuchen. Wenn einer von ihnen auf dieser Strecke beraubt wird, werde ich dafür sorgen, dass die Beute zurückgegeben wird, sonst zahle ich selbst.

2. Wenn einer meiner Bürger stirbt, soll seine Frau mit ihren Kindern alles bekommen, was ihr Mann hinterlassen hat.

3. Allen Marktsiedlern verleihe ich die Grundrechte meines Volkes; sie dürfen insbesondere Weiden, Wasserläufe, Gehölze und Wälder frei nutzen.

4. Allen Kaufleuten erlasse ich den Zoll ...

6. Niemals werde ich meinen Bürgern einen neuen Vogt (leitet die Verwaltung und spricht Recht) oder einen neuen Priester geben, den sie nicht selbst gewählt haben.

7. Wenn sich unter meinen Bürgern Streit ergibt, soll er nicht nach meinem Belieben, sondern gerichtlich verhandelt werden, wie es Gewohnheit unter den Kaufleuten ist, besonders aber derer von Köln.

8. Jeder, der in diese Stadt kommt, darf sich hier frei niederlassen, wenn er nicht Leibeigener eines Herrn ist. Wer ein Jahr und einen Tag in der Stadt gewohnt hat, genießt dann sicher die Freiheit.

9. Jede Frau wird dem Mann gleichgesetzt und umgekehrt.

33. Die Bürger sind nicht verpflichtet, bei einem Kriegszug den Herrn länger als eine Tagesreise weit zu begleiten, sodass sie in der nächsten Nacht wieder in die Stadt zurückgelangen können ...

40. Bürger dieser Stadt ist, wer freies Erbeigentum in Höhe von mindestens einer Mark Wert besitzt ...

Bis Punkt 7 zitiert nach: Karl Kroeschell: Deutsche Rechtsgeschichte I, Wiesbaden (Westdeutscher Verlag) [11]1999, S. 162f.; ab Punkt 8: Vom Verfasser übersetzt.

1 Beschreibe Lage und Befestigung der Stadt (M1). Wie ist das Verhältnis von Holz- zu Steinbauten?

2 Suche die in der Legende genannten Elemente des Stadtsiegels auf der Abbildung M2. Ordne diesen Elementen folgende Bedeutungen zu: a) steht für die Wachsamkeit der Bürger und die Verteidigung der Stadt, b) steht für Anlage und Befestigung, c) steht für die Gerichtsbarkeit der Stadt. Hat dein Heimatort ein Siegel oder ein Wappen? Welche Zeichen sind darauf zu sehen?

3 Du hast dich als Händler in Freiburg niedergelassen und willst einen Freund brieflich überzeugen, ebenfalls dorthin zu ziehen und ein Geschäft zu eröffnen. Welche Argumente aus M3 sind für deinen Brief besonders wichtig?

4 An welche Bevölkerungsgruppen richten sich die einzelnen Artikel der Gründungsakte (M3)?

5 „Stadtluft macht frei." Suche den entsprechenden Abschnitt aus M3 heraus und erkläre das Zitat.

Graben, Mauer und Tor umgeben eine andere Welt

Leben innerhalb der Mauern. Der Mauerring um eine mittelalterliche Stadt, oft ergänzt durch einen Wassergraben, war ein wichtiges Zeichen der städtischen Macht und Freiheit. Innerhalb der Mauern galten andere Regeln als auf dem Land. Die Stadtbewohner achteten sehr genau auf den Erhalt ihrer Vorrechte. Nur durch die befestigten Tore konnte das Innere der Stadt betreten werden. Die Tore wurden rund um die Uhr bewacht; nachts blieben sie geschlossen. Trotz des Wohnens auf engstem Raum, trotz lichtloser und stark verschmutzter Gassen und der ständigen Bedrohung durch Feuer und Seuchen übte die Stadt aufgrund ihrer „Freiheiten" eine große Anziehungskraft aus.

Welche sozialen Gruppen bewohnen die Stadt? Bei den Einwohnern der Stadt unterschied man zunächst nach Bürgern und Nichtbürgern. Nichtbürger waren alle diejenigen, die noch kein Bürgerrecht besaßen, weil sie z. B. als Hörige entlaufen waren und zunächst „binnen Jahr und Tag" ohne Rückforderung des Grundherrn überstehen mussten. Auch diejenigen, deren Vermögen zu gering war, erhielten kein Bürgerrecht. In Städten, wie Frankfurt und Augsburg, besaßen zwei Drittel der Einwohner kein Bürgerrecht, weil sie vermögenslose kleine Handwerker, Bettler oder Tagelöhner waren.

Die Stadtbürger unterschied man nach Ständen, denen man durch Geburt oder den ausgeübten Beruf angehörte. Die Oberschicht der Patrizier kontrollierte die Wirtschaft und Politik der Stadt. Nur Patrizier durften Pelze, Kleidung aus Samt und Seide sowie Goldschmuck tragen. Sie kopierten den Lebensstil der Adligen, führten ein Familienwappen oder ein Siegel und trachteten danach, ihre Töchter mit Rittersöhnen zu verheiraten. Die zahlenmäßig größte Gruppe in der Stadt bildeten die Handwerker. Je nach Beruf gab es sehr gut verdienende Handwerker, z. B. Goldschmiede und Kürschner. Wollweber und Leinenweber blieben dagegen arm. Vom Vermögen und Beruf hing auch die Wohnung ab: Am Markt standen die Häuser der reichen Kaufleute, die Handwerker eines Gewerbezweigs wohnten meist im gleichen Straßenzug zusammen, die Ärmsten hausten im Schatten der Stadtmauer. Zu den unehrlichen Berufen zählten Totengräber, Henker und Prostituierte. Keine Rechte besaßen die Scharen von Bettlern, die vor Kirchen und Klöstern um Almosen baten und für den Spender Gebete sprachen. Während des gesamten Mittelalters war das Spenden für Arme und Bedürftige eine Selbstverständlichkeit. Aus dem 15. Jh. sind uns Bettelordnungen überliefert, die zeigen, dass Betteln nur aus Armut, Krankheit oder Schwäche erlaubt war; bei Missbrauch drohten Geldstrafen.

M 1 Eine Patrizierfamilie, ein Handwerker mit seiner Familie und ein Tagelöhner mit seiner Frau
(Gemälde von Jean Bourdichon, 15. Jh.)

M2 Hinrichtung vor dem Stadttor *(Altarbild, um 1490)*

Dieser Ausschnitt aus einem Altarbild in Nürnberg zeigt die Enthauptung von Johannes dem Täufer. Die biblische Szene wird vom Maler in eine Stadt seiner Zeit verlegt. Die Zuschauer tragen die Mode des Bürgertums; an der Kleidung des Henkers wird deutlich, dass er einen ehrlosen Beruf ausübt.

M3 Nürnberg im Mittelalter

a) Soziale Schichtung:

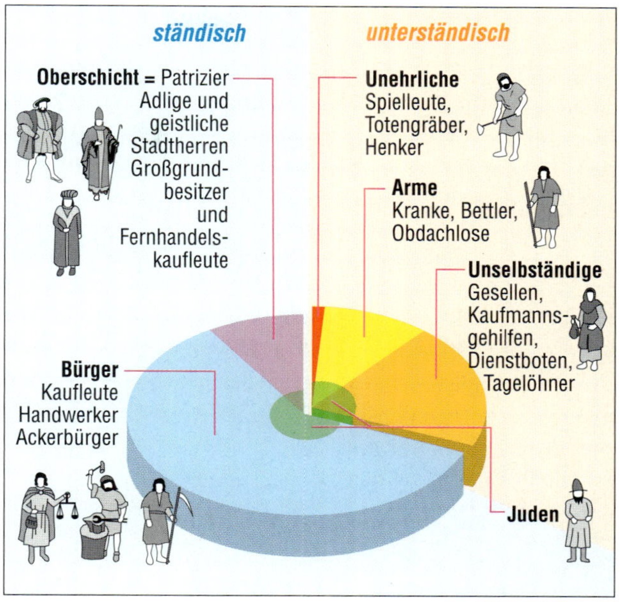

b) Volkszählung 1449/1450:

1. Bürgerliche Personen (3 753 Bürger, 4 383 Bürgerinnen, 6 173 Kinder, 3 274 Knechte und Mägde)	17 583
2. Juden	150
3. Geistliche	446
4. Sonstige Nichtbürger	1 986
5. Bäuerliche Personen (Bäuerinnen und Bauern, Mägde und Knechte, Kinder)	10 032
Anwesende Personen (1.–5.)	30 197
Einwohner „nach Jahr und Tag“ (1.–4.)	20 165

** Ab dem 12. Lebensjahr galten Kinder als Erwachsene.*

Zusammengestellt nach: Gisela Möncke: Quellen zur Wirtschafts- und Sozialgeschichte mittel- und oberdeutscher Städte im Spätmittelalter, Darmstadt (Wissenschaftliche Buchgesellschaft) 1982, S. 319.

1 Erkläre mithilfe der Darstellung auf S. 70 den Unterschied zwischen einem Bürger und einem Nichtbürger in einer mittelalterlichen Stadt.

2 Wähle einen der in M2 abgebildeten Zuschauer aus und lasse ihn die Szene beschreiben.

3 Welche Bevölkerungsgruppen lebten in der Stadt? Fertige eine Tabelle an und füge zu jeder Gruppe die sie charakterisierenden Merkmale hinzu. Beziehe M1 mit ein.

4 Beschreibe die Zusammensetzung der Bevölkerung Nürnbergs (M3). Aus den beiden Quellen in M3 kannst du unterschiedliche Informationen herauslesen. Versuche die in M3b genannten Gruppen 1.–5. dem Schaubild M3a zuzuordnen.

Auf dem Marktplatz

Kaufleute oder Wucherer? „Wir brauchen die Kaufleute, denn sie schaffen die Dinge herbei, die wir benötigen, von einem Land ins andere", predigte der Mönch Berthold von Regensburg im 13. Jh. In seiner Predigt griff der Mönch ein viel diskutiertes Thema seiner Zeit auf: Einerseits sicherten die Fernhändler die Versorgung der Bevölkerung mit Waren, die der lokale Markt nicht anbot und belieferten hohe Geistliche und Adlige mit Luxusgütern aus aller Welt. Zugleich wurden sie aber Zielscheibe der Kritik: Wie viel verdienten die Händler an den Waren? Waren sie nicht eher Wucherer und Betrüger? Verstießen sie nicht andauernd gegen das kirchliche Gebot, keine Zinsen erheben zu dürfen? In der alltäglichen Praxis akzeptierte aber auch die Kirche den Gewinn aus Handel und Geldverleih, wenn er maßvoll war und dem öffentlichen Wohl diente.

Wie aber sah der Alltag der Händler aus? Reisen waren während des gesamten Mittelalters mühsam, Transporte wegen der Überfälle gefährlich. Die zahlreichen Zollstellen an Wegen und Flüssen verteuerten die Waren. Die Landstraßen waren unbefestigt und holprig, sodass die Karren leicht umkippten. Billiger und schneller war der Transport auf Flüssen. Während der oft Wochen und Monate dauernden Abwesenheit der Händler führten deren Frauen das Geschäft selbstständig weiter.

Die Kaufleute schlossen sich in Gilden zusammen, um besser ihre Interessen in der Stadt vertreten zu können. Sie leisteten sich aber auch gegenseitig Hilfe.

Märkte und Messen. An den Markttagen schienen die Städte aus allen Nähten zu platzen. Schon beim Morgengrauen brachten die Bauern aus dem Umland ihre frischen Erzeugnisse auf den Markt. Die Handwerker der Stadt boten ihre Produkte an: Kleidung, Haushaltsgegenstände aller Art, Werkzeuge, Fässer und vieles mehr. Auf dem Viehmarkt wechselten Reitpferde, Zugochsen, Ziegen und Geflügel den Besitzer. Von weither kamen Käufer angereist um zu sehen, welche erlesenen Waren die Fernhändler, z. B. aus den nordfranzösischen Messestädten oder aus dem entfernten Venedig, mitgebracht hatten. Informationen wurden ausgetauscht, Geschäfte abgewickelt, Bestellungen aufgegeben, Heiratspläne besprochen und Todesfälle betrauert. Viele Schaulustige umlagerten Spielleute, Erzähler und Gaukler. Bettler und Diebe warteten auf die besten Gelegenheiten.

Weil die Zusammenkunft so vieler Menschen auch ein Sicherheitsrisiko bedeutete, achtete die städtische Verwaltung auf genaueste Einhaltung der Marktregeln. Die Vielzahl wertvoller Waren erforderte einen besonderen Rechtsschutz und eine Friedensgarantie durch den Stadtherrn. Oft mussten nicht nur die Verkäufer, sondern auch die Besucher den Marktzoll als Abgabe entrichten.

M1 Wichtige Handelsstraßen und Handelszentren am Ende des 13. Jh.

M2 Der Marktplatz in Augsburg
(Ausschnitt aus einem Gemälde nach Jörg Breu d. Ä., um 1530).
Die Stadt Augsburg gab eine Serie von Jahreszeiten-Bildern in Auftrag, von denen wir hier das Bild für die Monate Oktober bis Dezember sehen. Das Gemälde hat eine Größe von 225 x 348 cm.

M3 Marktordnung in Landshut *(1246):*

1. Wir verbieten, Schwerter und Dolche innerhalb der Stadt zu tragen. Werden Leute mit Schwertern angetroffen, müssen sie der Stadt sechs Schillinge und dem Richter 60 Pfennige zahlen. (Ein Schilling entsprach 30 Pfennigen.) Wenn ein Schwertträger kein Geld zahlen kann, wird ihm die Hand abgeschlagen.

4. Wucherer erklären wir für rechtlos.

5. Wir verordnen, dass 2,5 Pfund Rindfleisch und Hammelfleisch einen Schilling und drei Pfund Ziegenfleisch auch einen Schilling kosten dürfen. Verkäufer, die sich nicht an diese Preise halten, müssen der Stadt sechs Schillinge und dem Richter 60 Pfennige bezahlen.

10. Keine Waren dürfen außerhalb des öffentlichen Markts verkauft werden.

20. Lotterleute aller Art und fahrende Schüler mit langem Haar (= Studenten) halten wir fern. Wer solche Leute länger als eine Nacht beherbergt, zahlt ein Pfund Strafe.

Zitiert nach: Monumenta Germaniae Historica, Constitutiones II, Nr. 439.

1 Zeige anhand der Karte M1 die wichtigen Fernhandelswege. Wo lagen die bedeutenden Messestädte?

2 Die Auftraggeber der Augsburger Monatsbilder (M2) wollten auf den Bildern nicht das Alltagsleben in der Stadt malen lassen, sondern in erster Linie sich selbst als die Führungsschicht der reichen Kaufleute darstellen. Beschreibe die einzelnen Elemente des Bildes und zeige, in welchen Szenen der Maler die Auftraggeber zufrieden stellte.

3 Schreibe einen Brief über den Besuch des Augsburger Marktes.

4 Gib mit eigenen Worten die Marktordnung in Landshut (M3) wieder.

In der Werkstatt

Was sind Zünfte? In den mittelalterlichen Städten Europas bildeten Handwerker die wichtigste Bevölkerungsgruppe. Während der Jahrzehnte der Stadtgründungen zogen viele Frauen und Männer, die im bäuerlichen Leben keine Zukunft mehr sahen, in die Städte und übten dort einen „ehrbaren“ Beruf als Handwerker aus. Man arbeitete in familiären Kleinbetrieben. Dazu gehörten der Meister und die Meisterin, deren Kinder und Eltern, alle unverheirateten Familienmitglieder sowie die Lehrlinge und Gesellen. Ab dem 12. Jh. schlossen sich Handwerker zu Verbänden zusammen, die man ▸ Zünfte nannte. In einigen Städten bildeten auch Handwerkerinnen eine Zunft, vor allem im Tuchgewerbe und als Hebammen. Wer kein Bürgerrecht besaß, wie die Juden, konnte kein Mitglied einer Zunft werden. Die Mitgliedschaft war Pflicht, man spricht vom Zunftzwang. Die Zünfte regelten bis ins Detail alle Fragen von der Produktion bis zum Verkauf der Waren. Wie viele Meter Leinen durfte eine Weberin weben? Wie viel durfte ein Bäcker für sein Brot nehmen? Hauptaufgabe der Zünfte war es dafür zu sorgen, dass die Gesamtzahl der Meister, Gesellen und Lehrlinge einer Berufsrichtung so blieb, dass jeder von seiner Arbeit leben konnte. Auswärtige Bewerber und Gesellen mit einer abgeschlossenen Ausbildung hatten daher oft auf Jahre hinaus keine Chance, einen eigenen Handwerksbetrieb zu eröffnen. Anders als unser heutiges Wirtschaftsdenken, nach dem die Konkurrenz und die Qualität die Grundlage für gute Geschäfte sind, waren die mittelalterlichen Zünfte in erster Linie dazu da, Konkurrenz auszuschalten und jedem Mitglied einen angemessenen Teil am Verkauf der Waren zu garantieren.

Ausbildung und Alltagsleben. Ein Bewerber auf eine Lehrstelle musste nachweisen, dass er ehelicher Geburt war. Im Alter von zwölf Jahren begann die Lehre, die nach zwei bis sechs Jahren Lehrzeit mit der Gesellenprüfung endete. Um Meister zu werden, mussten dann Jahre der Wanderschaft als Geselle nachgewiesen und ein teures „Meisterstück“ angefertigt werden. Viele Gesellen konnten nur durch Heirat der Witwe eines Meisters zu einem Betrieb kommen. Jede Zunft regelte die Fragen der Vererbung des Betriebes, die Hilfe bei Krankheit eines Mitglieds und die Fürsorge für die Hinterbliebenen, wenn ein Meister starb. Als christliche Bruderschaft hatte jede Zunft ihre Kapelle oder einen eigenen Altar in einer der Kirchen der Stadt. Bei Prozessionen trugen die Zünfte ein Bild oder eine Statue ihres Schutzheiligen durch die Straßen der Stadt.

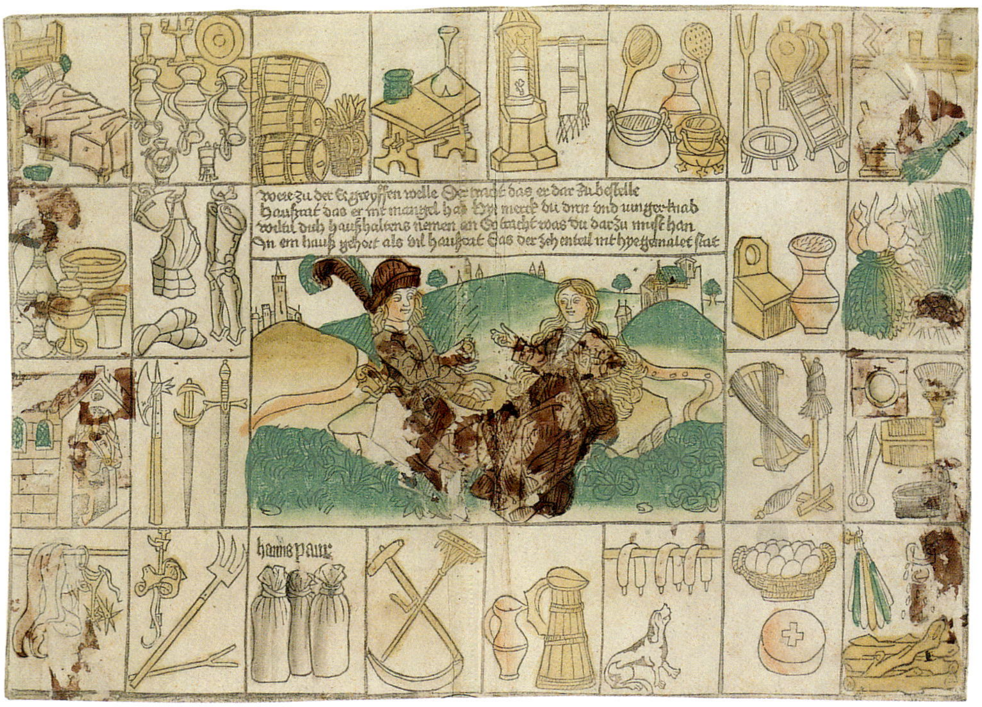

M1 Welche Dinge benötigte ein junges Ehepaar?
(Gemälde von Hanns Paur, 1475)

M2 Böttcher bei der Arbeit
(Gemälde, um 1500)

M3 Was bestimmt eine Zunftordnung?

Die Straßburger Tuchmacher in einem Antwortbrief an die Wollweber Schweinfurts:

Zum Ersten haben wir eine gemeinsame Stube, Haus und Hof, die uns zur Verfügung stehen. In dieser Stube kommen wir zusammen, um miteinander zu essen und zu trinken. Dort empfangen wir auch unsere Gäste ...

Fünf Meister schwören, alle Tuche genau zu prüfen. Die guten, die keine Fehler aufweisen, erhalten ein Siegel. Diejenigen, die kleine Fehler aufweisen, erhalten ein besonderes Siegel und den fehlerhaften Tuchen wird ein Siegel verwehrt ...

Jede Nacht geht ein Zunftmitglied mit einfacher Rüstung und einem Gewehr zusammen mit den Abgesandten anderer Zünfte auf Wache ... Wir sind für Schutz und Erhalt eines bestimmten Abschnitts der Stadtmauer verantwortlich. Will jemand das Handwerk des Tuchmachers ausüben, so muss er die Zunftmitgliedschaft erwerben und dafür den erforderlichen Beitrag entrichten. Das Geld wird zum Nutzen der ganzen Zunft verwendet. Der Sohn eines Meisters braucht die Mitgliedschaft nicht zu erwerben. Wenn ein Aufruhr in der Stadt ausbricht, sind wir verpflichtet, unter unserem Banner und gerüstet auf den Platz zu den anderen Zünften zu ziehen ... und dort auf unsere Bürgermeister zu warten. Bei Feuer sind wir zum Löschen verpflichtet. Im Münster lassen wir etliche Kerzen auf unsere Rechnung von Karfreitag bis Ostern brennen. Am Fronleichnamstage nehmen wir an der feierlichen und heiligen Prozession zum Münster teil. Als Erste gehen die Maurer, dann die Ölmüller, die Müller, die Tuchscherer, die Weber, dann die Gerber und die Flickschneider ...

Zitiert nach: Peter Ketsch und Gerhard Schneider: Handwerk in der mittelalterlichen Stadt, Stuttgart (Klett) 1985, S. 10f.

M4 Die Kölner Seidenmacherinnen

Die Goldspinnerei war in Köln immer Frauensache. Blattgold brauchten die Künstlerinnen in der Malerei, im Möbel-, Leder- und Buchgewerbe. Die Fäden gingen in Brokate, kirchliche Gewänder und Stickereien.

Die Lehrzeit betrug viele Jahre. Die Hauptseidenmacherin hatte ihre Werkstatt im eigenen Haus, wo sie eigene Töchter und fremde Mädchen ausbildete. Auch die fremden Lehrtöchter wohnten bei ihr und waren bei ihr in Kost. Jede Hauptfrau durfte vier Lehrtöchter haben, eigene Kinder nicht eingerechnet. Die Seidenmacherinnen wählten jedes Jahr zwei Frauen zu Zunftmeisterinnen und zwei Männer zu Zunftmeistern. Eheleute durften nicht gleichzeitig Zunftmeister sein. Voraussetzung für die Wählbarkeit war die eheliche Geburt. Der Zunftvorstand tagte alle 14 Tage. Er konnte Verstöße gegen die Amtsordnung mit Bußgeldern ahnden. Häufig waren die Ehemänner der Seidenmacherinnen für den Absatz der Waren zuständig. Zwischen 1347 und 1504 haben 126 Seidenmacherinnen in Köln einen Gewerbebetrieb unterhalten.

Zitiert nach: Edith Ennen: Die Frau in der mittelalterlichen Stadt. In: Bernd Herrmann: Mensch und Umwelt im Mittelalter, Frankfurt (Fischer TB) 1990, S. 45. © Deutsche Verlags-Anstalt, Stuttgart 1986.

1 Nenne Dinge, die laut M1 zur Grundausstattung eines jungen Ehepaares gehörten? Bei welchen Handwerkern mussten sie bestellt werden?

2 Schreibe alle Bereiche, die durch die Zünfte geregelt wurden, aus M4 heraus. Ergänze mithilfe des Autorentextes. Welche Rechte hatten Frauen als Handwerkerinnen (M4)?

3 Fasse in eigenen Worten zusammen, warum die Zünfte Konkurrenz verhinderten, und ziehe Vergleiche zu unserer heutigen Wirtschaftsordnung.

Wer regiert im Rathaus?

Vom Stadtherrn zum Bürgermeister. Die Städte unterstanden im frühen Mittelalter einem weltlichen oder einem geistlichen Stadtherrn. Sie übten ihre Herrschaft nicht persönlich aus, sondern beauftragten einen in der Stadt ansässigen Burggrafen oder Vogt als ihren Bevollmächtigten. Dieser Burgherr regelte alle Fragen der Politik und des Alltags. Außerdem trieb er die Steuern ein. Während des 11. und 12. Jh. rebellierten in vielen deutschen Städten die Patrizier und die wohlhabenden Handwerker gegen die Stadtherren. Sie kritisierten deren Alleinherrschaft und wollten selbst die Geschicke der Stadt in die Hand nehmen, Gericht halten und die Regeln des Alltagslebens festsetzen. Am Ende dieser Auseinandersetzungen verfügten die meisten Städte über einen Stadtrat als Stadtregierung. Ratsmitglieder waren Patrizier, aus deren Mitte der Bürgermeister gewählt wurde.

Patrizier gegen Handwerker. Während des 14. Jh. forderten die Berufsverbände der Handwerker, die Zünfte, eine angemessene Beteiligung an der Macht. Zusammen mit den Patriziern hatten sie einst die Stadtherren entmachtet. Die Handwerker zahlten einen erheblichen Teil an Steuern, organisierten Brandschutz und Feuerwehr. Im Kriegsfall bildeten sie die größte Gruppe bei der Verteidigung der Stadt. So erschien es den Handwerkern nur gerecht, auch mehr politische Mitsprache zu fordern und Sitze im Rat zu verlangen, in dem die Patrizier unter sich blieben.

M1 Versammlung des Rates der Stadt Augsburg
Vertreter der Zünfte überbringen die Forderung nach Mitregierung. Links sitzen der Stadtschreiber und sein Gehilfe. Auf dem Kissen liegen die Stadtschlüssel, das Stadtrechtsbuch und das Stadtsiegel (Buchmalerei, 16. Jh.).

M2 Entwicklung der städtischen Verwaltung vom 11. bis zum 14. Jh.

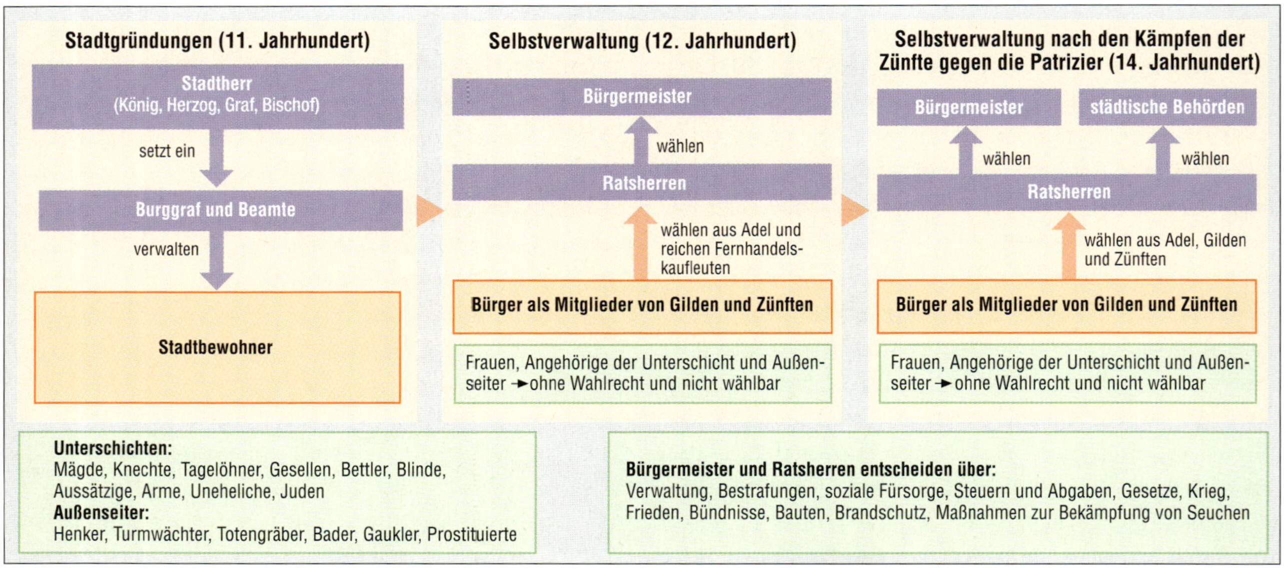

M3 Geschichte erzählt

Erhebung gegen den bischöflichen Stadtherrn

Im Jahre 1074 kam es in Köln zum Konflikt zwischen dem Stadtherrn Bischof Anno und Kölner Bürgern. Abt Lampert von Hersfeld berichtet:

Der Erzbischof feierte mit dem Bischof von Münster das Osterfest in Köln. Als nun die Ostertage vorüber waren und der Bischof von Münster abreisen wollte, erhielten die Bediensteten des Erzbischofs von Köln den Auftrag, ein geeignetes Schiff für die Reise zu suchen. Nach eingehender Besichtigung beschlagnahmten sie ein Schiff, das einem reichen Kaufmann gehörte, ließen die Waren entladen und es für den Bischof von Münster herrichten. Der Sohn des Schiffseigentümers kam aber mit seinen Knechten herbei gerannt und verjagte gewaltsam die Diener des Bischofs. Auch der Stadtvogt konnte den jungen Mann nicht überzeugen, das Schiff herauszurücken. Als man den Erzbischof benachrichtigte, dass ein schwerer Aufruhr tobe, war dieser voll Zorn und drohte mit der Bestrafung der Aufrührer bei der nächsten Gerichtssitzung ... Die Aufständischen aber lobten die kühnen Taten der Wormser, die ihren Bischof, als er sich allzu übermütig benahm, aus der Stadt vertrieben hatten ...

Am Abend, als der Erzbischof an einem belebten Platz mit dem Bischof von Münster zu Abend speist, greifen die Aufrührer ihn an, werfen Steine, die einige seiner Diener töten. Der Erzbischof kann seine Leute mit Mühen aus den Geschossen heraushauen und in die Kirche des Heiligen Petrus flüchten, die mit Riegel und Querbalken sowie einigen Steinen gesichert wird. Draußen rasen und wüten die Anhänger des Teufels voll des Weines, plündern die Kirchenschätze, zerschlagen die Weinfässer und die heiligen Gefäße des Altars in der Kapelle des Erzbischofs. Man umstellt die Petruskirche und will eine Bresche in die Mauer schlagen, um den Erzbischof zu töten. Im Schutze der Dunkelheit kann der Erzbischof durch einen Geheimgang in den Schlafsaal der Mönche fliehen und gelangt von dort ins Haus eines Domherren. Dieses Haus verfügt über eine Geheimtür in der Stadtmauer. Vier Pferde stehen für den Erzbischof und dessen Begleiter bereit. Auf dem Weg nach Neuss trifft er auf den Bischof von Münster. Sie setzen gemeinsam den Weg fort durch die pechschwarze Nacht.

Die Aufständischen schicken einige rüstige Männer mit allergrößter Eile zum König, damit dieser so schnell wie möglich kommen und die herrenlose Stadt anstelle des Erzbischofs zu seinem eigenen Vorteil verwalten solle ...

Als im Land bekannt wurde, dass die Kölner ihren Erzbischof mit Schimpf und Schande verjagt hatten, entsetzte sich das Volk über dieses ungeheure Verbrechen. Seine große Freigebigkeit gegenüber den Armen hatte den Erzbischof beliebt gemacht. Laut ruft die Landbevölkerung, ihnen sei selbst Schmach angetan worden durch die Taten der Kölner. So rufen sie zu den Waffen, um die Stadt für den Erzbischof zurückzuerobern. Wenn die Kölner den Erzbischof nicht unverzüglich aufnähmen, würden sie Feuerbrände legen, die Mauern zertrümmern und ihn über Haufen von Erschlagenen auf seinen Bischofsstuhl zurückbringen.

Am vierten Tag nach seiner Flucht rückte der Erzbischof vor die Stadt. Als die Kölner das sahen, waren sie eingeschüchtert und schickten Boten, baten um Frieden, indem sie sich schuldig bekannten und sich bereit erklärten, jede Strafe auf sich zu nehmen ...

In dieser Nacht flohen mehr als sechshundert vornehme Handelsherren aus der Stadt, um beim König sein Einschreiten gegen das Wüten des Bischofs zu erbitten. Der Erzbischof wartete drei Tage auf das Erscheinen der übrigen mit Vorschlägen zur Genugtuung. Doch niemand erschien. Diese Missachtung ertrugen die Mannen des Erzbischofs nicht. Sie griffen zu den Waffen, plünderten und töteten in ungezügelter Rache. Und so verödete Köln, die volkreichste der gallischen Städte, und schauriges Schweigen herrschte an der Stelle der Lust und Genüsse.

Lampert von Hersfeld, Annalen, 1074. Zitiert nach: GiQ 2; S. 717ff. Übers. von Adolf Schmidt.

1 Beschreibe das Bild M1. Erkundige dich, welche Bedeutung Stadtsiegel und Stadtschlüssel haben.

2 Zeige mithilfe der Grafik M2 die Entwicklung der Stadtherrschaft auf. Wo liegen die Hauptunterschiede zwischen den drei dargestellten Epochen? Welche Gruppen hatten keine Teilhabe an der Macht?

3 Lege dar, warum die Zünfte im 14. Jh. Sitze im Rat forderten.

4 Auf welcher Seite steht der Verfasser der Quelle M3? Begründe deine Meinung anhand einiger Textzitate.

5 Als Kaufmannssohn bist du Augenzeuge der Ereignisse in M3. Du schreibst einen Brief an deinen Vater, der auf einer Messe in Nordfrankreich weilt und warnst ihn vor einer zu raschen Rückkehr.

Die Kirche inmitten der Stadt

Bürger bauen ihre Kirche. Ein bedeutendes Merkmal der Städte des Mittelalters ist der Bau großer Stadtkirchen. Anders als in den riesigen Bischofskirchen, wie sie ab dem 12. Jh. zuerst in Nordfrankreich entstanden, waren bei den Stadtkirchen die Bürger des Ortes Auftraggeber. Freiwillige Mitarbeit und die Gewährung großzügiger Spenden für das Vorwärtskommen der Bauarbeiten waren Ehrensache für reiche wie arme Stadtbewohner. Die Handwerkerzünfte kamen für Bau und Kosten einzelner Bauabschnitte auf oder schmückten Innenräume von Kapellen aus. Einige Zünfte gaben Altäre in Auftrag, zu denen die Einrichtung einer Stiftung gehörte, aus deren Geld ein Geistlicher bezahlt wurde. Die gewaltige finanzielle Leistung der Bürger wird deutlich, wenn man bedenkt, dass Freiburg zu jener Zeit nur 9000 Einwohner zählte. Das Münster wurde während des Mittelalters fertig gestellt, anders als die Dome in Köln, Regensburg oder Ulm.

Der Baubetrieb. Die Planung lag in den Händen erfahrener Bau- oder Werkmeister. Ihnen unterstanden in der Bauhütte alle Handwerker wie Zimmerleute, Steinmetzen, Glaser oder Schmiede. Immer höher und gewagter reckte sich das Bauwerk mit seinem neuartigen Kreuzrippengewölbe dem Himmel entgegen. Während der Bauarbeiten kam es hin und wieder zu schrecklichen Unfällen, wenn z. B. das Gewicht der Gewölbe oder Säulenstärken falsch berechnet wurden. Dann brachen ganze Dachkonstruktionen ein und begruben viele Arbeiter unter sich. Doch welch gewaltige Dimensionen eröffneten sich den Besuchern im Vergleich zu den dunklen Vorgängerkirchen mit dicken Mauern und kleinen Fenstern. Durch ein Säulenportal mit fein ausgearbeiteten Steinfiguren betrat man die Kirche und trat in den riesigen Innenraum. Hier erhielten die Menschen, die aus den beengten Wohnverhältnissen aus der Stadt oder vom Land her in die Kirche strömten, einen überwältigenden Eindruck: War so nicht in der Bibel die von Edelsteinen und durchsichtigem Glas leuchtende Himmelsstadt Jerusalem beschrieben? Licht flutete durch die kostbaren Glasfenster und erzeugte zusammen mit der Ausmalung vieler Gewölbe als Sternenhimmel für die Gläubigen eine Atmosphäre, als hätten sie den Himmel gesehen.

M1 Blick auf das Freiburger Münster

M2 Bau einer Kathedrale
(französische Buchmalerei, 1448)

M3 Innenraum des gotischen Münsters von Freiburg im Breisgau *(erbaut zwischen 1190–1513)*

M4 Die Finanzierung des Freiburger Münsterbaus

a) Zwei Glasfenster des Freiburger Münsters (1320/30); links unten: ein Zunftwappen

b) Aus dem Testament des Freiburger Patriziers Johannes Schnewlin (1347):

Mein bestes Pferd, bedeckt mit einem seidenen Waffenkleid, und meinen besten Harnisch erhält das Münster. Ihr Erlös diene der Verglasung der oberen Fenster.

Zitiert nach: F. Geiges: Der mittelalterliche Fensterschmuck des Freiburger Münsters, Freiburg 1931, S. 225.

c) Aus einer Freiburger Zunftordnung des 15. Jahrhunderts:

Wenn ein Tuchhändler oder Krämer Waren auslegt an den folgenden Feiertagen Weihnachten, Ostern, Pfingsten, Mariä Himmelfahrt ... und an allen Sonn- und Feiertagen, oder wenn er seinen Laden aufmacht, damit man wisse, dass man bei ihm etwas kaufen könne, der muss zwei Schillinge an den Bau unseres Münsters zahlen.

Zitiert nach: K. Hartfelder: Die alten Zunftordnungen der Stadt Freiburg im Breisgrau, Teil 1. In: Programm des Gymnasiums zu Freiburg 1879, S. 37.

d) Urkunde des Papstes Sixtus IV. (1480):

Alle Gläubigen erhalten vollkommenen Ablass ihrer Sünden, wenn sie die sieben Altäre im Freiburger Münster in der dritten Woche vor Ostern besuchen, je einen Altar an einem Tag, und wenn sie von ihren Gütern, die ihnen Gott verliehen hat, zur Vollendung des Chores und zum Weiterbau der Kirche, zur Vermehrung von Kelchen, Büchern und anderer Zierde, so viel in den Opferstock legen, wie ein jeder für seine Person gewöhnlich in einer Woche verbraucht.

Zitiert nach: Freiburger Münsterblätter 11, Freiburg 1915, S. 42.

1 Lies im Neuen Testament in der Offenbarung des Johannes (21,9–19) die Beschreibung der Heiligen Stadt Jerusalem. In welchen Punkten waren die neuen Kirchen aus der Zeit der Gotik eine Verwirklichung dieser Himmelsstadt?

2 Schaue dir M2 genau an und erzähle, welche Arbeiten hier dargestellt werden. Nenne auch die Werkzeuge, die man verwendet. Stelle eine Kurzreportage über den Stand der Arbeiten zusammen.

3 Beschreibe den Innenraum der Kirche in Bezug auf die Raumwirkung (Höhe, Deckengestaltung, Ausmaße), den Lichteinfall und die Art der Fenster (M3).

4 Wie wurde der Bau des Freiburger Münsters finanziert (M1, M4 und Autorentext)?

Die Schule in der Stadt

Schulgründung im Mittelalter. In der Mitte des 13. Jh. richteten Bürger der Stadt Breslau (heutiges Polen) mithilfe des Stadtrats eine neue Schule an der Pfarrkirche der heiligen Magdalena ein. Der Schulweg zur bis dahin einzigen Schule neben dem Dom auf einer kleinen Insel im Fluss Oder erschien den Eltern zu gefährlich: Über die alte Oderbrücke ratterten täglich schwer beladene Karren, die von Ochsen und Pferden gezogen wurden. Die Schulkinder mussten sich auch durch Scharen von Fußgängern drängeln, um möglichst rasch über die vom Einsturz bedrohte alte Oderbrücke zum Unterricht zu gelangen. Daher war der Wunsch der Eltern nach einer neuen Schule mit sicherem Schulweg nur zu verständlich. Doch der Hauptgrund für die Neugründung war ein anderer: Die Domschule bot nicht die Unterrichtsfächer und die Bildung an, die die Bürger für ihre Söhne erwarteten. Warum war das so?

M1 Unterricht in einer Klosterschule
(Miniatur aus dem Kloster Admont/Österreich, 13. Jh.)

Lateinschule oder Schreibschule? Bis ins 13. Jh. gab es nur kirchlich geleitete Domschulen oder Klosterschulen. Hierher schickte man die Jungen, die später Priester werden sollten. Der gesamte Unterricht war auf Lateinisch. Immer mehr Stadtbürger wünschten sich jedoch eine auf die spätere Berufspraxis ihrer Kinder bezogene Ausbildung. Eine solche konnte man nur bei fahrenden Lehrern und Scholaren (Studenten) erhalten, die ihre Dienste gegen Barzahlung für Jungen wie für Mädchen anboten. Mit steigender Nachfrage nach einer Grundbildung in Lesen und Schreiben auf Deutsch und vor allem in Mathematik und Buchführung entstanden im 13. und 14. Jh. die Stadtschulen. Die Kinder der Handwerker sollten später Briefe schreiben und Verträge abfassen können. Hinzu kamen Rechnen und Buchführung als wichtige Fächer. Über den Unterricht selbst wissen wir wenig: Die Unterrichtsräume waren oft in Kellern untergebracht und von draußen nur durch ein Schild wie an Wirtshäusern gekennzeichnet. Die Schüler saßen auf Holzbänken oder einfachen Hockern vor dem Lehrer auf seinem Podest. Alle Schüler hatten als wichtigstes Instrument eine Wachstafel und einen Griffel – auch nach der Erfindung des Buchdrucks blieb Papier ein teurer Rohstoff.
Der Stadtrat bestimmte über die Einstellung des Lehrpersonals und trug einen Teil der Kosten; den größeren Teil mussten die Eltern der Schüler tragen. Die städtischen Schulen lehrten auch Grundkenntnisse in Latein und in der Kunst der Rede. Die neuen Stadtschulen verdrängten aber nie die Lateinschulen, die nebenher weiter bestanden.

Mehr Bildung für die Bürger. Im Mittelalter und in der frühen Neuzeit war der Schulbesuch noch keine Pflicht wie heute. Diese gilt erst seit dem 19. Jh. Die vielen Stadtschulen erhöhten aber das Bildungsniveau der Stadtbürger: Die Zahl der lese- und schreibkundigen Städter lag im 15. Jh. bei 10 bis 30 %. Für Mädchen scheint es bereits im 13. Jh. auch städtische Mädchenschulen gegeben zu haben. Die Töchter reicher Familien wurden privat unterrichtet oder lernten bei besonderen Ordensgemeinschaften wie den Beginen.

M2 Schulbetrieb in Basel *(Gemälde der Brüder Holbein, 1516)*

M3 Werbetext des Lehrerehepaars aus M2

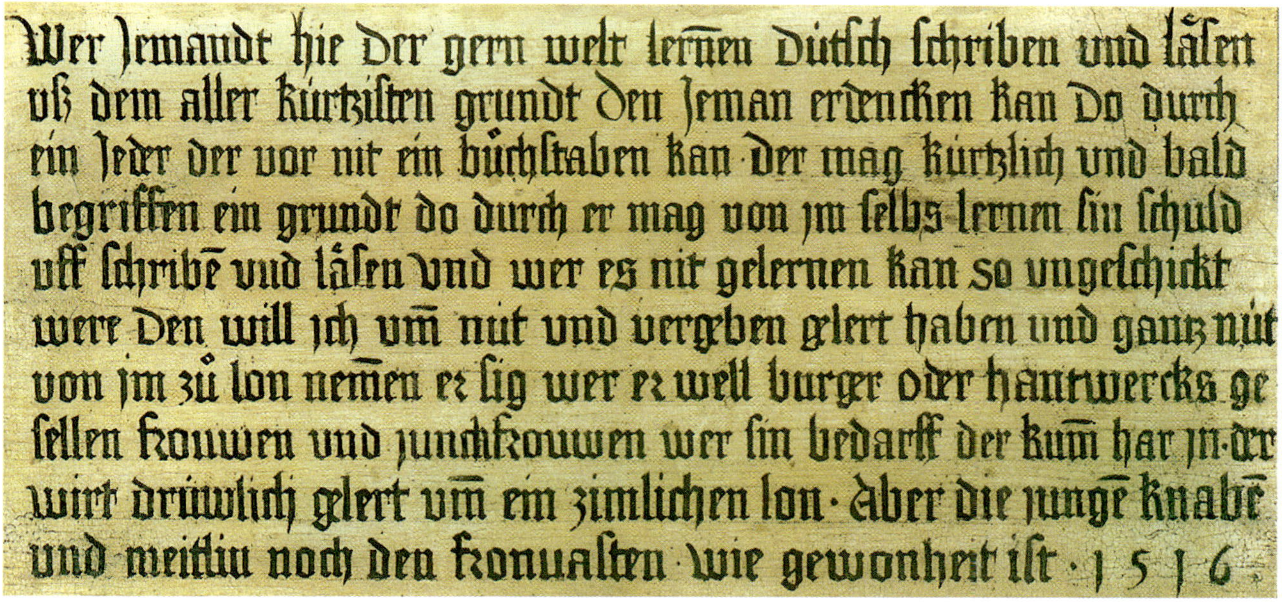

Wer Jemandt hie der gern welt lernē dütsch schriben und läsen
uß dem aller kürtzisten grundt den Jeman erdencken kan do durch
ein Jeder der vor nit ein bůchstaben kan der mag kürtzlich und bald
begriffen ein grundt do durch er mag von im selbs lernen sin schuld
uff schribē und läsen und wer es nit gelernen kan so ungeschickt
were den will ich vm̄ nüt und vergeben gelert haben und gantz nüt
von im zů lon nemē er sig wer er well burger oder hantwercks ge
sellen frouwen und junckfrouwen wer sin bedarff der kūm har in der
wirt drüwlich gelert vm̄ ein zimlichen lon · aber die jungē knabē
und meitlin noch den fronvasten wie gewonheit ist · 1516

Worterklärungen: kürtzisten grundt = schnellstmöglicher Art; grundt = Art/Zweck; driuwlich = treulich/nach bestem Wissen und Gewissen; zimlich = angemessen; meitlin = Mädchen; nüt = nichts; fronvasten = Fronfasten (Das sind die letzten Fastentage, an denen unentgeltlich für den Grundherrn gearbeitet werden musste.)

1 Beschreibe die Szene in M1. Wer nimmt am Unterricht teil? Vergleiche mit dem Bild M2. Welche Bedeutung hat die Rute als „Handwerkszeug“ des Lehrers?

2 Lies den Werbetext M3 mehrmals durch. Die Worterklärungen helfen dir, ihn zu verstehen. Fasse dann den Inhalt mit eigenen Worten zusammen.

3 Wen spricht der Text M3 an? Welche Garantien gibt die Lehrperson? Was kannst du über die Art des Unterrichts und die angewandten Methoden erkennen?

Der jüdische Bezirk

Zeiten des Miteinanders. Seit dem frühen Mittelalter waren jüdische Familien auf dem Gebiet des späteren Heiligen Römischen Reiches ansässig. In den neu gegründeten Städten – vor allem im Rheinland und im Donaugebiet – lebten viele Juden als Kaufleute, Ärzte und Handwerker und trugen mit zum Aufschwung des Landes bei. Hauptsächliches Betätigungsfeld der jüdischen Kaufleute war der Fernhandel. Durch ihre Handels- und Sprachkenntnisse sowie ihre Kreditwürdigkeit stellten sie Kontakte zu weit entfernten Ländern her. Da sie Kaisern und Königen nützlich waren (s. S. 10f.), stellten diese die Juden und deren Familien unter ihren Schutz. Der Mittelpunkt des jüdischen Glaubenslebens war das Bethaus, die Synagoge. In ihrem Glauben unterschieden sich die Juden von den Christen durch die Einhaltung der Speisegebote und die Heiligung des Sabbats (Samstag) statt des christlichen Sonntags. Hebräisch wurde im Alltag nicht gesprochen, nur im Gottesdienst verwendet.

M1 Ecclesia (Christentum) und Synagoga (Judentum) am Straßburger Münster *(um 1230)*
Solche Darstellungen finden sich in vielen mittelalterlichen Kirchen.

Zeiten der Ausgrenzung. Der besondere Schutz und der berufliche Erfolg ließen bei anderen Stadtbewohnern immer wieder Neid hochkommen. Dennoch funktionierte bis ins späte 11. Jh. das Neben- und Miteinander von Juden und Christen weitgehend reibungslos. Erst mit dem Aufruf zum ersten Kreuzzug (1096) änderte sich das Verhältnis. Die Juden wurden nun als Feinde betrachtet und Opfer mörderischer Massenverfolgungen (Pogrome). Den Auftakt zur „Befreiung Jerusalems von den Muslimen" bildete eine Welle von Judenverfolgungen an Rhein und Donau. Wild zusammengewürfelte Volksheere ermordeten jüdische Familien und ihre Angestellten, plünderten deren Hab und Gut und brannten die Häuser nieder. Der königliche Schutz hatte sich als unwirksam erwiesen und musste neu geregelt werden. In der Öffentlichkeit hatten Juden nun einen besonderen Hut und ein gelbes Abzeichen auf ihrer Kleidung zu tragen, um als Schutzwürdige erkennbar zu sein. Diese Maßnahmen vergrößerten aber nur die Kluft zu den Christen. Die jüdische Bevölkerung büßte außerdem viele Rechte ein. Juden durften keine Waffen mehr tragen, weder Landbesitz erwerben noch bewirtschaften und keine öffentlichen Ämter ausüben. Auch aus den handwerklichen Tätigkeiten wurden Juden immer weiter herausgedrängt. Damit schränkte sich ihr Tätigkeitsfeld ein: Übrig blieben der Fernhandel, der Handel mit gebrauchten Gegenständen und Vieh sowie das Verleihen von Geld. Die Könige ließen sich den besonderen Schutz durch Abgaben der Juden an die königliche Kammer bezahlen.

Zeiten der Abwanderung. Mit dem Vordringen der Pest Mitte des 14. Jh. (s. S. 84) kam es zu einer neuen Welle von Judenverfolgungen. Man stellte die Juden als Schuldige für die Seuche hin und warf ihnen Brunnenvergiftung vor. Sie mussten in einem eigenen Stadtbezirk, dem Getto, leben. In vielen Orten erinnern die Straßennamen („Judengassen") noch an diese Viertel.
Mit Duldung der Schutzherren zahlten viele christliche Gläubiger ihr bei Juden geliehenes Geld nicht mehr zurück. Einige Landesherren kündigten den Judenschutz. So verloren die meisten Juden ihre wirtschaftlichen und rechtlichen Sicherheiten. Aus den deutschen Städten vertrieben, suchten sie sich eine neue Heimat in Polen, Böhmen und Italien.

M2 Jüdische Bevölkerung in Europa

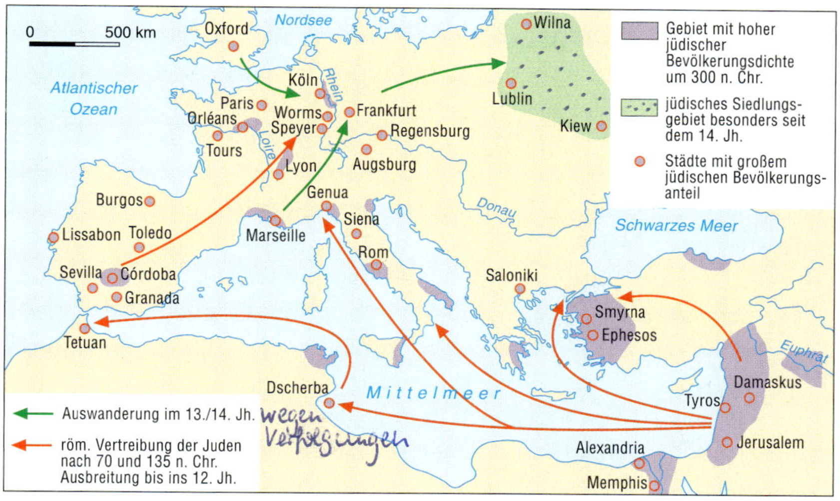

M3 Das Judenpogrom in Straßburg

Der Chronist Jakob Twinger von Königshofen berichtet:

Im Jahr 1349 war das größte Sterben, das je gewesen ... Wegen diesem Sterben verleumdete man die Juden in der Welt und bezichtigte sie, dies verursacht zu haben, indem sie Gift in das Wasser und die Brunnen getan hätten ... Zu Bern und Zofingen folterte man einige Juden; die sagten aus, sie hätten viele Brunnen vergiftet; auch fand man das Gift in den Brunnen. Da verbrannte man sie in vielen Städten und schrieb diese Geschichte nach Straßburg, Freiburg und Basel, damit sie dort auch ihre Juden verbrannten. Da meinten die Mächtigsten in diesen drei Städten, die die Gewalt in Händen hatten, man solle den Juden nichts tun. In Basel aber zog das Volk auf das Richthaus und zwang die Ratsherren zu schwören, sie wollten die Juden verbrennen ...

Auf einer Tagung zu Benfeld kamen der Bischof von Straßburg, alle Landesherren vom Elsass und die Boten der drei genannten Städte zusammen. Die von Straßburg wurden gefragt, was sie mit ihren Juden zu tun gedächten; sie antworteten, sie wüssten nichts Böses von ihren Juden. Da sagte man zu den Straßburgern, warum sie dann ihre Brunnen verschlossen und die Eimer herabgenommen hätten. Und es entstand ein großer Lärm und ein Geschrei über die Straßburger. So kamen der Bischof, die Herren und die Reichsstädte überein, man solle die Juden beseitigen. Sie wurden nun in vielen Städten verbrannt ... An diesem Freitag fing man auch die Juden zu Straßburg. Am Samstag ..., da verbrannte man die Juden auf ihrem Friedhof auf einem hölzernen Gerüst; es waren gegen zweitausend. Diejenigen, die sich aber taufen ließen, die ließ man am Leben ... Und was man den Juden schuldig war, das galt als beglichen, und es wurden alle Pfänder und Urkunden, die sie wegen der Schulden hatten, zurückgegeben. Aber das Geld, das sie hatten, nahm der Rat und teilte es unter den Handwerkern nach ihrem Verhältnis auf. Das Geld war auch der Grund, weshalb die Juden getötet wurden: Denn wären sie arm gewesen und wären ihnen die Landesherren nichts schuldig gewesen, so wären sie nicht verbrannt worden.

Möncke: a. a. O., S. 195ff.

M4 Vertreibung aus einer deutschen Stadt

Buchmalerei aus einer hebräischen Schrift mit Klageliedern (15. Jh.)

1 Beschreibe die beiden Frauengestalten am Straßburger Münster (M1). An welchen Merkmalen lässt sich die christliche Sicht vom Triumph der Ecclesia über die Synagoga ablesen? Welches Bild der jüdischen Religion sollte den Kirchenbesuchern hier vermittelt werden?

2 Erkläre anhand von M2 die Ausbreitung der jüdischen Bevölkerung in Europa.

3 Welche unterschiedlichen Verhaltensweisen gegenüber Juden werden in Twingers Bericht deutlich (M3)?

Der schwarze Tod entvölkert Europa

Eine Zeit des Niedergangs. In der zweiten Hälfte des 14. Jh. kam das Wachstum der Städte zum Stillstand. Im Wirtschaftsleben und in der Technik blieben neue Errungenschaften aus. Hungersnöte, Klimaverschlechterung und Seuchen trugen zum Niedergang der Städte bei.

Das große Sterben beginnt in Italien. Als im Jahr 1347 zwei Genueser Handelsschiffe in Messina auf Sizilien vor Anker gingen, ahnten nur wenige, dass mit diesen Schiffen das Unheil in die Stadt kam. Die Mannschaft war in einem erbärmlichen Zustand. Viele Matrosen hatten hühnereigroße Schwellungen unter den Achseln und in den Leisten, die Blut und Eiter aussonderten. Unter heftigen Schmerzen für die Kranken veränderten diese sich zu Geschwüren und schwarzen Flecken. Innerhalb von wenigen Tagen starben die Seeleute, welche die Überfahrt von der Schwarzmeerküste überlebt hatten. Die Bewohner Messinas waren bestürzt und ratlos, denn sie konnten den Kranken keine Linderung ihrer Schmerzen bereiten. Nachdem die todbringenden Beulen auch bei Einheimischen auftraten, verließen viele Menschen aus Furcht vor der Ansteckung die Stadt. Mit den Menschen verbreitete sich der schwarze Tod, wie die Krankheit wegen ihres Verlaufs und der Farbe der Geschwüre im Mittelalter auch genannt wurde, in ganz Europa.
Was den Menschen im 14. Jh. noch als Strafe Gottes erschien, ist nach heutigem Wissen eine hoch ansteckende Krankheit, die aus Zentralasien nach Europa gelangte. Übertragen wird die Pest durch Ratten und Flöhe, die damals überall anzutreffen waren. Hinzu kam eine mangelnde Hygiene in dicht bevölkerten Städten, ein guter Nährboden für Krankheiten. Heute schätzt man die Zahl der Pestopfer zwischen 1347 und 1349 auf ungefähr 30 Millionen Menschen. Bis 1352 wütete die Pest, danach kehrte sie in regelmäßigen Abständen bis 1720 wieder.

Die Folgen der Katastrophe. Nur wenige Gegenden Europas wurden von der Epidemie verschont. In den betroffenen Gebieten sah man Prozessionen mit sich geißelnden Menschen, die so das Erbarmen Gottes erreichen wollten. Anderswo machte man die Juden für die entsetzliche Seuche verantwortlich (s. S. 82). Die wirtschaftlichen Folgen waren unterschiedlich: Einerseits gab es durch das Massensterben weniger Handwerker und Bauern. Auch verteuerten sich über einen längeren Zeitraum hinweg die Preise für Nahrungsmittel und Güter des täglichen Bedarfs. Doch die Überlebenden hatten reichlich geerbt: Anders als bei Brand und Krieg blieb der Besitz der Gestorbenen erhalten. Angesichts des nahen Todes wollten viele Menschen noch einmal genießen. Das städtische Gewerbe profitierte von diesem steigenden Bedarf; dadurch stieg wiederum auch das Einkommen vieler Städter. Die Bauern zogen nun auch verstärkt in die Städte, wo sie sich einen besseren Verdienst erhofften. Nur drei Generationen nach dem Siegeszug des schwarzen Todes standen die meisten Städte prächtiger und machtvoller da als zuvor.

M1 „Siegesritt des Todes“
(Ausschnitt aus einer Wandmalerei im Dom zu Palermo/Sizilien, Ende des 14. Jh.)

M2 Handelsgebiet der Hanse

M3 Rostock, Wismar und die Seeräuber *(1391)*

1389 beherrschte Dänemark fast ganz Schweden mit Ausnahme von Stockholm:

In demselben Jahr, als die Schiffe von Rostock und Wismar mit Herzog Johann von Mecklenburg (zugleich König von Schweden) nach Stockholm unterwegs waren, da ließen die von Rostock und Wismar ausrufen, dass derjenige, der auf seine freie Beute und auf seine eigenen Kosten sein Glück versuchen wolle, um die Reiche Dänemark und Norwegen zu berauben und zu schädigen, sich in den Städten Wismar und Rostock einfinden solle, um Kaperbriefe zu empfangen; wo es ihnen auch erlaubt sei, frei zu teilen, zu tauschen und die geraubten Waren zu verkaufen. Der Fürst ließ das Gleiche ausrufen, dass die Häfen Ribnitz und Golwitz für alle, die die eben genannten Reiche schädigen wollten, geöffnet werden sollten.

Zitiert nach: R. Kock. In: Chronik des Franziskaner Lesemeisters Detmar nach der Urschrift und mit Ergänzungen aus anderen Chroniken, o. O. 1829, S. 493f.

M4 Die Seeräuber nach dem Frieden mit Dänemark *(1395)*

Die Vitalienbrüder hatten Stockholm jahrelang verteidigt und mit Lebensmitteln versorgt. 1395 kam es zum Friedensschluss. Die Überfälle auf die Schiffe hörten jedoch nicht auf, die Hanse wehrte sich:

Da merkten die Vitalienbrüder wohl, dass sie in der See nicht länger bleiben konnten, noch dazu, weil sie in den zwei Städten (Rostock und Wismar) keine sichere Zukunft mehr hatten; und (sie) wählten das wahrscheinlich Beste und teilten sich in drei Teile und suchten andere Häfen, die sie als Zuflucht nutzen konnten. Der eine Teil kam nach Friesland und raubte dort den Kaufmann aus, der andere Teil suchte das spanische Meer und schädigte den Kaufmann dort, und der dritte Teil ging nach Russland und richtete dort großen Schaden an. Die Hauptleute dieser Seeräuber hießen: Godeke Michels, Wichman, Wikbold und Klaus Störtebeker, und diese fügten dem Kaufmann großen Schaden zu.

Zitiert nach: Rufus-Chronik. In: Die Chroniken der deutschen Städte, Bd. 28, Leipzig (Hirzel Verlag) 1902, S. 25.

1 Erkläre, warum sich Lübeck für die Abbildung einer Hanse-Kogge auf diesem Siegel (M1) entschieden hat. Welche Vorteile bot ein solches Schiff?

2 Stelle Transportlisten zusammen: von Nowgorod nach Rostock, von Lüneburg nach Brügge, von Brügge nach Bergen, von Lublin nach Lübeck (M2).

3 Erläutere, zu welchem Zweck die Hansestädte die Seeräuber (M3) gebraucht haben.

4 Stell dir vor, Klaus Störtebeker hätte vor seiner Hinrichtung noch eine kurze Rede an die Hanse-Kaufleute halten können. Was hätte er denen wohl gesagt (M3–M4)?

Eine Stadt, viele Einwohner – verschiedene Standpunkte

ab 1000	Bevölkerungswachstum und neue Techniken
ab 12. Jh.	Vielzahl von Stadtgründungen Bau von Stadtkirchen Selbstverwaltung der Städte (Patrizier)
1120	Gründung Freiburgs im Breisgau
um 1160	Gründung der Hanse
14. Jh.	Zünfte erkämpfen Teilnahme an der Stadtherrschaft
1347–1352	Pest in Europa
1349	Judenpogrome in Straßburg und vielen anderen Städten

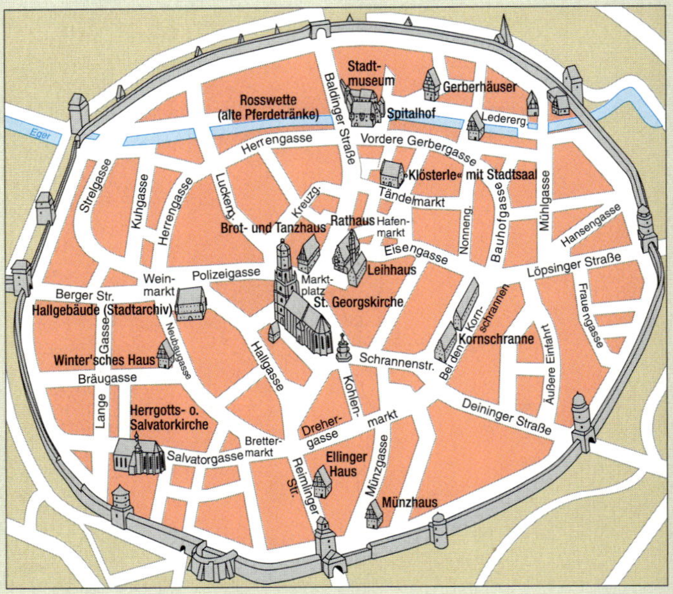

Hier siehst du den Plan der Altstadt von Nördlingen in Bayern. Außerdem begegnen dir hier verschiedene Menschen einer mittelalterlichen Stadt: der Stadtherr, in diesem Fall ein König, ein Patrizierehepaar, ein Kaufmann, eine Handwerkerfamilie, ein Lehrer, eine Jüdin in städtischer Tracht, ein Tagelöhner und ein Bettler. An ihrer Kleidung und Haltung sowie an einigen für sie typischen Gegenständen kannst du sie erkennen.

Sicherung wichtiger Begriffe

- Eigene Dateien
  - Geschichte
    - Die Stadt des Mittelalters
      - Fachbegriffe
        - Hanse
        - Patrizier
        - Stadtrechte
        - Zunft
        - xxxxx
        - xxxxx
        - xxxxx

1 Wer vertritt welche Bevölkerungsgruppe? Welches Ereignis aus der Zeittabelle betrifft diese Gruppe in besonderer Weise? Begründe deine Aussagen.
2 Sieh dir den Plan genau an. Wo könnten die abgebildeten Personen gewohnt haben?
3 Führe die PC-Datei wie gewohnt fort bzw. erweitere deinen Karteikasten. Füge noch wichtige Begriffe aus diesem Großkapitel mit Erklärungen hinzu.

GESCHICHTE AKTIV/KREATIV

Projekt: „Wir interviewen Menschen einer mittelalterlichen Stadt und erstellen Kurzporträts."

- Überlegt euch mit der gesamten Klasse Fragen für ein Interview, die man an Vertreter der mittelalterlichen Stadtbevölkerung stellen könnte. Bildet Kleingruppen und entscheidet euch für eine der oben abgebildeten Figuren.
- Wiederholt die Seiten dieses Kapitels, die eure Bevölkerungsgruppe besonders betreffen. Beantwortet die Fragen aus der Sicht eurer gewählten Person.
- Lest eure Interviews in der Klasse vor. Diskutiert die Unterschiede in den Antworten und findet heraus, wie es zu diesen verschiedenen Standpunkten kommt.
- Ihr könnt auch schriftliche Porträts entwickeln und sie in der Klasse aushängen. Darin sollte neben einem Bild der Person in wenigen Sätzen geschildert werden, was diese in der Geschichte erlebt oder bewirkt hat. Gebt der Figur Lebensdaten und einen Namen. Vergesst nicht eure Informationsquelle zu benennen.

Neues Denken – neue Zeit

Vom Mittelalter zur Neuzeit

Wieso eine neue Epoche? Ein Mönch predigt von der Kanzel, ein Buch liegt vor ihm, drei Segelschiffe kreuzen auf dem Meer und ein Mensch steckt seinen Kopf ins All – die drei Bilder auf S. 92f. haben auf den ersten Blick nichts miteinander zu tun. Doch jedes Bild zeigt auf seine Art die Folgen eines neuen Denkens, das im 14. Jh. allmählich ganz Europa erfasste und die ▸ Neuzeit einläutete. Diese neue Epoche der ▸ Renaissance und des ▸ Humanismus mit zahlreichen wissenschaftlichen und technischen Neuerungen löste das mittelalterliche Denken ab.

Eine neue Technik verändert die Welt. Dem Mainzer Johannes Gutenberg gelang um 1450 eine bahnbrechende Erfindung: Seine Druckmaschinen konnten Bücher, Flugschriften und Holzschnitte in großer Auflage herstellen und machten das mühselige Abschreiben und Abmalen überflüssig. Der Mönch auf Seite 93 ist der Reformator Martin Luther, der ein gedrucktes Exemplar der von ihm ins Deutsche übersetzten Bibel vor sich liegen hat. Dank des neuen Buchdruckverfahrens gelangten nun schriftliche Informationen bis in entlegene Gebiete.

Die Neuerungen kommen aus Italien. In den italienischen Stadtstaaten bildeten sich im Laufe des 14. Jh. neue Kunstformen und neue Sichtweisen gegenüber Natur, Technik und Religion heraus. Der einzelne Mensch sollte durch Bildung seine Talente und Fähigkeiten möglichst umfassend und harmonisch entwickeln. Man kehrte zurück zur Lektüre von Texten in ihrer Originalsprache, nachdem die Gelehrten festgestellt hatten, dass die alten Bücher durch das Jahrhunderte lange Abschreiben in ihrer Aussage verfälscht worden waren.
Italienische Kaufleute waren Vorreiter im Handel mit dem Orient und führten die Geldwirtschaft anstelle des Tauschhandels auf den einheimischen Märkten ein. Im 14. Jh. setzte sich der Wechsel durch: Ein Schuldner unterschrieb an einem Wechseltisch (ital. banca) eine Verpflichtung über die Rückzahlung der gewährten Summe an einem anderen Ort oder in einer anderen Währung. Geldwechsler waren hoch angesehene Fachleute, die den bargeldlosen Zahlungsverkehr inne hatten und Kredite an Privatleute, wohlhabende Bauern und Fürsten vergaben.

Genuss und Lebensfreude standen nun neben Buße und Fasten. Weltliche Tätigkeiten ohne Orientierung am Jenseits auszuüben – das war nicht nur neu, sondern für viele Menschen eine Sünde. Selbstbewusst bauten die Bürger vieler europäischer Städte großartige Rathäuser und Kirchen. Künstler galten nun nicht mehr als Handwerker, sondern als Schöpfer einzigartiger Werke.

Die Entdeckungsfahrten der Europäer. Um 1450 existierten auf den verschiedenen Kontinenten bedeutende Reiche und Kulturen, die jedoch nur punktuell in Kontakt traten. Die meisten Menschen in Europa kannten gerade den Weg zum nächsten Markt. Nur Fernhändler, Pilger und Kreuzfahrer hatten große Entfernungen bewältigt und „Weltkenntnis“ erworben. Neue Karten und die bessere Orientierung auf dem Meer dank neuer Instrumente verlockten dazu, die letzten Grenzen auszuloten: Wagemutige Seefahrer befuhren mit neuartigen Segelschiffen die Weltmeere auf der Suche nach Gold und Gewürzen. Nur zwei Jahrhunderte nach Beginn der Entdeckungsfahrten von Portugiesen und Spaniern waren große Teile der Erde unter der Vorherrschaft europäischer Mächte.

M1 Globus von Martin Behaim *(1492)*
Der Nürnberger Martin Behaim bildete die Welt in Gestalt einer Kugel ab – noch vor der Entdeckung Amerikas.

Wovon handelt dieses Kapitel? Zunächst fragen wir uns, welche Veränderungen im Alltag und Wirtschaftsleben einsetzten. Im zweiten Abschnitt beschreiben wir den Verlauf und die Folgen der Eroberung großer Teile der Erde durch Europäer. Schließlich behandeln wir die Gründe für die Reformation Luthers sowie deren Verlauf und Folgen. Typisch für alle drei genannten Bereiche ist das Nebeneinander von neuen und alten Denkweisen.

M2 Das kopernikanische System

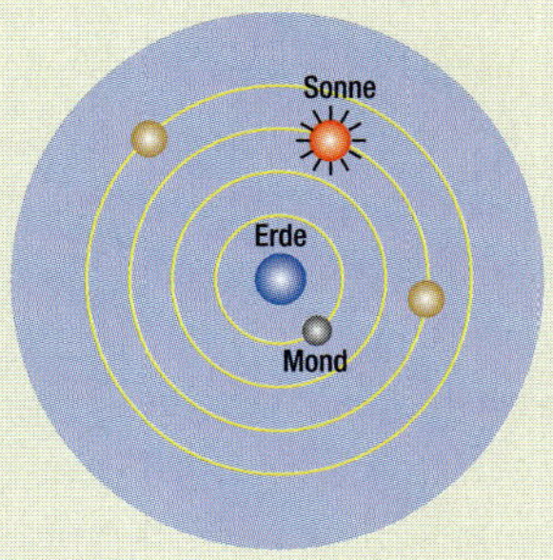

Geozentrisches Weltbild
(von Ptolemäus im 2. Jh. v. Chr. entworfen)
griech. geo = Erde

Kupferstich *(16. Jh.)*

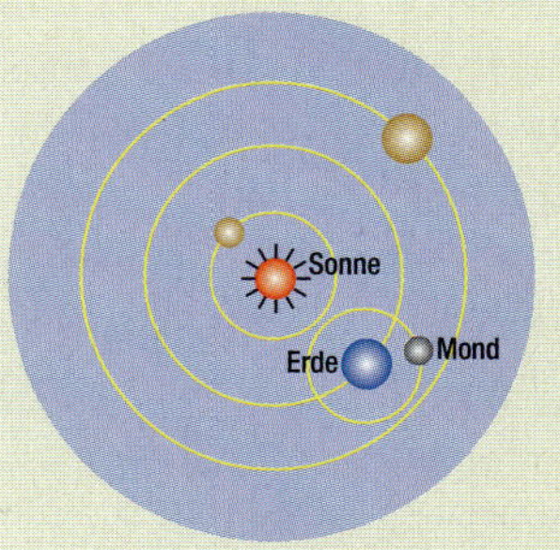

Heliozentrisches Weltbild
(von Nikolaus Kopernikus im 16. Jh. entworfen)
griech. helios = Sonne

In Frauenburg (heute Frombork, Polen) stellte der Domherr Nikolaus Kopernikus (1473–1543) über viele Jahre lang Berechnungen über den Lauf der Himmelskörper an. Seine Studien führten zur Ablösung des im Mittelalter gültigen Weltbildes. Diese Aufbruchstimmung versinnbildlicht der Kupferstich auf S. 92. Die neuen Lehren entsprachen nicht der Lehrmeinung der Kirche und setzten sich deshalb nur langsam als allgemein anerkanntes Wissen durch.

M3 Was waren die Kennzeichen des neuen Denkens?

Auszug aus einem Jugendbuch:

Während die große Mehrheit der Menschen auch noch im 15. Jh. ihr Schicksal und den Zustand der Welt als gottgegeben hinnahm, versuchten vor allem Gelehrte und Künstler, sich von diesem Weltbild zu befreien. Dabei schauten sie jedoch nicht nach vorn, sondern erst einmal zurück in die Welt der Griechen und Römer, die ihnen heller als die eigene erschien. Das nun beginnende Zeitalter hat davon seinen Namen: „Renaissance", was soviel wie „Wiedergeburt" bedeutet... Man wandte sich dem Diesseits zu und rückte den Menschen in den Mittelpunkt des wissenschaftlichen und künstlerischen Interesses ... Der Mensch sollte über sich und sein Leben selbst entscheiden und seine Fähigkeiten voll entfalten können. Als Voraussetzung dazu galt eine umfassende Bildung, die sich am antiken Vorbild orientierte. Dieses neue Denken entstand zuerst in Florenz und Venedig, wo die europäische Kultur am höchsten entwickelt war. Weil der Mensch (lat. humanus) im Mittelpunkt stand, spricht man von „Humanismus".

Die Humanisten gewannen ihre neuen Einsichten nicht aus der Bibel, sondern indem sie die Menschen und die Natur genau beobachteten und erforschten. Würde man eine Aufstellung der großen Geister der Menschheitsgeschichte versuchen, wäre die Renaissance wie kein anderes Zeitalter vertreten. Leonardo da Vinci, das Universalgenie, Michelangelo, der Maler und Bildhauer, Erasmus von Rotterdam, der große Humanist und Philosoph, Nikolaus Kopernikus, der Astronom – sie alle lebten in dieser Zeit.

Manfred Mai: Weltgeschichte, München (Hanser) 2003, S. 68f. (gekürzt und leicht verändert).

1 Anlässlich der 500-Jahr-Feier der Entdeckung Amerikas 1992 wiederholten Wissenschaftler die Entdeckungsfahrt des Kolumbus (s. S. 92f.) mit nachgebauten Karavellen. Welche Vorzüge hatte dieser Schiffstyp? Erkundige dich z. B. in der Stadtbibliothek.

2 Nenne Änderungen, die die Berechnungen des Kopernikus mit sich brachten (M2).

3 Suche alle Merkmale der Renaissance und des Humanismus aus dem Text M3 heraus. Welche davon waren neu im Vergleich zur Epoche des Mittelalters? Beziehe dazu auch M1–M2, den Autorentext und die Bilder auf den Seiten 92f. mit ein.

4 Erarbeitet in Kleingruppen mithilfe von Nachschlagewerken eine Biografie zu den genannten Renaissance-Künstlern, wählt eines ihrer Werke aus und stellt dieses vor.

Das Altertum wird neu entdeckt: die Renaissance

Handel macht weltoffen. Die großen Städte Italiens, vor allem Venedig, Genua und Florenz, unterhielten Handelsbeziehungen im gesamten Mittelmeerraum. Die Kaufleute waren stolz auf den Reichtum, den sie sich durch harte Arbeit und den Mut zu geschäftlichem Risiko erworben hatten. Der Wohlstand ist bis heute am Stadtbild ablesbar: Prachtvolle Kirchen, Paläste (ital. palazzi) der großen Handelsherren und Kunstwerke ziehen jedes Jahr hunderttausende von Besuchern an.

M1 Palazzo der reichen Kaufmannsfamilie Medici in Florenz *(15. Jh.)*

Ein neues Menschenbild. Der Handel sorgte nicht nur für einen wirtschaftlichen Austausch mit anderen Städten und Ländern. Vor allem Florenz pflegte auch intensive geistige Kontakte mit Byzanz und der arabischen Welt. Von dort gelangten zahllose Handschriften griechischer und römischer Autoren in die Stadt. Viele von ihnen waren im Mittelalter fast vergessen gewesen; jetzt beugten sich Florentiner Gelehrte eifrig über die neu entdeckten Texte. Sie lernten daran, sich elegant auf Griechisch und Latein auszudrücken. Vor allem fanden sie in ihnen eine Auffassung vom menschlichen Wesen (lat. humanum), die sie faszinierte: Nicht als Sünder, der ohne die Gnade Gottes nichts vermag, sondern als selbstbewusstes Vernunftwesen, das die Welt erkennt und gestaltet – so sahen die antiken Autoren den Menschen. Dieser zentrale Gedanke gab der ganzen Bewegung den Namen: Man bezeichnet das Studium der Alten Sprachen und der Ideenwelt der Antike als „Humanismus". Er verbreitete sich von Italien aus in andere Länder, vor allem nach Deutschland.

Der Mensch sprengt Grenzen. Die Wiedergeburt der Antike (frz. Renaissance) brachte ein neues Lebensgefühl hervor. Es war geprägt von Leistungswillen, nüchternem Geschäftssinn und dem Bemühen um Erfolg; gesellschaftlicher Aufstieg sollte möglich sein, trotz aller Standesschranken.
Auch in Wissenschaft und Kunst stand der Mensch im Mittelpunkt des Interesses. Erstmals wurden realitätsgetreue Studien über den menschlichen Körper angefertigt. Die Ärzte setzten sich über das kirchliche Verbot hinweg und nahmen Leichenöffnungen (Sektionen) vor, um den Bau des menschlichen Körpers zu verstehen. Insbesondere die anatomischen Studien Leonardo da Vincis sind ein Beleg für den ungeheuren Wissensdrang jener Zeit, den Körper des Menschen zu verstehen.
Leonardo stammte aus Vinci bei Florenz. Er gilt als der berühmteste Renaissancekünstler. Von ihm stammt das weltbekannte Bild der Mona Lisa. Er war aber auch als Ingenieur, Architekt und Naturforscher tätig. Er plante Festungen und Geschütze. Leonardo da Vinci entwarf sogar einen Flugapparat. Dieser funktionierte zwar nicht, aber unerhört daran war der Wille zu fliegen, obwohl die Natur den Menschen dafür nicht gemacht hat. Seine Zeitgenossen bezeichneten ihn als „uomo universale", als Universalgelehrten, einen in allen Bereichen gebildeten Menschen.

M2 Skizze zu einer Flugmaschine von Leonardo da Vinci

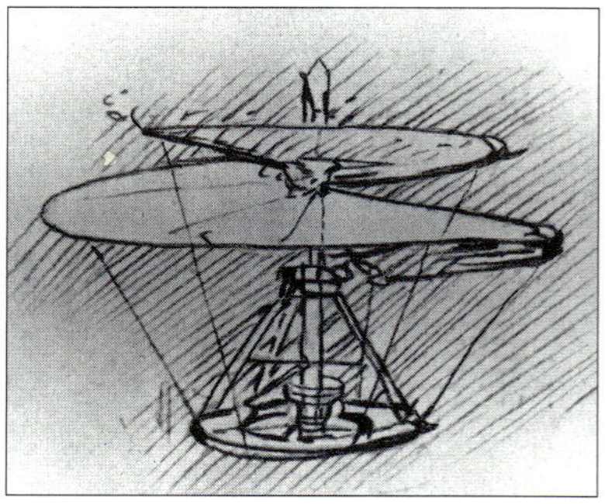

Dazu verfasste er folgenden Text:
„... in schnelle Drehung versetzt, wird sich besagte Schraube in die Luft emporschrauben und hochsteigen."

M3 Studien am menschlichen Körper

Der Medizinstudent Felix Platter berichtet 1554:

Ich bemühte mich, keine der Gelegenheiten zu verpassen, wenn wieder einmal ein Tier zerlegt wurde. Wenn dann sogar heimlich ein Mensch geöffnet und anatomiert (zergliedert) wurde, dann wollte ich auf alle Fälle dabei sein, um fleißig aufzupassen, obwohl mir anfangs solches als sehr scheußlich vorkam. Weil es allerdings schwer war, an Leichen zu kommen, begab ich mich mit anderen Studenten gelegentlich in Gefahr, nur um Leichen zu bekommen. Bei unserem Unternehmen half uns ein gewisser Gallotus, der uns nachts am 11. Dezember 1554 vor die Stadt in das Augustinerkloster führte. Dort wiederum half uns der verwegene Mönch Bruder Bernhard weiter. Gemeinsam zogen wir in aller Stille auf den Friedhof und scharrten mit unseren bloßen Händen. Die Erde war noch locker, denn der Leichnam war erst am Tag zuvor begraben worden. Heimlich schafften wir die Leiche an einen sicheren Ort und öffneten das Leichentuch. Nun konnten wir die Leiche anatomieren, es war eine Frau, die von Natur aus so krumme Füße hatte, dass sie einander ansahen.

Felix Platter: Autobiographie. Vom Verfasser nacherzählt.

M4 Lebenslauf des Arztes Andreas Vesalius:

Geboren 1514 in Brüssel, wuchs Andreas Vesalius in einer Familie berühmter Mediziner und Apotheker auf. Ab 1533 studierte er Medizin in Paris, ab 1536 in Belgien. Dort begann er, menschliche Körper zu zergliedern. 1537 ging Vesalius nach Padua an die beste medizinische Hochschule seiner Zeit und erwarb den Titel eines Doktors der Medizin. Als Professor und Lehrer der Chirurgie (Fachgebiet für Operationen) führte er in Padua anatomische Demonstrationen durch, u. a. das Sezieren von Menschen. Dies ermutigte ihn zunehmend, die vorgegebenen Lehrmeinungen seiner Vorgänger in Frage zu stellen, ganz besonders die Galens, des bedeutendsten antiken Arztes, der seine anatomische Forschung auf das Sezieren von Tieren gestützt hatte. Im Jahr 1540 wandte sich Vesalius offiziell von den Theorien Galens ab und veröffentlichte ein Buch über den menschlichen Körper. Darin bestätigte er die Notwendigkeit und den Wert guter Abbildungen für den anatomischen Unterricht. Das Buch machte Vesalius zum bedeutendsten Mediziner der Renaissance.

Vom Verfasser zusammengestellt.

M5 Titelblatt zu Andreas Vesalius „7 Bücher über den menschlichen Körperbau" von 1543

Vesalius kritisierte die bisher übliche Ausbildung von Medizinern: „Der Dozent steht hoch auf seinem Podium und doziert mit sichtlicher Verachtung über Tatsachen, die er aus eigener Erfahrung nicht kennt, sondern aus den Büchern auswendig gelernt hat."

1 Recherchiere im Internet über Leonardo da Vincis Flugapparat (M2). Erläutere die Konstruktion und begründe, warum man damit nicht fliegen konnte. Berichte von seinen weiteren Erfindungen.

2 Erkläre die Gründe für das Verhalten des Medizinstudenten Felix Platter (M3). Wie würden ein Geistlicher und ein Rechtsgelehrter der alten und der neuen Zeit über die Geschehnisse urteilen?

3 Erstelle eine Tabelle mit den wichtigen Lebensdaten und beruflichen Stationen von Andreas Vesalius (M4). Welche Neuerungen hat er in die Medizin eingeführt?

4 Beschreibe M5 und achte dabei besonders auf die Darstellung der Personen. Wie unterschied sich diese Art des Unterrichtens und Studierens von der damals üblichen?

Das Handelsimperium der Medici

Unternehmer prägen die Stadt. Auch die Wirtschaft zeichnete sich durch neue Denkweisen aus. Die neue Kaufmannsschicht grenzte sich von den sehr einschränkenden Vorgaben der mittelalterlichen Zünfte ab und entschied selbst, welche Güter sie in welchen Mengen herstellen und zu welchem Preis sie sie verkaufen wollte. In allen großen Städten Europas bildeten sich große Handelsgesellschaften heraus.

Das Firmenkonzept der Medici in Florenz. Kaufleute waren die Medici nicht immer. Ihr Name lässt darauf schließen, dass sie ihr Geld anfangs wohl als Apotheker verdienten (lat. medicus = Arzt). Dann konzentrierten sie sich auf die zukunftsträchtigen Handelszweige des Tuch- und Wollgeschäfts und legten damit den Grundstein für ein weit reichendes Netz von Handelsverbindungen in ganz Europa. Später stiegen die Medici, wie andere reiche Kaufmannsfamilien auch, in das Bankgeschäft ein. Die Einkünfte ihrer Handelstätigkeit setzten sie einerseits ein, um ihr Geschäft zu vergrößern, andererseits, um sich durch das Verleihen von Geld gegen Zinsen eine weitere lohnende Erwerbsquelle zu erschließen. Der Handel mit Wolle, Seide sowie mit Luxuswaren wie Gewürzen und Schmuck und die Tätigkeit im Bankgeschäft ließen die Medici zu einer der reichsten Familien von Florenz aufsteigen (s. S. 96/M1).

Verknüpfung von Wirtschaft und Politik. Von ihrem Stammhaus in Florenz aus gründeten die Medici Handelsniederlassungen in ganz Europa. Der wirtschaftliche Erfolg machte sie zu wichtigen Geldgebern der Mächtigen der Zeit. So verwalteten sie die Finanzgeschäfte der Päpste und verliehen immer wieder beträchtliche Summen an die Kirche. Auch weltliche Fürsten, wie die englischen und französischen Könige, nahmen Kredite bei den Medici auf. Die wirtschaftliche Abhängigkeit der Mächtigen nutzte diese Kaufmannsfamilie geschickt aus und konnte so zunehmend auch an politischem Einfluss gewinnen. Der gesellschaftliche Aufstieg der Medici zeigte sich darin, dass Angehörige der Familie hohe kirchliche Ämter bekleideten und in europäische Fürstenhäuser einheirateten.

M1 Cosimo I. als Patron von Pisa *(Denkmal von Pierino da Vinci, 16. Jh.)*
Herzog Cosimo I. stützt mit einer Hand die Stadt Pisa, dargestellt als Frau, und vertreibt mit dem Generalsstock ihre Feinde. Der Mann hinter Cosimo symbolisiert die Universität, die von Cosimo gefördert wurde.

M2 Stammbaum der Medici

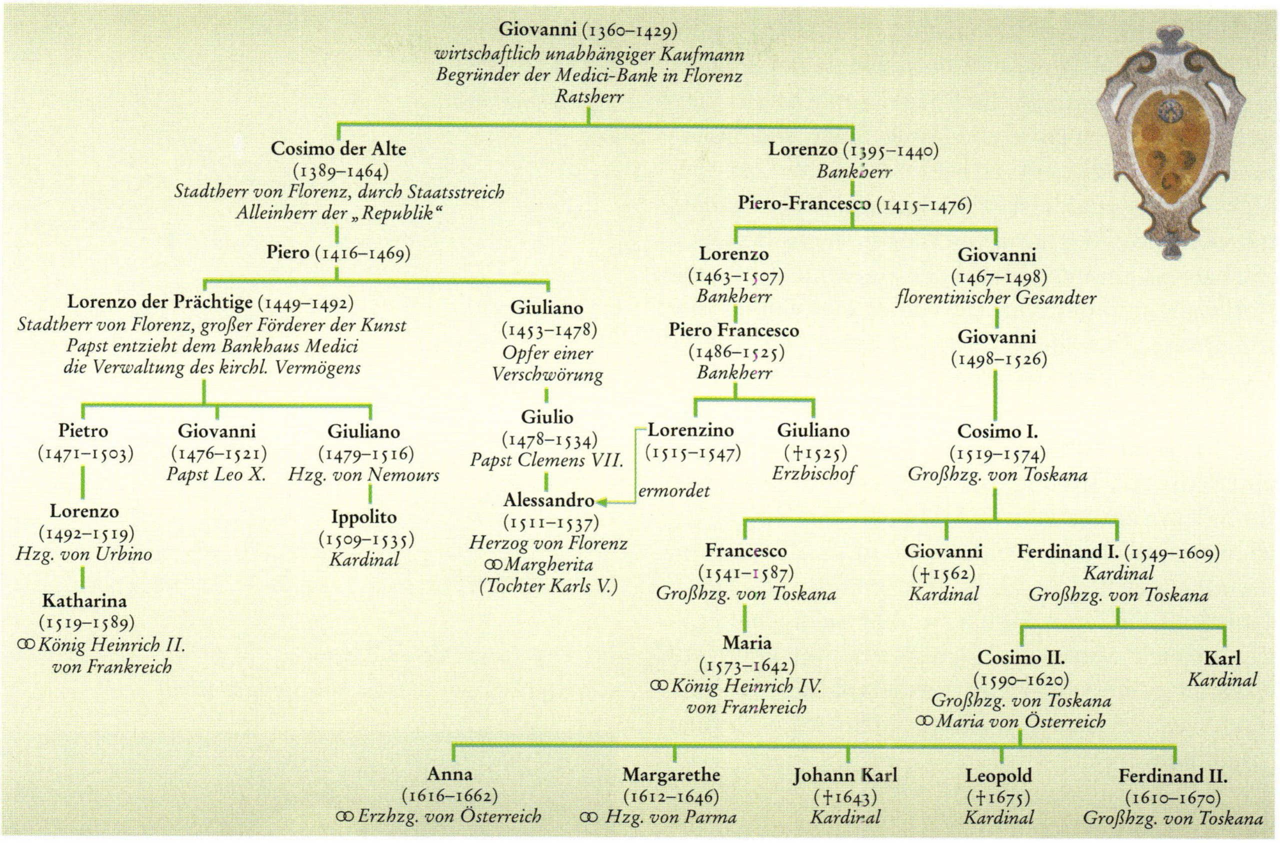

Aus einer Stammtafel historische Informationen ablesen:

Ein Familienstammbaum stellt in übersichtlicher Weise verschiedene Generationen einer Familie als Schaubild dar. Um der Stammtafel so viele Informationen wie möglich zu entnehmen, kannst du folgende Fragen an die Grafik stellen:

1) Welche Familie wird durch die Stammtafel vorgestellt?

2) Wie viele Ebenen hat der Stammbaum, d.h. wie viele Generationen sind in ihm verzeichnet?

3) Sind alle Mitglieder der Familie aufgeführt oder fehlen einige? Welchen Grund könnte ihr Fehlen haben?

4) Welche Informationen werden zu den einzelnen Mitgliedern der Familie gegeben? Warum wurde gerade diese Auswahl an Informationen getroffen?

5) Welche zeichnerischen Mittel wurden bei der Darstellung verwendet, d. h. in welcher Beziehung stehen die einzelnen Familienmitglieder zueinander?

6) Welche Symbole werden in dem Stammbaum verzeichnet und was bedeuten sie für die jeweilige Person?

7) Welche zusätzlichen Informationen werden in der Legende (Zeichenerklärung) gegeben und was bedeuten diese für den Stammbaum?

Ein Stammbaum gibt einerseits Auskunft über die verwandtschaftlichen Beziehungen einer Familie über mehrere Generationen hinweg. Andererseits lassen sich aus den Angaben Informationen über die soziale Stellung der Familienmitglieder, deren Beruf und Lebensdaten ableiten.

1 Erkläre, warum sich Cosimo I. in dieser Weise abbilden ließ (M1).

2 Versuche anhand der Hinweise den Stammbaum der Medici zu interpretieren. Erstelle eine Tabelle zu den politischen und kirchlichen Ämtern der Familie Medici (M2).

3 Begriffe wie „Bankrott“, „Rabatt“ oder „Girokonto“ stammen aus dem Italienischen. Finde weitere Begriffe des italienischen Bankwesens, die heute noch verwendet werden, und erkläre ihre Bedeutung.

Die Fugger – eine deutsche Weltfirma vor 500 Jahren

Die Erfolgsstory. In einer der reichsten Städte des Reichs legten die wohlhabenden Brüder Ulrich, Georg und Jakob II. den Grundstein für das international erfolgreiche Familienunternehmen der Fugger. In Augsburg begannen die Fugger zunächst als kleine Händler, die vorwiegend Wolle, Seide und die begehrten Gewürze verkauften. Im Laufe der Zeit entwickelten sie Handelsbeziehungen bis nach Italien, Schweden und Russland. Sie stiegen in das Bergbaugeschäft ein und erzielten hohe Gewinne durch die Förderung und den Verkauf von Kupfer, Silber, Blei und Quecksilber. Besonders einträglich war dieser Erwerbszweig, weil die Fugger das alleinige Abbaurecht (Monopol) besaßen und deshalb keine Konkurrenz fürchten mussten.
Innerhalb von dreißig Jahren konnten die Fugger die Rekordsumme von 1,5 Millionen Gulden erwirtschaften und gehörten damit zu den vermögendsten Familien des Reichs. Zehn Prozent des gesamten Kapitals (Geld- und Sachbesitz) im Heiligen Römischen Reich waren in ihrem Besitz. Mit heutigem Maßstab gemessen wären sie demnach so vermögend wie die hundert größten deutschen Firmen zusammen.

Bankgeschäfte. Auf ihrem Erfolg ruhten sich die Fugger aber nicht aus, sondern sie suchten nach immer neuen Wegen, erfolgreiche Geschäfte abzuschließen. So erweiterten sie ihren Geschäftsbereich auf das Bankwesen und setzten auf das Gewinn bringende Geschäft der Kreditvergabe. Dies war ein ungewöhnlicher Schritt für eine Kaufmannsfamilie der damaligen Zeit. Zu ihren Kunden zählten neben Bürgern auch bedeutende Adlige wie Karl V., der mit dem geliehenen Geld seinen Wahlkampf und seine Feldzüge finanzierte. Als Geldgeber hatten die Fugger im Laufe der Zeit Kontakte zu vielen europäischen einflussreichen Herrschern. Die Konkurrenz wehrte sich vergeblich gegen die Monopolstellung dieses Handelshauses.

Nach Lehrjahren in Venedig und in Innsbruck leitete Jakob an der Seite seiner Brüder, ab 1510 allein, das fuggersche Unternehmen und verhalf diesem zu weiterem Reichtum und Ruhm. Er stiftete viel Geld für Kirchen und wohltätige Zwecke. Für unschuldig in Not geratene Augsburger ließ er die erste Sozialsiedlung der Welt, die Fuggerei, bauen.

M1 Das Wirtschaftsimperium der Fugger

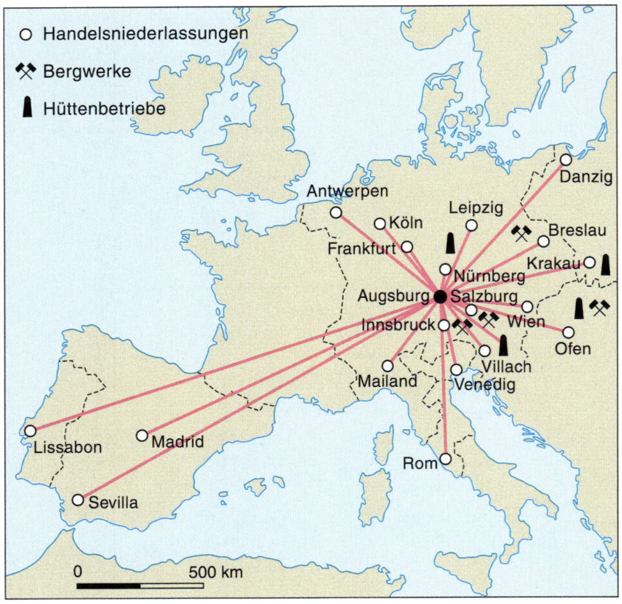

M2 Bildnis des Jakob Fugger
(Gemälde eines italienischen Malers, 1538)

M3 „Allerdurchlauchtigster, großmächtigster römischer Kaiser, allergnädigster Herr!“

Aus dem Brief Jakob Fuggers an Kaiser Karl V. (1524):

Eure Kaiserliche Majestät werden ohne Zweifel wissen, wie ich und meine Vettern bisher dem Haus Österreich zu dessen Nutzen ... zu dienen geneigt sind. Deshalb haben wir uns auch mit dem verstorbenen Kaiser Maximilian ... eingelassen und uns ... verpflichtet, für Ew. Kais. Majestät die römische Krone zu erlangen ... Wir haben dann ... eine beachtliche Summe Geldes vorgestreckt. Diese Summe habe ich nicht allein bei mir und meinen Vettern aufgebracht, sondern auch bei anderen ..., und zwar mit großen Nachteilen, damit das Vorhaben Ew. Kais. Majestät nur ja in Erfüllung ginge. Es ist allgemein bekannt ..., dass Ew. Majestät die römische Krone ohne mich nicht erlangt hätte ... Inzwischen sind Ew. Kais. Majestät mir die Summe ... schuldig geblieben ... Demnach ist eine untertänige Bitte an Ew. Kais. Majestät, Sie möge ... veranlassen, dass mir meine ausstehende Summe Geld samt den Zinsen ... ohne längeren Verzug entrichtet und bezahlt wird.

Zitiert nach: Eugen Ortner: Glück und Macht der Fugger, München (Ehrenwirth) 1977, S. 277ff.

M4 Gleiche Chancen für alle

Zu Beginn des 16. Jh. beschäftigten sich die Reichstage regelmäßig mit Beschwerden über die Handelshäuser, so auch in Trier und Köln 1512:

In den letzten Jahren sind ... viele Handelsgesellschaften entstanden. Auch etliche Einzelpersonen haben es darauf angelegt, allerlei Waren ... an sich zu bringen, um sie zu überhöhten, allein von ihnen festgelegten Preisen ... zu verkaufen. Damit fügen sie dem Reich ... erheblichen Schaden zu und verstoßen gegen geschriebenes kaiserliches Recht und die guten Sitten. Zur Förderung des gemeinen Nutzens haben wir deshalb angeordnet, ... dass derartig schändliches Tun hinfür verboten ist ... Wer es trotzdem tut, dessen Hab und Gut sollen konfisziert ... werden ... Doch heißt das nicht, dass Kaufleute sich nicht zu Handelsgesellschaften zusammenschließen und Waren kaufen und verkaufen dürfen ... Verboten ist nur, dass jemand eine Ware ausschließlich in seine Hand bringt und den Preis nach seinem Belieben festsetzt oder vom Verkäufer fordert, Waren nur ihm zu verkaufen ... Sollten die Kaufleute ihre Waren aber unziemlich verteuern, so soll jegliche Obrigkeit dagegen vorgehen und für den Verkauf zu angemessenem Preis sorgen.

Zitiert nach: Adolf Wrede (Bearb.): Deutsche Reichstagsakten unter Kaiser Karl V., Bd. 2, Gotha 1896 (fotomech. Nachdruck 1962).

M5 „Die Gewinnsucht der Kaufleute“

(Flugblatt nach Motiven von Pieter Breughel, um 1530)

1 Die Fugger – ein neuer Typ von Unternehmern. Was zeichnet die Fugger aus? Schreibe einen kurzen Steckbrief (Autorentext, M1–M4).

2 Wie zeigt sich diese Stellung in dem Bild von Jakob Fugger (M2)?

3 Beschreibe das Anliegen, mit dem sich Jakob Fugger an den Kaiser wendet. Welche Bedeutung hatten die Fugger für den Adel (M3)?

4 Was wirft der Reichstag den Fuggern vor (M4)? Schreibe aus der Sicht Jakob Fuggers einen Brief an den Reichstag, in dem du seine Position darlegst.

5 Beschreibe das Bild M5. Welche Position vertritt der Zeichner gegenüber dem Handel?

6 Vergleiche die Fugger mit den Medici (S. 98f.). Was unterschied sie von der Ravensburger Handelsgesellschaft (s. S. 86f.)?

Der Buchdruck verändert die Welt

Schriftlichkeit im Alltag. Unternehmer wie die Medici oder die Fugger waren auf Geschäftsbriefe und schriftliche Buchführung angewiesen. Das wiederum setzte schreibkundige und gebildete Mitarbeiter voraus. Seit dem ausgehenden Mittelalter gingen immer mehr Menschen zur Schule und studierten an Universitäten. Daher nahm die Nachfrage nach Büchern sprunghaft zu. Immer noch aber wurden Bücher mühsam von Hand geschrieben. Die Abschrift der Bibel dauerte zwei Jahre. Es war daher nicht verwunderlich, dass Erfinder nach einem Verfahren suchten, Bücher billiger und in großer Zahl herzustellen.

Der Meister und seine Kunst. Reiche Kaufleute mussten Johannes Gutenberg (um 1397–1468) Geld leihen, damit er sich seine Werkstatt einrichten und an seiner Erfindung arbeiten konnte. Der Tüftler, der aus einer Patrizierfamilie in Mainz stammte, stellte Gesellen ein, die ihm hinter verschlossenen Türen behilflich waren. Er ließ allerlei Gerätschaften herbeischaffen: eine große Presse, kleine Metallstifte und einen Stapel Papier. Was hier im Geheimen entstand, sollte die Welt verändern. Da Meister Gutenberg fürchtete, seine Erfindung könnte von seinen Konkurrenten vorzeitig entdeckt und kopiert werden, stellte er sein Produkt erst vor, als er dessen Entwicklung abgeschlossen hatte. Gutenberg wurde der Erfinder des ▸ Buchdrucks mit beweglichen Metalllettern (Buchstaben), mit deren Hilfe immer wieder neue Texte gesetzt und anschließend gedruckt werden konnten.

M1 Schematische Darstellung des Buchdrucks
Das Verfahren Johannes Gutenbergs: Ein Buch entsteht vom Gießen der Buchstaben bis hin zur Bindung des fertigen Buches (s. S. 103).

Erfolg und Niedergang. Um seine Erfindung bekannt zu machen und um genügend Käufer für seine Bücher zu finden, druckte Gutenberg die Bibel. Der älteste Druck erschien im Jahr 1455, drei Jahre dauerte die Arbeit. Die Bibel hatte 1282 Seiten. Gutenberg beschäftigte sechs Setzer, die pro Tag zwei Seiten schafften. Hinzu kamen zwölf Drucker, die an sechs Pressen arbeiteten. Zahlreiches weiteres Personal war notwendig, z. B. zum Einfärben oder zum Anlegen der Druckbogen. 150 Exemplare wurden auf Papier, 30 auf Pergament gedruckt. Dafür mussten an die 8 000 Rinder geschlachtet und deren Haut gegerbt werden.
Von nun an konnten mehr Exemplare günstiger und schneller produziert werden. Musste man für ein handgeschriebenes Exemplar der Bibel noch das Jahreseinkommen eines Handwerkers von 300–400 Gulden bezahlen, so kostete eine gedruckte Bibel 25–40 Gulden. Dieser Preis entsprach wiederum dem, den man für zwei Pferde zahlen musste. Durch Gutenbergs Erfindung konnten sich mehr Menschen Bücher leisten. Die Nachfrage nach ihnen war enorm und so gab es schon um 1500 in 250 Städten Europas insgesamt mehr als 1120 Druckereien. Mithilfe des Buchdrucks verbreiteten sich sehr rasch Informationen aus Politik, Wissenschaft und Religion und erreichten ein immer größer werdendes Publikum. Der Erfinder Johann Gutenberg konnte seinen Erfolg allerdings nicht genießen. Sein Geldgeber forderte den hohen Kredit zurück, den er ihm zur Errichtung seiner Werkstatt gewährt hatte. Gutenberg konnte diesen nicht zurückzahlen und verlor in einem Prozess seine Druckerei und die fertigen Bibeln. Aus Mainz vertrieben, gründete er eine neue Druckerei und trat in die Dienste des Kurfürsten Adolf von Nassau.

M2 Druckerwerkstatt im 16. Jh. *(Kupferstich von Matthäus Merian, 1632)*

1 Erkläre, welche Arbeitsschritte beim Buchdruck nach Gutenbergs Erfindung nötig waren, um ein Buch herzustellen (M1–M2).

2 Vergleiche den Buchdruck mit der Herstellungsweise eines Buches im Mittelalter (s. auch S. 33). Was war das Revolutionäre an dieser neuen Produktionsweise?

3 Verfasse einen Stichwortzettel, mit dessen Hilfe du einen Geldgeber überzeugst, Geld in das neue Verfahren der Buchherstellung zu investieren.

4 Manche Historiker lassen mit dem Buchdruck das Mittelalter ausklingen. Begründe diese Einschätzung.

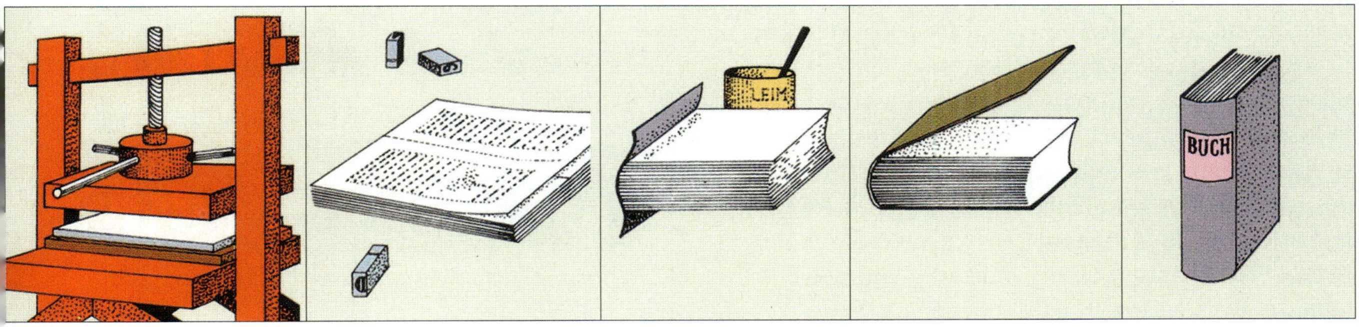

Das neue Bild der Erde

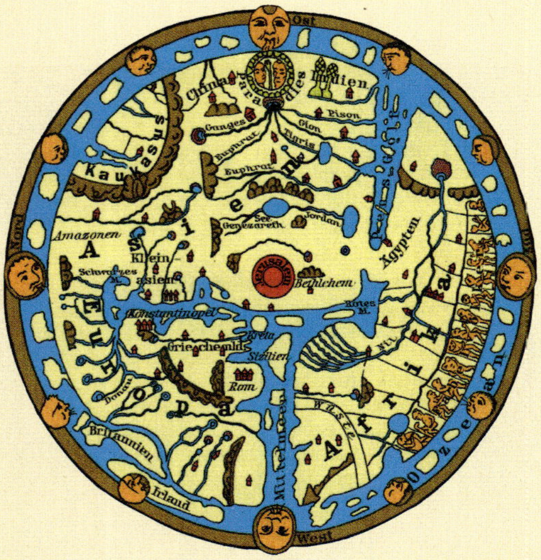

M1 Weltkarte aus London *(um 1250)*
Jerusalem ist der Mittelpunkt der Erde.

Erste weltweite Kulturkontakte. Um 1400 wussten die Europäer nur von der Existenz zweier weiterer Kontinente. Von Afrika kannten die Europäer den Norden, von Asien den Vorderen Orient. Trotz der Berichte einzelner Missionare und der Expedition des Venezianers Marco Polo nach China blieb die Weltkenntnis der Europäer gering. Muslimische und jüdische Kaufleute kannten mehr von der Welt. Auch die Chinesen unternahmen im 15. Jh. auf riesigen Schiffen Entdeckungsfahrten im Indischen Ozean bis nach Ostafrika.

Um 1600 hatte sich das Bild dramatisch gewandelt: Europäische Seefahrer befuhren alle Weltmeere; die Kugelgestalt der Erde fand ihre Bestätigung. Es kam zum Austausch von Pflanzen und Tieren über die Ozeane hinweg. Verschiedenste Kulturen traten miteinander in Kontakt, was höchst unterschiedliche Folgen für die Betroffenen hatte. In vielen Teilen der Welt entstanden Stützpunkte von europäischen Gesellschaften. Heute bezeichnen wir diesen Prozess, der im 14. Jh. begann, als „Europäisierung der Erde". Er bedeutete die Ausbreitung von europäischen Sprachen, europäischer Lebensart und Produktionsweisen in Gebiete außerhalb Europas. Diese Ausbreitung war untrennbar mit der Verbreitung des christlichen Glaubens verbunden. Umgekehrt beeinflussten auch die fremden Kulturen durch ihre Art des Wirtschaftens, der Ernährung und der Religion das Denken und Handeln der Europäer.

Revolution in der Seefahrt. Erst die „Wissensexplosion" der frühen Neuzeit machte die Entdeckungsfahrten möglich. Die mittelalterlichen Karten waren als Wegweiser vollkommen unbrauchbar. Zentren der modernen Kartenherstellung waren Italien und Katalonien im Nordosten der Iberischen Halbinsel. Der neue Typ der Portolankarte verzeichnete alle Küstenlinien und Häfen. Mit einem Netz von Windrosen überzogen und nach Norden ausgerichtet, ließen sich Kurs und Entfernungen bestimmen. Für die Fahrten auf hoher See erlaubte der aus China stammende Kompass die Richtungsbestimmung. Nur unzureichend lösbar war die Positionsbestimmung: Aus Schiffsgeschwindigkeit und Richtungsangaben ließ sich mithilfe des Standes der Fixsterne auf komplizierte Weise der Breitengrad und damit die Position eines Schiffes ungefähr berechnen. Risikobereitschaft war immer gefordert. Die genaue Kenntnis von Riffen, Inseln, Winden und Meeresströmungen galt als überlebenswichtig. Traditioneller Schiffstyp im Mittelmeer war die Galeere, ein Ruderschiff mit zusätzlichem Segel. Die Portugiesen entwickelten für ihre Afrikaerkundung den Typ der Karavelle (s. S. 92f.).

M2 Portolankarte *(lat. portus = Hafen) von Lazaro Luis (Ausschnitt aus einem Atlas, 1563)*

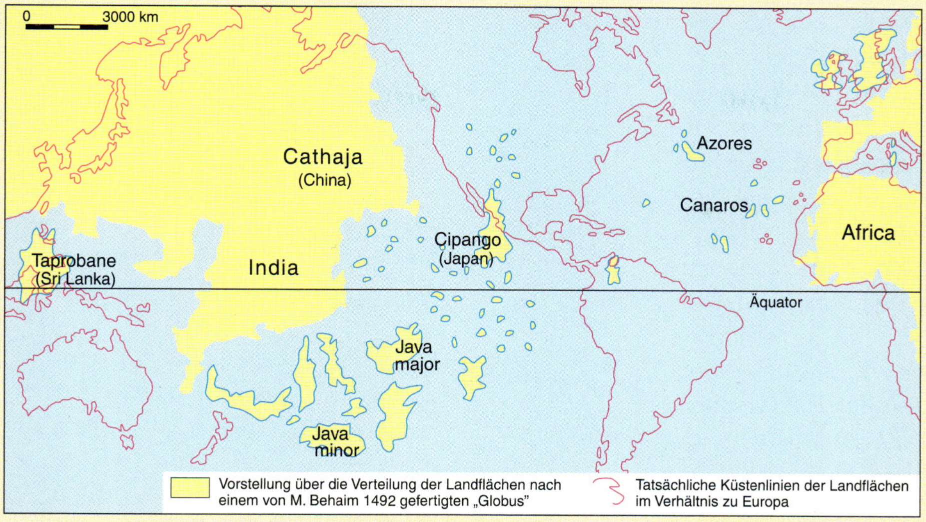

M3 Nachzeichnung einer Karte des Florentiner Wissenschaftlers Paolo Toscanelli *(um 1470)*

M4 Toscanelli an den Beichtvater des portugiesischen Königs *(25. Juni 1474):*

Große Freude bereitet es mir zu hören, dass du gesund bist und mit deinem König, dem großherzigsten und freigebigsten Fürsten so vertrauten Umgang pflegst. Dein durchlauchtigster König trat mit der Bitte an mich heran, einen kürzeren Weg in die Gewürzländer zu beschreiben ... Ich habe seiner Majestät eine von mir selbst gezeichnete Karte geschickt. Auf dieser Karte werdet Ihr die Länder finden, zu denen Ihr gelangen werdet, um Gegenden zu erreichen, die so überaus reich an Gewürzen und Edelsteinen sind. Ihr dürft euch nicht darüber wundern, dass ich die Gegenden der Gewürze als westliche bezeichne, obgleich sie gemeinhin östliche genannt werden. Auf dem Seeweg werden sich diese Länder stets im Westen befinden, während dieselben Länder im Osten liegen für diejenigen, die auf dem Landweg kommen ... Ein Reisender kam an den Hof des Vatikan und berichtete von der Großartigkeit der Paläste (in China), von der erstaunlichen Länge und Breite der Flüsse, von der Unzahl der Städte ... mit weit gespannten Marmorbrücken, die allseits mit Marmorsäulen verziert sind. Dieses Land ist es wert, dass die lateinischen Völker es aufsuchen. Sie werden dort nicht nur große Schätze an Gold, Silber, Edelsteinen und Gewürzen vorfinden, sondern auch weise Männer und kundige Astrologen, die dank ihrer Erfahrung diese herrliche Provinz regieren.

Zitiert nach: Eberhard Schmitt (Hrsg.): Dokumente zur Geschichte der europäischen Expansion, Band 2, München (Beck) 1984, S. 9f.

Methode: Historische Karten auswerten

M1–M3 sind historische Karten, die zeigen, wie in einer bestimmten Epoche ihre Verfasser die Oberflächengestalt der Erde sahen. Sie unterscheiden sich von den Geschichtskarten in diesem Buch, die einen bestimmten Zustand oder eine Entwicklung aus heutiger Sicht wiedergeben. Mithilfe der folgenden Schritte kannst du die hier abgebildeten Karten auswerten:

1. Schritt: Welchen Raum, welche Zeit, welches Thema behandelt die Karte? Ist sie genordet?
2. Schritt: Welcher Kenntnisstand der Verfasser (Erdkunde) wird deutlich?
3. Schritt: Lassen sich bestimmte religiöse Vorstellungen herauslesen?
4. Schritt: Stelle Vermutungen an, zu welchem Zweck (für welche Auftraggeber) die Karte möglicherweise angefertigt wurde.

1 Versuche anhand der hier angegebenen Schritte die Karten M1–M3 zu interpretieren. Ziehe zu M3 auch die Informationen aus M4 heran.
2 Vergleiche die Karten M1 und M2 miteinander. Was hat sich geändert? Welche Informationen werden die Kartenzeichner hinzugewonnen haben?
3 Auf der Leiste oben siehst du einige Instrumente abgebildet, mit deren Hilfe sich die Seeleute aufs offene Meer wagten. Welche Kenntnisse mussten Kapitäne haben, um Karten wie M2 zu lesen?

Portugiesen umrunden Afrika

Warum die Portugiesen? Nicht die erfahrenen Seefahrer aus den italienischen Handelsstädten, sondern das vergleichsweise kleine Portugal organisierte die ersten Entdeckungsfahrten nach Indien. Wie konnte ein Land von der Größe Bayerns mit nur drei Millionen Einwohnern eine solche Leistung vollbringen? Portugal besitzt seit der Mitte des 13. Jh. bis in die heutige Zeit feste Grenzen. Damals war die Rückeroberung des Landes von den Muslimen abgeschlossen. Das Land verteidigte seine Unabhängigkeit gegenüber spanischen Ausdehnungsbestrebungen. Die portugiesischen Könige unterstützten durch hohe Summen den Bau und die Ausrüstung von Schiffen. Welche Gründe veranlassten sie dazu?

Hunger nach Gold und Gewürzen. Im 14. Jh. herrschte in vielen Ländern Europas eine nie erlebte Knappheit an Gold und Silber. Diese Edelmetalle wurden aber dringend für den Handel mit dem Orient und für den Kauf von Waffen benötigt. Zudem behinderten politische Wirren im östlichen Mittelmeerraum den traditionellen Orienthandel der Italiener, wodurch Gewürze zu teuren Mangelwaren wurden. Was lag daher näher als der Gedanke, selbst die Goldländer Westafrikas und die sagenhaften Reichtümer Indiens anzusteuern? Nach der Vertreibung der Muslime aus Portugal suchte auch die Ritterschaft ein neues militärisches Betätigungsfeld. Der Kampf gegen die Ungläubigen sollte jenseits der Meere fortgeführt werden – ein Vorhaben, das auch die Kirche unterstützte. Das Königshaus sicherte sich durch entsprechende Verträge ein Fünftel aller Einnahmen der Expeditionen. Der Verkauf von Gewürzen, Gold, Sklaven und Elfenbein durfte nur über die königliche Verwaltung abgewickelt werden.

Rund um Afrika. Ein wichtiger und unermüdlicher Förderer der Seefahrt war Prinz Heinrich, genannt „der Seefahrer". Er ließ an einem Ort an der Südwestspitze Portugals die bekanntesten Kartenhersteller, Seeleute, Ingenieure und Astronomen das gesamte Wissen über ferne Länder und Küsten, über Schiffsbautechnik, Wetterkunde und Orientierung auf hoher See sammeln. Nach der Eroberung der wichtigen Handelsstadt Ceuta wagten sich die Seeleute immer weiter vor – trotz der Schilderungen von Magnetbergen, Seeungeheuern und dickflüssiger See, die alle Schiffe jenseits von Kap Bojador verschlingen sollten. Der Entdeckergeist siegte: Im Jahre 1487 umschiffte Bartolomeo Diaz die Südspitze Afrikas. In Ostafrika angekommen, stellten die Portugiesen überrascht fest, dass zwischen Ostafrika und Indien seit Jahrhunderten reger Handel betrieben wurde. Nun war der Seeweg von Europa nach Indien offen. Als erster europäischer Kapitän legte Vasco da Gama 1498 mithilfe eines arabischen Lotsen im indischen Calicut an. Dort wurden die Portugiesen argwöhnisch von den arabischen, afrikanischen und indischen Kaufleuten beobachtet.

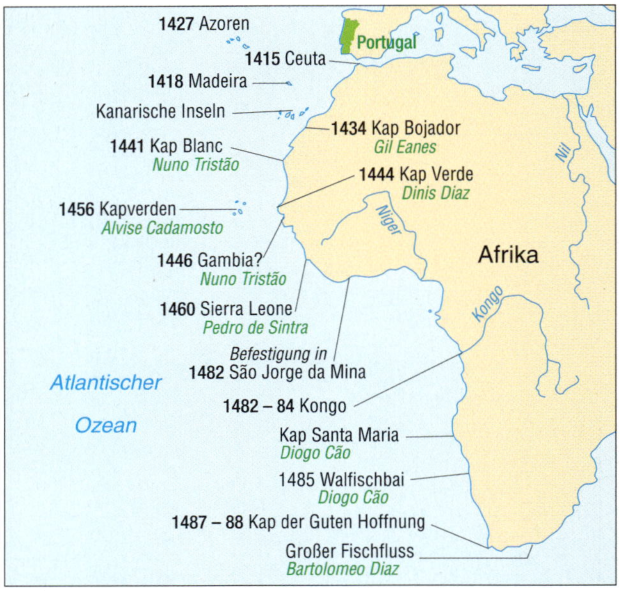

M1 Vordringen der Portugiesen

M2 Gefahren, die bei der Umrundung Afrikas lauerten, zumindest in der Vorstellungswelt der Seefahrer
(Holzschnitt, um 1450)

M3 Die Reisen von Vasco da Gama und Pedro Cabral

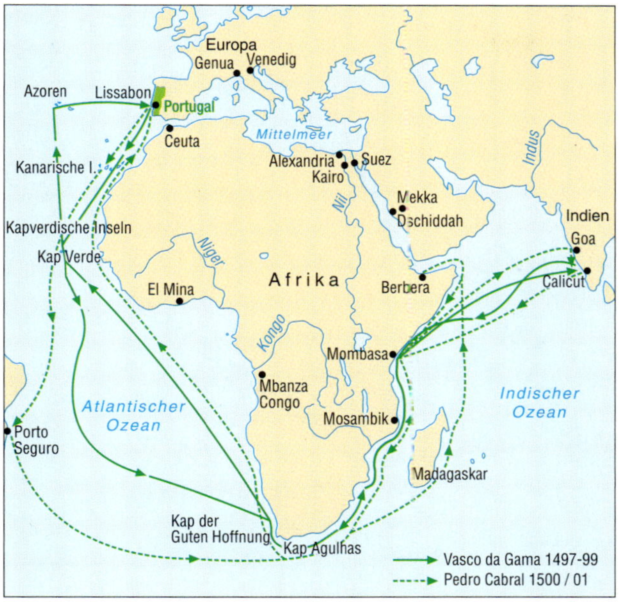

Um das Kap der Guten Hoffnung ansteuern zu können, mussten die Schiffe südlich der Kapverdischen Inseln wegen der starken Gegenwinde weit nach Westen auf den Atlantik hinaussegeln. Bei einem dieser Umwege entdeckte Pedro Cabral 1500 zufällig die Küsten des heutigen Brasilien.

M4 Der portugiesische Seefahrer Gil Eanes *(sprich: Janesch)* **über seinen Entdeckungsauftrag** *(1543):*

Heinrich („der Seefahrer") wollte herausfinden lassen, welche Länder und Inseln sich jenseits der Kanaren und südlich des Kap Bojador befänden, da es bis dahin keinen einzigen mündlichen oder schriftlichen Bericht über die Existenz von Land weiter südlich davon gab.

Zweitens wollte Heinrich wissen, ob es dort Christen gäbe oder zumindest Häfen, die sich leicht anlaufen ließen, um billiger an Waren zu kommen. Drittens bestand mein Auftrag darin, auszukundschaften, wie weit südlich das Reich der Ungläubigen reichte. Viertens wollte Heinrich wissen, ob in diesen südlichen Regionen vielleicht christliche Prinzen oder Könige regierten, mit deren Hilfe man die Feinde des wahren Glaubens in die Zange nehmen könnte. Der fünfte Grund war Heinrichs sehnlichster Wunsch, den heiligen Glauben unseres Herrn Jesus Christus zu verbreiten und allen Seelen zu Hilfe zu kommen, die auf Erlösung hofften.

Zitiert nach: Gomes Eanes de Azurara: Crónica da descoberta e conquista da Guiné, Lisboa 1543. Übers. vom Verfasser.

M5 Wie funktionierte der Gewürzhandel aus Indien?

Ein jüdischer Händler, der in Indien Vasco da Gama als Dolmetscher diente, berichtet:

Von diesem Land Calicut in Indien kommen die Gewürze, die im Westen in allen Ländern verzehrt werden: viel Ingwer, Pfeffer und Zimt ... In Calicut nehmen die Schiffe aus Mekka die Gewürze an Bord und bringen sie bis zu einer Stadt in der Nähe von Mekka, die Dschiddah heißt. Bis dorthin brauchen sie 50 Tage. Dort angekommen löschen sie die Ladung und zahlen dem großen Sultan Zoll. Dann werden die Gewürze in kleinere Schiffe umgeladen und durch das Rote Meer bis zu einem Ort mit Namen Suez gebracht. Auch hier bezahlen sie wieder Zoll. Dort laden die Kaufleute die Gewürze auf gemietete Kamele um, die die Fracht in 10 Tagen nach Kairo bringen, wo erneut Zoll zu zahlen ist. Auf dem Weg nach Kairo werden die Kaufleute oft von Räubern in großer Zahl überfallen. In Kairo laden sie die Gewürze auf Schiffe um, die auf einem Fluss fahren, der Nil heißt. Auf diesem Fluss fahren sie zwei Tage bis zur Stadt Rosette, wo man wieder Zoll zahlen muss. Auf Kamelen geht es in einer Tagesreise in eine Hafenstadt, die Alexandria heißt und eine Seestadt ist. Dorthin kommen Galeeren aus Venedig und Genua, um diese Gewürze zu kaufen.

Zitiert nach: Wolfgang Reinhard: Geschichte der europäischen Expansion. Band 1: Die Alte Welt bis 1818, Stuttgart (Kohlhammer) 1983, S. 52.

1 Welche Begründung gibt Gil Eanes (M4) für die Eroberungsfahrten? Ergänze diese durch die Darstellung des Autorentextes.

2 Welche „Schranken" im Denken der Zeit mussten überwunden werden (M2)?

3 Erkläre mithilfe von M1 und M3 den portugiesischen Königstitel: König von Portugal und Algarve diesseits und jenseits des Meeres, Herr von Guinea und der Eroberung, der Schifffahrt und des Handels von Äthiopien, Arabien, Persien und Indien.

4 Beschreibe in eigenen Worten den herkömmlichen Weg der Gewürze aus Indien nach Italien (M5). An jeder der erwähnten Zollstellen musste die Hälfte des Warenwertes an Zoll bezahlt werden. Was bedeutet das für eine Warenladung, die in Calicut für umgerechnet 1000 Euro gekauft wurde? Hinzu kamen noch Transportkosten in Höhe von etwa der dreifachen Summe des Einkaufswertes.

Kolumbus entdeckt Amerika

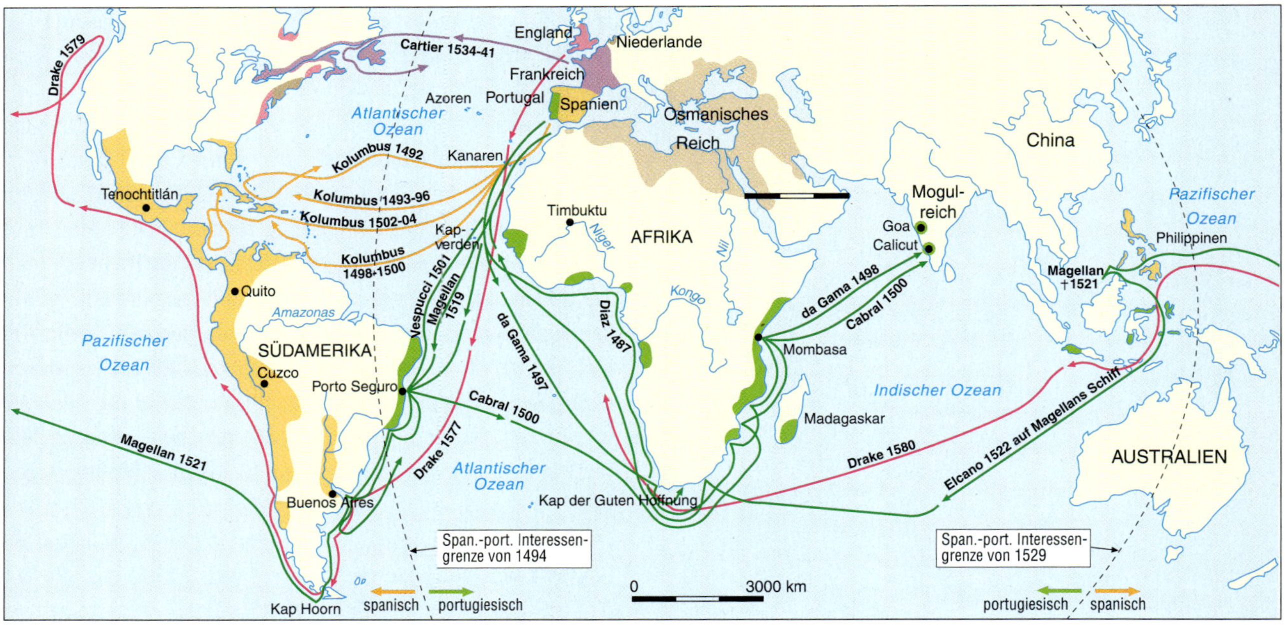

M1 Europäische ▸ Entdeckungsfahrten *(15./16. Jh.)*

Ein Genuese bietet seine Dienste an. Christoph Kolumbus wurde als Sohn eines Wollwebers 1451 in Genua geboren. Als Jugendlicher las er begeistert alle Reiseberichte. Mit 23 Jahren ging er als Vertreter eines Genueser Handelshauses nach Lissabon und befuhr auf portugiesischen Schiffen die afrikanischen Küsten. Er vertiefte sich in wissenschaftliche Studien. Mit dem so erworbenen Wissen wollte er prominente Geldgeber für seinen Plan, eine Westroute nach Indien zu finden, gewinnen. Kolumbus berechnete die Strecke von den Kanarischen Inseln nach Japan aufgrund der Angaben des italienischen Geografen Paolo Toscanelli auf 4 445 km (in Wirklichkeit sind es fast 20 000 km) und warb ohne Erfolg in Lissabon, Madrid und London für sein Unternehmen.

Der Plan wird umgesetzt. Kolumbus' Ideen fanden erst am spanischen Hof Gehör. Als 1492 die Heere des spanischen Königspaares das letzte verbliebene muslimische Reich von Granada besiegt hatten, erhielt Kolumbus die Zusage für die Finanzierung von drei Expeditionsschiffen. Ein Viertel des benötigten Geldes musste sich Kolumbus leihen. Er beanspruchte ein Zehntel aller Einnahmen aus dem Verkauf der Waren, die er mitzubringen hoffte. Außerdem verlangte er die Erhebung in den Adelsstand und das Amt des Vizekönigs in allen eroberten Gebieten.

Am 3. August 1492 stachen die „Pinta", die „Niña" und die „Santa María" mit 90 Mann Besatzung in See. Die Mannschaft bestand zum größten Teil aus Häftlingen, da für ein solches Unternehmen kaum Freiwillige zu bekommen waren. Mehrfach verlangten meuternde Matrosen die Umkehr, doch der Kapitän behielt die Oberhand. Endlich – am 12. Oktober 1492 – erspähte ein Matrose das lang ersehnte Land.

Ein neuer Kontinent? Kolumbus nannte das entdeckte Land die „Westindischen Inseln" und ihre Einwohner Indios. Die ersten Kontakte mit den „Indianern" verliefen friedlich. Weitere drei Fahrten in die Neue Welt folgten, auf denen Kolumbus die neu entdeckten Gebiete für die spanische Krone in Besitz nahm. Mit dem Rivalen Portugal schloss Spanien 1494 den Vertrag von Tordesillas, der eine Teilung der Welt in zwei Interessengebiete vorsah.
Gemessen an den Erwartungen war Kolumbus' Ausbeute an Gold und Gewürzen gering. Nach Auseinandersetzungen zwischen Siedlern und Indianern verlor Kolumbus seine Stellung als Vizekönig. Er starb 1506 vereinsamt und enttäuscht in dem Bewusstsein, wenig ergiebige Küstenstreifen Indiens erforscht zu haben. Der Kontinent wurde nach dem Vornamen des italienischen Geografen Amerigo Vespucci benannt.

M2 Spanier und Indianer begegnen sich

Der niederländische Protestant Theodor de Bry ließ sich als Kupferstecher in Frankfurt nieder. Dort fertigte er 100 Jahre nach dem ersten Kontakt zwischen Indianern und Spaniern eine Serie von 346 Kupferstichen zur Entdeckung der Neuen Welt an. Der hier abgebildete Stich von 1594 stützt sich auf Reiseberichte und trägt die Unterschrift: „Columbus, als er in India erstlich (erstmalig) angekommen, wird von den Einwohnern aufgenommen und mit großem Geschenk verehret und begabet."

M3 Erste Kontakte mit Indianern:

12.10.1492

Die Angst der Indianer vor unseren Schiffen scheint geschwunden zu sein ... An unseren Geschenken hatten sie viel Freude. Sie scheinen zu glauben, dass alles, was aus unseren Händen kommt, überirdische Kraft besitzt ...

7.12.1492

Ich vermute, dass die Feuer, die zu Beginn der Nacht aufflammen, Signalfeuer sind, welche die Bewohner von unserer Ankunft benachrichtigen ... Das scheint mir ein Hinweis zu sein, dass sich im Innern große volkreiche Städte befinden, wo es eine Art Regierung gibt. Dass ich Zipangu (Japan) erreicht habe, glaube ich nun nicht mehr. Marco Polo hat dieses Land anders beschrieben.

Zitiert nach: Christoph Columbus: Das Bordbuch, hrsg. und bearb. von Robert Grün, Berlin/Darmstadt/Wien (Horst Erdmann) 1970, S. 98 und S. 111.

M4 Kolumbus – Entdecker oder Ausbeuter?

Anlässlich der 500-Jahr-Feier der Entdeckungsfahrt befragte man Jugendliche in mehreren Ländern zur Leistung von Kolumbus. Die Hauptantworten waren:

Die Wikinger haben Amerika lange vor ihm entdeckt. – Mit Kolumbus begann die Ausrottung der indianischen Völker durch die Europäer. – Die Spanier waren nur an Edelmetallen interessiert und haben die Menschen und Länder ausgebeutet. – Kolumbus hat Lateinamerika die Zivilisation gebracht.

1 Welche Nationen beteiligten sich an den Entdeckungsfahrten? Nenne die jeweiligen Gebiete, die sie für ihr Land eroberten (M1).

2 Welche Motive bewogen Kolumbus zur Westfahrt über den Atlantik (Autorentext und M3)?

3 Beschreibe das Bild M2. Wie stehen sich Spanier und Indianer gegenüber?

4 Beurteile die Ergebnisse der Umfrage (M4). Welche Meinung vertrittst du?

GESCHICHTE AKTIV/ KREATIV

Projektidee: „Expeditionen – einst und heute"

Wie klein erscheinen uns heute die Schiffe des Entdeckungszeitalters. Was brauchte Kolumbus für eine Atlantiküberquerung auf einer Karavelle? Wie viel Mann Besatzung? Wie viel Proviant und Trinkwasser wurden benötigt? Wie erfolgte die Lagerung der Lebensmittel und des Trinkwassers? Welche Werkzeuge und Orientierungshilfen waren unverzichtbar? (Lies auch auf S. 104f. nach).

- Zeichne die Umrisse des Schiffes auf eine Tapetenrolle und beginne mit dem Beladen ...
- Verfasse ein Bittschreiben an den spanischen König, in dem du aufzählst, was du wofür brauchst.
- Wähle einen in M1 genannten Entdecker aus und berichte über seine Expedition.
- Was benötigen die Teilnehmer einer Expedition heute? Welche Ziele haben sie?

Das Land der Indianer – Goldland, „niemands Land"?

Altamerikanische Kulturen vor Kolumbus. Der amerikanische Kontinent war bei Ankunft der spanischen Konquistadoren (Eroberer) bereits seit mindestens 15 000 Jahren von Menschen besiedelt. Die Spanier nahmen das Land der Indianer ganz selbstverständlich für sich in Besitz. Sie handelten dabei nach dem damals herrschenden Rechtsdenken der Europäer: Alle Länder, in denen keine Christen wohnten, galten als „Niemandsland". Mit dem Aufstellen eines Kreuzes wurde das Land für den jeweiligen König in Besitz genommen.
Die größten Indianerreiche in Mittel- und Südamerika waren die der Azteken, der Maya und der Inka. Die Azteken lebten im Hochland des heutigen Mexiko und hatten viele Völker unterworfen. An der Spitze ihres Staates standen ein König und der höchste Priester. Die einzelnen Gesellschaftsschichten waren klar getrennt: Die adlige Herrenschicht von etwa zehn Prozent der Bevölkerung besaß viele Vorrechte. Freie Bauern und Handwerker bildeten den größten Teil der Bevölkerung. Die unterste Schicht bestand aus Sklaven, zumeist Angehörige unterworfener Völker. Die Azteken verfügten über eine Schrift und einen ausgeklügelten Kalender. Die bedeutendsten aztekischen Gottheiten waren der Kriegsgott Huitzilopochtli und Quetzalcóatl, der Gott der Schrift und des Kalenders. Die Rückkehr dieses Gottes war für das Jahr „Ein Rohr" des aztekischen Kalenders (= 1519) vorhergesagt.

Auf der Suche nach Eldorado. Der Konquistador Hernán Cortés erhielt 1519 den Auftrag, die Küste Mittelamerikas zu erforschen und nach dem sagenhaften Goldland (= Eldorado) zu suchen. Wie war es möglich, dass rund 650 Spanier mit vier Kanonen das Reich der Azteken eroberten? Cortés verbündete sich gezielt mit Völkern, die zuvor von den Azteken besiegt worden waren. Damit standen ihm bis zu 30 000 Mann an Hilfstruppen zur Verfügung. Die Spanier wurden zunächst freundlich aufgenommen, da sie mit ihren Bärten und ihrer weißen Haut dem Bild entsprachen, das die Azteken sich von ihren Göttern machten. Mit der Gefangennahme des Königs Montezuma II. war die Staatsspitze gelähmt. Trotz einiger erheblicher Rückschläge vermochten die Spanier ihre Herrschaft im Aztekenreich auszubauen und zu sichern. Ihre Armbrüste und Gewehre waren viel moderner als die vergleichsweise steinzeitliche Bewaffnung der Azteken. Die in Amerika unbekannten Pferde und Kampfhunde der Eroberer verbreiteten Angst und Schrecken. Eine große Pockenepidemie und andere aus Europa eingeschleppte Krankheiten rafften die Hälfte der indianischen Bevölkerung hinweg und brachen jeden Widerstand.

Die Eroberung des Inkareichs. Der Spanier Francisco Pizarro eroberte zwischen 1531 und 1534 mit weniger als 200 Soldaten dieses Reich. Der Name „Inka" stand für den Priesterkönig, der seine Abstammung vom obersten Sonnengott herleitete. Durch das Inkareich führte ein Netz schnurgerader Straßen mit Abschnitten aus Steinstufen zur Überwindung der hohen Bergpässe. Kundschafter und Truppen konnten auf diesen Pfaden schnell zu ihren Zielen gelangen. Eine große Beamtenschaft sorgte für die Verwaltung. Das Volk arbeitete auf Feldern, in Bergwerken und beim Straßenbau für den Staat, der seine Bevölkerung mit allen notwendigen Dingen versorgte.
Bei der Eroberung ging Pizarro ähnlich wie Cortés vor: Er ließ den Inkakönig Atahuallpa gefangen nehmen und verlangte große Mengen Gold als Lösegeld. Obwohl dieses Gold rasch aufgebracht wurde, ließ Pizarro den Inkakönig heimtückisch ermorden. Ihres Königs beraubt, fiel den Spaniern das gewaltige Reich ohne nennenswerten Widerstand zu. Für die Indianer brach eine Zeit der Unterdrückung und der hemmungslosen Ausbeutung an.

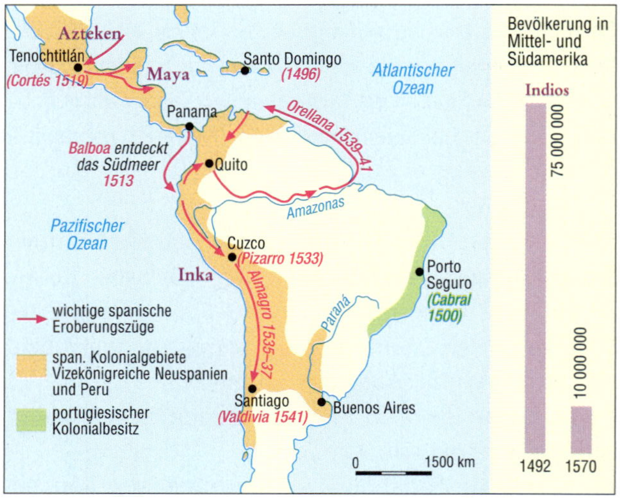

M1 Spanische Eroberungen in Mittel- und Südamerika

M2 Die Hauptstadt der Azteken: Tenochtitlán

Stadtplan (16. Jh.) ▶

◀ *Dieses Wandgemälde von Diego Rivera (1945) befindet sich im Nationalpalast von Mexico-Stadt.*

M3 Die Eroberung Tenochtitláns

a) Ein Augenzeugenbericht aus spanischer Sicht:

Auf allen Türmen und Tempeln standen Zuschauer, der ganze See war dicht bedeckt mit überfüllten Booten. Aber was Wunder? Die Leute hatten ja noch nie Menschen unserer Art und Pferde gesehen. Wir marschierten wie im Traum durch diese Herrlichkeiten ...

Als wir in dem großen Hof des Palastes ankamen, trat der mächtige Montezuma auf Cortés zu, fasste ihn an der Hand und führte ihn selbst in die für ihn bestimmten, reich geschmückten Gemächer. Dort hängte er ihm eine sehr kostbare goldene Kette um den Hals, deren Glieder aus fein gearbeiteten Krebsen bestand ... Cortés dankte dem Fürsten und Montezuma verabschiedete sich mit den Worten: „Du und deine Brüder, ihr sollt euch wie in eurem eigenen Haus fühlen. Ruht jetzt von eurer weiten Reise aus!“ Dann ging er in seinen Palast. Wir verteilten unsere Kompanien auf die vielen Gemächer, brachten die Geschütze in Stellung und teilten alles so ein, dass jeder Reiter und jeder Mann sofort kampfbereit war.

Zitiert nach: Denkwürdigkeiten des Hauptmanns Bernal Diaz del Castillo, unter Verwendung alter deutscher Übersetzungen, durchgesehen, neu bearb. und hrsg. von Georg A. Narciß, Stuttgart (Steingrüben) 1965, S. 238f.

b) Ein Augenzeugenbericht aus aztekischer Sicht:

Die Azteken schenkten den Göttern (den Spaniern) goldene Fahnen und goldene Halsketten. Als sie das Gold in ihren Händen hatten, brach Lachen aus den Gesichtern der Spanier hervor, ihre Augen funkelten vor Vergnügen. Wie Affen griffen sie nach dem Gold ... Sie schwollen an vor Gier und Verlangen nach Gold. Als die Spanier sich im Palast eingerichtet hatten, fragten sie Montezuma nach dem Staatsschatz aus. Sie bedrängten ihn hart. Als sie am Schatzhaus waren, zeigte man ihnen die Reichtümer. Vor Vergnügen fletschten die Spanier die Zähne wie die Tiere und beklopften einander vor Freude. Sie glaubten in ihrem Paradies zu sein, durchsuchten alles, als ob es ihr Eigentum wäre und kein Raub.

Aus einer Sammlung aztekischer Berichte des Franziskaners F. de Sahagún. Zitiert nach: Miguel León-Portilla und Renate Heuer (Hrsg.): Rückkehr der Götter. Aus dem Náhuatl von Angel Maria Garibay. Deutsch von Renate Heuer (= UT 89), Zürich (Unionsverlag) 1997. © Verlag Vervuert, Frankfurt a. M. 1986.

1 Suche zu den Stichworten „Azteken“, „Maya“ und „Inka“ die wichtigsten Merkmale der jeweiligen Kulturen heraus und stelle sie in einer Tabelle nebeneinander. Lies dazu auch in einem Lexikon nach.

2 Verfolge auf der Karte M1 die Stoßrichtungen der weiteren Eroberungszüge der Spanier.

3 Wie wird die Eroberung Tenochtitláns geschildert (M3)? Stelle Vermutungen über die weitere Entwicklung der Beziehungen zwischen Spaniern und Azteken an.

4 Fasse unter dem Stichwort „Tenochtitlán“ Informationen zur Größe der Stadt und ihrer Tempel zusammen (M2 und Internet).

Ein Reich, in dem die Sonne nicht untergeht ...

Die Verwaltung des Königreichs. Innerhalb weniger Jahrzehnte erwarben die Spanier ein riesiges Kolonialreich. Voller Stolz sprachen die Beamten Kaiser Karls V. von „einem Reich, in dem die Sonne nicht untergeht". Der Indienrat als zentrale Behörde koordinierte und überwachte die Verwaltung, die Gerichtsbarkeit, die Finanzen und die Missionierung der neuen Gebiete. In der Stadt Sevilla, dem bedeutendsten Hafen für Schiffe nach Amerika, entstand eine zentrale Anlaufstelle für alle Auswanderer. Fast alle Waren aus der Neuen Welt wurden dort ausgeladen und verzollt. Zwei Vizekönige herrschten im Auftrag des spanischen Königs in den Kolonien. Gewaltige Mengen an Silber, Gold und wertvollen Rohstoffen flossen ins Mutterland. In den großen Silberbergwerken in Potosí (Bolivien) fristeten tausende von Indiosklaven ein trauriges Leben. Die von den Kanarischen Inseln nach Amerika mitgebrachte Zuckerrohrpflanze wurde auf den Karibischen Inseln und auf dem südamerikanischen Kontinent angebaut. Da für die Plantagenwirtschaft immer mehr Arbeitskräfte benötigt wurden, begann ein transatlantischer Dreieckshandel. Hierbei wurden hunderttausende von Afrikanern gewaltsam nach Amerika gebracht, um dort als Sklaven zu arbeiten. Alle europäischen Seefahrtnationen beteiligten sich am Gewinn bringenden Geschäft des Sklavenhandels in die Neue Welt.

Die Behandlung der Indios. In den ersten Jahrzehnten der Kolonisierung Amerikas waren die meisten Konquistadoren der Überzeugung, die Indios seien Kannibalen und daher eher Tiere als Menschen. Zwar standen die Indios offiziell unter dem Schutz des spanischen Königspaares, doch Europa war weit entfernt. Die Konquistadoren hatten in erster Linie ihre eigene Bereicherung im Sinne und gingen mit brutaler Härte gegen die einheimische Bevölkerung vor. Aufgeschreckt durch die Berichte vieler Priester über Misshandlungen von Einheimischen durch die Siedler sprach der Papst ein Machtwort, indem er die Indios unmissverständlich als Menschen bezeichnete, die zu missionieren seien. Dennoch ging zwischen 1500 und 1600 die Zahl der Indios von 75 auf 10 Millionen zurück. Für das Massensterben der Indianer waren neben der harten Behandlung durch die Siedler aber auch eingeschleppte Krankheiten, wie Pocken, Windpocken, Cholera, Masern und Grippe, verantwortlich.

Im 15. und 16. Jh. verbreiteten etwa 15 000 Franziskaner, Dominikaner und Jesuiten den katholischen Glauben. Die Missionare erzogen die Indianer als Untertanen Spaniens, lehrten sie die spanische Sprache und zerstörten einheimische Kultstätten. Die gut organisierte kirchliche Verwaltung wurde zu einem wichtigen Pfeiler des spanischen Kolonialsystems.

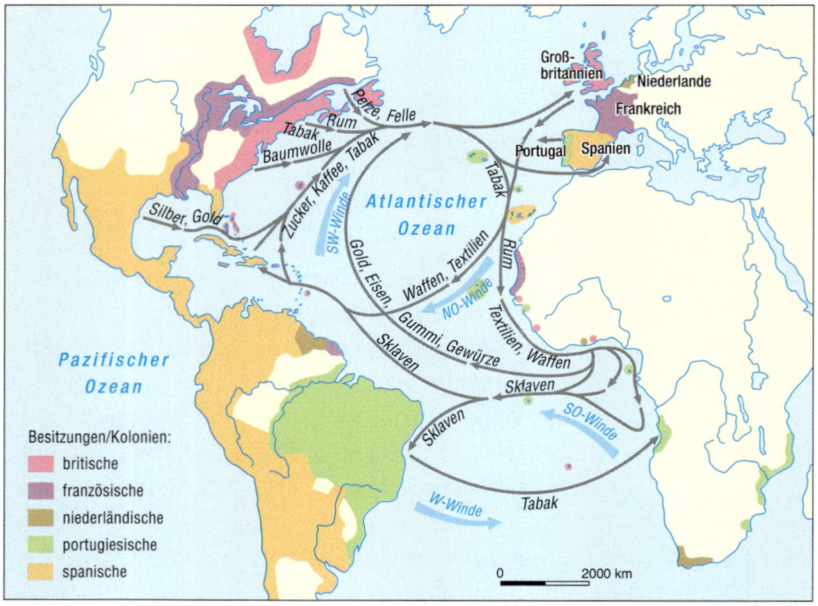

M1 Der transatlantische Dreieckshandel

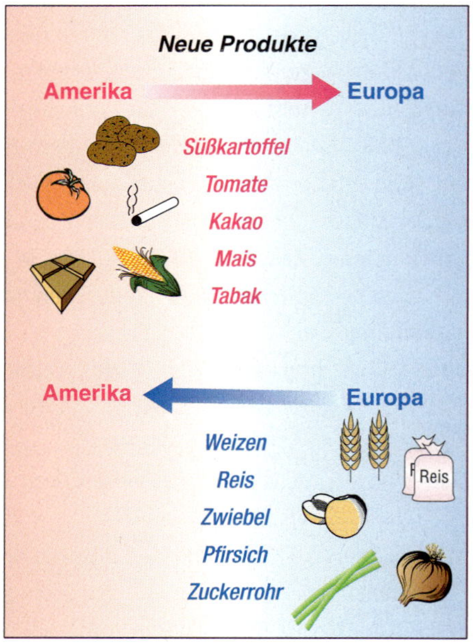

M2 Was erhielt Europa aus Amerika, was Amerika von Europa?

M3 Was ist eine Encomienda?

In diesem System wurden Land und Leute ähnlich wie in der Grundherrschaft des europäischen Mittelalters (s. S. 26) unter die spanischen Herren aufgeteilt. Eine Encomienda erhielten diejenigen, die sich Verdienste bei der Eroberung oder Verwaltung der Kolonien erworben hatten. Jeder Encomendero „besaß" zwischen 50 und 2000 Indianer, die für ihn arbeiteten und zusätzliche Abgaben leisten mussten. Damit wurde die herrschaftliche Lebensweise der Eroberer gesichert. Das Encomienda-System löste die Sklaverei ab, doch in der Praxis änderte sich an der ungeschützten Ausbeutung der Indianer wenig.

Zitiert nach: Horst Gründer: Eine Geschichte der europäischen Expansion. Von Entdeckern und Eroberern zum Kolonialismus, Stuttgart (Theiss) 2003, S. 52. © Brockhaus-Verlag, Leipzig/Mannheim.

M4 Ausbeutung

Kolorierter Kupferstich von Theodor de Bry (16. Jh.)

M5 Zwangsmissionierung

Kupferstich von Theodor de Bry (16. Jh.)

M6 Ein Mönch wird Fürsprecher der Indios

Der Mönch und spätere Bischof von Mexiko, Bartolomé de las Casas (1474–1566), besaß zunächst eine Encomienda, ehe er die Rechte der Indianer verteidigte:

Ich bestehe darauf, dass die Spanier sich der Ausübung solcher Exzesse (Misshandlungen) gegen andere Völker, wenn diese auch barbarische Götzendiener und von allen Lastern befallen sein mögen, enthalten ... Denn es gibt keinen Unterschied von Mann und Frau, „Griechen und Juden ... Sklaven und Freien, weil Christus in allem ist" (Bibelzitat).

Da nun die Natur der Menschen in allen dieselbe ist und alle von Christus gerufen sind, ... darf man die Indios nicht auf andere Weise zum Eintritt in die Kirche einladen als andere Menschen auch.

Bartolomé de las Casas, Historia de las Indias. Zitiert nach: Mariano Delgado (Hrsg.): Gott in Lateinamerika, Düsseldorf (Patmos) 1991, S. 104ff.

M7 500 Jahre nach der Ankunft von Kolumbus

„Also nichts für ungut! Ich hab Mist gebaut!"
(Karikatur von Klaus Pielert, 1992)

1 Seit dem 16. Jh. blühte der Dreieckshandel zwischen den Kontinenten Europa, Afrika und Amerika auf (M1). Womit wurde gehandelt? Was machte den Handel so profitabel für Europa?

2 Finde heraus, welche weiteren Nutzpflanzen und welche Tiere erstmalig den Ozean zwischen Amerika und Europa und umgekehrt überquerten (M2).

3 Erkläre in eigenen Worten das Encomienda-System (M3). Welche Folgen hatte es für die spanischen Siedler, welche für die Indios (M4)?

4 Erläutere die Haltung von de las Casas anhand von M3–M6.

5 Deute die Aussage der Karikatur M7.

Luther gegen Papst, Kirche und Kaiser

Martin Luther – Superstar? Das Publikum eines deutschen Fernsehsenders wählte im Jahr 2003 die besten Deutschen aus Vergangenheit und Gegenwart. Das verblüffende Ergebnis: Über 500 000 Zuschauer setzten Luther auf Platz 2 dieser Hitparade. Während die Hauptkonkurrenten auf der Bestenliste aus dem 20. Jh. stammten, wurde Luther am Ende des Mittelalters geboren (1483). Wie konnte dieser aufsässige Mönch und Einzelgänger über solch einen langen Zeitraum hinweg so aktuell bleiben? War es sein entschlossener Widerstand gegen eine betrügerische geistliche Obrigkeit? Oder war es sein außerordentlicher Mut, den er im Kampf gegen Papst und Kaiser bewies?

Ablasshandel – eine geniale Geschäftsidee? Zu Luthers Zeit lebten Papst, Kardinäle und Bischöfe wie weltliche Fürsten. Sie waren wenig an religiösen Fragen interessiert – umso mehr an Macht. Das Leben in Luxus kostete die Kirche ein Vermögen. Die leeren Kassen versuchte man durch eine neue Geschäftsidee zu füllen: den ▸ Ablasshandel. Im Auftrag des Papstes und heimischer Bischöfe zogen Bußprediger durch Deutschland, um den einfachen Leuten durch den Verkauf kirchlich ausgestellter Ablassbriefe das Geld aus der Tasche zu ziehen. So lockte z. B. der Dominikaner Johannes Tetzel mit dem Angebot: „Wenn das Geld im Kasten klingt, die Seele aus dem Fegefeuer springt." Er nutzte die Angst der Gläubigen vor Sündenstrafe und ewiger Verdammnis. In einer Zeit, in der das Christentum den Alltag der Menschen prägte, stand das Seelenheil im Zentrum aller Überlegungen. Die Beachtung der Gebote von Bibel und Kirche, Buße und Reue, Wallfahrten, Stiftungen oder Ablassbriefe sollten die eigene Seele oder die Seele verstorbener Verwandter aus dem Fegefeuer retten.

Luthers Kritik. Martin Luther (1483–1546), ein Augustinermönch, lehrte als Professor für Theologie an der neu gegründeten Universität Wittenberg. Er kritisierte die Amtskirche und beanstandete den Ablasshandel. Nicht durch gute Werke oder durch Vermittlung geweihter Priester erlange der Einzelne das Seelenheil, sondern es werde ihm allein aufgrund seines Glaubens von Gott aus reiner Gnade geschenkt. Luther wandte sich an seine Fachkollegen und veröffentlichte – nach damaligem wissenschaftlichem Brauch – 95 lateinische Lehrsätze. Diese auch ins Deutsche übersetzten Thesen verbreiteten sich schnell und wirkten weit über den Kreis der Fachgelehrten hinaus. Es wurde deutlich, dass auch das Volk diese Kritik als notwendig ansah.

Trotz Kirchenbann und Reichsacht. Die Wirkung der Lehre Martin Luthers auf die Öffentlichkeit sowie seine stetig wachsende Anhängerschaft blieben der Amtskirche nicht verborgen. Der drohenden Anklage wegen ▸ Ketzerei konnte er sich nur entziehen, weil er sich in den Schutz seines Landesherrn, Kurfürst Friedrich von Sachsen, stellte.

In einem öffentlichen Streitgespräch mit Professor Eck in Leipzig verschärfte Luther im Juli 1519 seine Kritik. Er lehnte die Anerkennung päpstlicher Autorität ab: Christus sei das alleinige Haupt der Kirche und die Heilige Schrift die einzige Quelle des Glaubens. Damit bestritt Luther die Geltung der Tradition und wies die von Päpsten und Kirchenvätern verfassten Glaubenssätze zurück. Der Papst forderte Luther auf, seine Lehre zu widerrufen, und drohte ihm mit dem ▸ Bann, dem Ausschluss aus der Kirche. Doch Luther verbrannte anstelle der eigenen Schriften das päpstliche Schreiben in aller Öffentlichkeit. Das bedeutete den Bruch mit der Kirche.

Obwohl Luther nun gebannt war, erhielt er im Januar 1521 auf dem Reichstag in Worms die Gelegenheit, sich vor Kaiser Karl V. (1519–1556) und den Reichsfürsten zu verteidigen. Erneut verweigerte er den Widerruf und verwies auf die Irrtümer von Päpsten und Konzilien. Dagegen berief er sich bei seiner Lehre auf Gott und das eigene Gewissen als Richtschnur des Handelns. Berühmt ist der Schluss seiner Rede: „Hier stehe ich, ich kann nicht anders. Gott helfe mir." Ende Mai verbot der Kaiser Luthers Schriften und verhängte über ihn und seine Anhänger die ▸ Reichsacht. Das bedeutete, der Geächtete war ohne rechtlichen Schutz und von seinen Mitmenschen im Reich isoliert. Er konnte sogar straflos getötet werden. Friedrich von Sachsen aber ließ Luther zu dessen Schutz auf die Wartburg bringen. Dort lebte der Theologe neun Monate als Junker Jörg und übersetzte das Neue Testament in die deutsche Sprache.

M1–M3

Kolorierte Holzschnitte (Straßburg, 1557)

M4 Aus den 95 Thesen Luthers *(1517):*

5. Der Papst will und kann nur die Strafen erlassen, die er aufgrund seiner eigenen Entscheidung oder der kirchlichen Gesetze auferlegt hat.

6. Der Papst kann Schuld nur vergeben, indem er erklärt und bestätigt, dass Gott sie vergeben hat ...

21. Deshalb irren diejenigen Ablassprediger, die sagen, dass durch die Ablässe des Papstes der Mensch von jeder Strafe befreit und selig wird ...

23. Wenn überhaupt ein Erlass aller Strafen jemandem zuteil werden kann, dann ist gewiss, dass er nur den Vollkommensten, d. h. den allerwenigsten, zuteil werden kann.

24. Aus diesem Grund muss der größte Teil des Volkes durch jene unterschiedslose und großspurige Versprechung der Strafbefreiung betrogen werden ...

32. In Ewigkeit werden diejenigen mit ihren Lehrern verdammt werden, die glauben, dass ihnen aufgrund der Ablassbriefe ihr Heil sicher ist ...

37. Jeder wahre Christ, er sei lebend oder tot, hat Anteil an allen Gütern Christi und der Kirche; diesen gibt ihm Gott auch ohne Ablassbriefe ...

43. Man muss die Christen lehren: Wer dem Armen gibt oder dem Bedürftigen leiht, handelt besser, als wenn er Ablässe kauft ...

62. Der wahre Schatz der Kirche ist das allerheiligste Evangelium von der Herrlichkeit und Gnade Gottes ...

76. Wir behaupten: Die päpstlichen Ablässe können auch nicht das Geringste der täglichen Sünden wegnehmen, soweit es sich auf die Schuld bezieht ...

Zitiert nach: Martin Luther: Weimarer Ausgabe 1 (= Kritische Gesamtausgabe), Sonderedition 2000f., S. 233–238.

1 Betrachte die Bilder M1–M3. Welche auf Seite 114 beschriebenen Ereignisse sind darauf dargestellt? Finde passende Überschriften.

2 Das bekannte Ende von Luthers Rede auf dem Reichstag in Worms ist nur auf Wittenberger, nicht aber auf Straßburger Flugblättern überliefert. Wie deutest du diesen Sachverhalt?

3 Stell dir vor, du liest als Student, Fachkollege oder Landesherr Luthers Thesen (M4). Formuliere ein Antwortschreiben. Was hältst du aus heutiger Sicht von den Ablassgeschäften?

4 Stellt in der Klasse eine Hitparade der wichtigsten Persönlichkeiten der deutschen Geschichte auf. Diskutiert über Sinn oder Unsinn solch einer Wahl.

Luthers Lehre – Erneuerung des Christentums?

Die neue Lehre. Zunächst wollte Luther keine neue Kirche gründen. Mit seinen Schriften von 1520 entwarf er aber die Grundgedanken der ▸Reformation – eines neuen Bekenntnisses. Im ersten Text regte er eine von Rom unabhängige Nationalkirche an. In der ausführlichen Abhandlung „Von der babylonischen Gefangenschaft der Kirche" reduzierte er die sieben Sakramente der römisch-katholischen Kirche auf zwei – Taufe und Abendmahl. Im dritten Werk zeigte er den Gläubigen den Weg aus dem „Gefängnis der Papstkirche". Danach benötigt ein freier Christ außer dem Wort der Bibel, dem Evangelium, keinen Vermittler zwischen Gott und sich, also weder Papst noch Priester.

Wirkung der Lehre. Den Satz „Ein Christenmensch ist ein freier Herr über alle Dinge und niemandem untertan" bezog Luther auf die Kirche. Für viele Leute war diese Aussage ein Signal dafür, die mittelalterlichen Lebensverhältnisse zu überdenken. So löste die Reformation Änderungen im religiösen und gesellschaftlichen Bereich aus (s. S. 118ff. und 128f.). Während viele Menschen am alten Glauben festhielten, wandten sich andere ab und begannen die Heilige Schrift zu deuten und zu predigen. Man schloss sich zusammen, verspottete katholische Priester, plünderte Kirchen und Klöster. Reformierte Prediger, die vertrieben werden sollten, wurden mit Waffen und Steinen verteidigt. Auch Frauen begehrten in dieser unruhigen Zeit auf. Nonnen widersetzten sich der Auflösung von Klöstern, wie die Äbtissin Caritas Pirkheimer in Nürnberg. Sie berief sich auf Luthers Schrift „Freiheit des Christenmenschen" und forderte religiöse Toleranz. Aber es gab auch Nonnen, die aus Klöstern flohen. Luther heiratete die 1525 aus einem Zisterzienserkloster in Sachsen geflohene Nonne Katharina von Bora.

Luther und seine Ehefrau leben seine Lehre. In seinen Schriften erkannte Martin Luther die Frau als Partnerin des Mannes an. Ledige Frauen entsprachen nicht Luthers Idealbild; er bezeichnete sie als „böse und eigensinnig". Im Ehestand sah er eine gottgefällige Notwendigkeit. Für die Frau war darin die Rolle als fromme und fleißige Hausmutter vorgesehen. Insbesondere Pfarrersfrauen sollten hierbei als Vorbilder gelten. Katharina von Bora führte ihren großen Haushalt wie ein kleines Unternehmen. Sie erzog sechs Kinder, versorgte häufig Gäste, Studenten, Pflegebedürftige und Flüchtlinge.

M1 Martin Luther und Katharina von Bora
(Gemälde aus der Werkstatt des Lucas Cranach, um 1526)

M2 Eine Predigt vom Ehestand *(Auszug 1525):*

... Der Mann soll sein Weib ... nicht anders halten, als sei sie sein eigen Leib oder Fleisch. Und wie zärtlich und freundlich er mit seinem Leibe umgehet und handelt, also soll es der Mann mit seinem Weibe auch machen. Also soll man auch die Weiber regieren, nicht mit großen Knütteln, sondern mit aller Sanftmut, damit sie nicht schüchtern werden und erschrecken, dass sie hernach nicht wissen, was sie tun sollen. Darum muss man die Weiber mit Vernunft regieren und dem weiblichen Geschlechte seine Ehre geben, auch als Miterben der Gnade des Lebens ...
Wenn nun Gott Gnade gibt, dass das Weib schwanger ist, so finden sich zwei Stück. Erstlich, dass dann das Weib große Schmerzen und Krankheit bekommt, ... darin sich das Weib muss ergeben zu tragen. Darnach, wenn sie soll gebären, so kommt erst der rechte Jammer und Gefahr ... Darum soll man die Weiber in Kindesnöten ermahnen, dass sie ihre höchste Kraft und Macht dazu verwenden, dass das Kind genese, auch wenn sie selbst sterben. Denn etliche Frauen sorgen mehr für sich, wie sie mit dem Leben davon kommen, denn für das Kind ... Das ist nicht recht noch christlich. Zum andern, so soll des Weibes Wille, wie Gott saget, dem Manne unterworfen sein und der soll ihr Herr sein ... Wo der ist, muss sie mit und sich vor ihm ducken als vor ihrem Herrn, den sie soll fürchten, ihm untertan und gehorsam sein. Das dritte Stück, was nun beide, Mann und Weib, tun sollen, wenn ihnen Gott Kinder gibt ..., sie in Gottesfurcht erziehen.

Martin Luther, Weimarer Ausgabe, a. a. O. (vereinfacht)

M3 Gesetz und Gnade *(Gemälde von Lucas Cranach d. Ä., um 1535)*

linke Hälfte:

A) Christus als Weltenrichter
B) Todesbaum
C) Adam und Eva
D) Teufel und Tod
E) die Sünde als des Todes Spieß
F) Hölle
G) Moses mit den Gesetzestafeln und den Propheten

rechte Hälfte:

a) Lebensbaum
b) Verkündigung an Maria
c) Sendung des Sohnes
d) Verkündigung an die Hirten
e) Schlange als alttestamentlicher Verweis auf die Kreuzigung Jesu
f) Blutstrahl Jesu und Taube (= Symbol des Heiligen Geistes) spenden den Menschen den lebenserneuernden Glauben
g) Johannes der Täufer zeigt das Lamm mit der Siegesfahne (= Symbol für Jesus als Sieger über Welt und Macht)
h) Auferstehung als Vernichtung von Tod und Teufel

1 Welche Vorstellungen hat Luther vom Ehestand (M2 und Autorentext)?

2 Auf dem Bild M3 gibt es viele Einzelheiten zu entdecken. Arbeitet mit einem Partner zusammen. Entscheidet euch jeweils für die rechte oder linke Bildhälfte und betrachtet – eventuell mit einer Lupe – euren Bildausschnitt. Beschreibt euch gegenseitig die Szenen, die ihr seht.

3 Deutet gemeinsam mithilfe der Hinweise unter dem Bild oder eigener Interpretation möglichst viele Szenen. Was erscheint euch als positive, was als negative Darstellung?

4 Fasst eure Bildinterpretation zusammen, indem ihr die Gegensätze der beiden Bildhälften darlegt und den Titel auf Luthers neue Lehre und den alten Glauben bezieht. Inwieweit stimmen Bildaussage und Luthers Gedanken (M2) überein?

5 Schreibt ein Streitgespräch zwischen Caritas Pirkheimer und Luther. Themen könnten darin sein: die Auflösung von Klöstern, Luthers Hochzeit mit Katharina von Bora oder die Spaltung des Glaubens.

Die „Revolution des gemeinen Mannes“

Gewalt gegen Sachen und Menschen. Das ganze Mittelalter hindurch hat es in Europa immer wieder Aufstände von Bauern gegeben. Dennoch hat der „Bauernkrieg“ von 1525 besondere Aufmerksamkeit erregt, obwohl der Begriff „Krieg“ dafür wenig zutreffend ist. Denn bei den Bauern wie bei den Herren gab es keine einheitliche militärische Führung. Die Bauern erhoben sich beinahe gleichzeitig in verschiedenen Gegenden, besonders im Südwesten Deutschlands. Dabei kam es zu Ausschreitungen. Klöster wurden geplündert, Schlösser belagert und verwüstet. Gewalt gegen Menschen war die Ausnahme. Im württembergischen Weinsberg erstürmte ein Bauernhaufen Ostern 1525 die Stadt. Graf Ludwig von Helfenstein und andere Adlige wurden gefangen genommen und von den Bauern „durch die Spieße gejagt“. Diese Gewalttat lieferte den Herren die Begründung, die Bauern als Aufrührer hart zu bestrafen. Das Heer des Schwäbischen Bundes, in dem sich geistliche und weltliche Herren sowie Reichsstädte zusammengeschlossen hatten, schlug und vernichtete unter dem Truchsess Georg von Waldburg die Bauernhaufen.

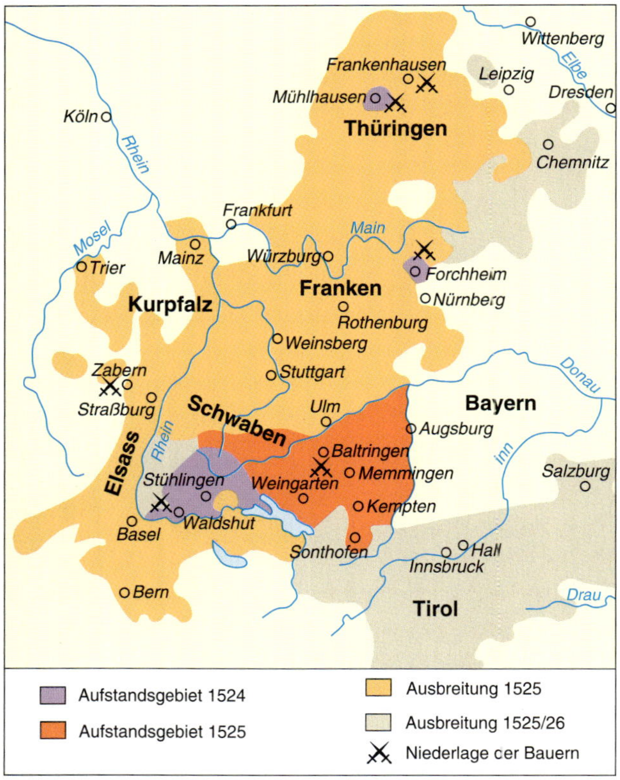

M1 Die Ausbreitung des Bauernkrieges 1524/25

Ursachen für die Unzufriedenheit. Luther hatte 1520 „Von der Freiheit eines Christenmenschen“ geschrieben. Aber es gab noch viele andere Gründe für die Auflehnung der Bauern. So hatte sich für viele die Last der Abgaben an die Herren erhöht (s. S. 26f.). Und weil die Bevölkerung gewachsen war, mussten jetzt mehr Menschen auf den Höfen ernährt werden. Zur selben Zeit versuchten die Herren ihre Länder zu modernen Staaten auszubauen. Dazu brauchten sie gut ausgebildete Amtsleute und studierte Richter; deshalb begannen sie, mehr Steuern und Abgaben zu erheben. Wem es gelang, die Steuern und Abgaben zu steigern, der konnte sein Land vergrößern und Herrschaftsrechte dazukaufen. Wer diese Entwicklung verpasste, verlor seine Macht. Die Herren setzten sich damit gegenseitig unter Druck. Das bekamen auch die Untertanen zu spüren.

Leibeigene und Gemeinden unter Druck. Beim Tod eines Bauern wurde zum Beispiel der „Todfall“ eingezogen. Das war oft ein Drittel des gesamten Besitzes. Dazu kamen „Besthaupt“ und „Bestgewand“, also das beste Stück Vieh und das beste Kleid. Ein Hoferbe musste seine Wirtschaft mit diesen Verlusten an Sachvermögen beginnen. Die neuen Beamten und Richter griffen nun auch für die Herrschaften in die Dorfgerichte ein (s. S. 28). Das machte die Bauern besonders wütend. Sie sahen alte Rechte ihrer Dorfgemeinschaft verletzt. Deshalb war der Bauernaufstand im deutschen Südwesten vor allem eine Erhebung der Dorfgemeinden. An der Spitze standen dabei die wohlhabenden Bauern, die in den Gemeinden etwas zu sagen hatten. Sie galten als der „gemeine Mann“, der sich erhob, um sein „gutes altes Recht“ gegen die Neuerungen der Herrschaften zu verteidigen. Hätten sie die Reformation in den Dörfern durchführen, die Leibeigenschaft abwerfen und ihre Rechte gegen die Herren durchsetzen können, dann wäre das eine echte Revolution gewesen.

M2 Die „Zwölf Artikel“ der Bauernschaft

Die von einem Handwerksgesellen und einem reformierten Pfarrer 1525 in der freien Reichsstadt Memmingen verfassten „Zwölf Artikel“ fanden weite Verbreitung. Das zeigte, dass es auch in den Städten, unter den Bürgern, im Handwerk und bei den Geistlichen Unruhe gab:

1. Die Gemeinde soll ihren Pfarrer wählen dürfen. Der Pfarrer soll das reine Evangelium predigen.
2. Der Kornzehnt soll gegeben werden, wie es in der Bibel steht. Der Zehnt vom Vieh soll nicht gegeben werden.
3. Die Leibeigenschaft soll aufgehoben werden, da Christus alle mit seinem Blut erlöst und freigekauft hat.
4. Wenn einer ein Wasserrecht besitzt, muss er es schriftlich beweisen können. Kann er das nicht, fällt das Recht mit dem Wasser an die Gemeinde zurück.
5. Wald und Holz, die sich die Herren angeeignet haben, sollen wieder an die Gemeinde zurückfallen, damit alle einen Nutzen davon haben.
6. Die Herren haben die Dienste immer weiter vermehrt. Sie sollen wieder so geleistet werden, wie das schon nach altem Recht die Eltern getan haben.
7. Vor Gericht soll man nach den alten geschriebenen Gesetzen bestraft werden und nicht nach Willkür der Richter ...
10. Wiesen und Äcker, die einmal der Gemeinde gehört haben, sollen an diese wieder zurückgegeben werden.
11. Die Todfallsteuer soll ganz wegfallen, denn Witwen und Waisen etwas wegzunehmen, ist gegen Gottes Gebot.
12. Wenn eine dieser Forderungen nicht dem Wort Gottes entspricht, soll sie aufgehoben werden.

Zitiert nach: Hans-Joachim Steigertahl: Reformation und Gegenreformation/Glaubenskriege, Stuttgart (Klett) 1993, S. 54f.

M3 Luthers Reaktion auf die Bauernaufstände *(1525):*

Erstens haben sie ihrer Obrigkeit Treue und Ergebenheit geschworen, untertänig und gehorsam zu sein, wie das Gott gebietet. Da sie aber diesen Gehorsam mutwillig brechen und sich dazu gegen ihre Herren stellen, haben sie dadurch Leib und Seele verwirkt ... Zweitens. Sie machen Aufruhr, berauben und plündern unter Gewalttaten Klöster und Schlösser, womit sie schon allein als öffentliche Straßenräuber und Mörder wohl zweifachen Tod an Leib und Seele verdient haben ... Drittens decken sie diese schreckliche, grauenhafte Sünde mit dem Evangelium, nennen sich christliche Brüder ... , wodurch sie die allergrößten Gotteslästerer und Schänder seines heiligen Namens werden ... Denn ein Fürst und Herr muss hierbei bedenken, dass er Gottes Beamter und Diener seines Zorns ist, dem das Schwert gegen solche Buben (Schurken) befohlen ist, und dass er sich schwer vor Gott versündigt, wenn er nicht straft und wehrt und sein Amt nicht ausübt.

Zitiert nach: Martin Luther, Weimarer Ausgabe, a. a. O., S. 299ff.

M4 Bauern vor dem Tor des Klosters Weißenau

Ausschnitt aus der Weißenauer Chronik
Der Abt des Klosters Weißenau, Jakob Murer, hat die Vorgänge um das Kloster Weißenau bildlich und schriftlich festgehalten.

1 Trage in eine Tabelle ein: Wann haben sich die Bauern wo erhoben? Bei welchen Orten wurden diese Bauernhaufen besiegt (M1)?
2 Sortiere die Forderungen der Bauern in M2 nach „göttlichem“ und „altem Recht“.
3 Gestalte ein Plakat, auf dem die Bauern schlagwortartig Forderungen erheben.
4 Schreibe eine Predigt Luthers an die aufständischen Bauern, z. B. an die Männer, die in M4 vor dem Klostertor stehen.

Aufstand in Oberschwaben – Verträge statt Mord und Totschlag

Die Situation im Südwesten. Das Heilige Römische Reich Deutscher Nation bestand um 1500 aus sehr vielen, teils sehr kleinen Ländern. Gerade im Südwesten Deutschlands erschien die Karte bunt wie ein Flickenteppich. Besitzungen von Reichsfürsten, Reichsklöstern und Reichsstädten bildeten viele Miniaturstaaten. Dazwischen lagen Teile Vorderösterreichs, das dem Haus Habsburg gehörte. Als Kaiser waren die Habsburger zwar Schutzherren der kleinen Reichsstände, aber als europäische Großmacht wollte Österreich sein Territorium und seinen Einfluss auf Kosten der Kleinstaaten ausweiten. Die wiederum versuchten, sich gegen die österreichische Macht zu behaupten. Auch deshalb spürte der „gemeine Mann" mehr Druck vonseiten seiner Herrschaft. In Oberschwaben, dem Land zwischen Donau, Iller und Bodensee, begannen sich die Dorfgemeinden im Winter 1524/25 zu organisieren. So entstanden der „Seehaufen" am Bodensee, in der Nähe von Biberach der „Baltringer Haufen" und der „Allgäuer Haufen". Durch Eid wurde die Zugehörigkeit zum Haufen beschworen. Die aufständischen Bauern waren „Eidgenossen". Sie erhoben ihre Forderungen nach dem Vorbild der Memminger „Zwölf Artikel".

Der „Bauernjörg" und die Verträge. Truchsess Georg von Waldburg, der „Bauernjörg", begann Anfang April 1525 mit dem Feldzug gegen die Bauern, die in seinen Augen Aufrührer waren. Bei Leipheim besiegte er den „Baltringer Haufen", was über 1000 Bauern das Leben kostete. Mitte April richtete er bei Wurzach die Kanonen auf seine eigenen Untertanen; wilde Flucht und blutiges Gemetzel folgten. Nach diesen leichten Siegen zog der Truchsess nach Weingarten. Ostern 1525 geriet er hier in eine ungünstige Lage. Seine Streitmacht – 7000 Fußsoldaten und 2000 Reiter – stand dem „Seehaufen" gegenüber. Die Bauern lagen auf den Höhenzügen beim Kloster Weingarten; sie verfügten über erbeutete Kanonen und waren in großer zahlenmäßiger Übermacht. Da damals aus Oberschwaben und den angrenzenden Gebieten viele Landsknechte kamen, standen wohl auch sehr erfahrene Krieger aufseiten der Bauern. In dieser Situation vermied der „Bauernjörg" eine Schlacht. Er schloss stattdessen den Weingartener Vertrag. Damit war der Aufstand in Oberschwaben vorbei.

M1 Begegnung vor Altdorf-Weingarten
(Bild aus der Weißenauer Chronik)

Das Heer des „Bauernjörg" zieht (von links) aus dem Altdorfer Wald ins Tal. Die Bauern des „Seehaufens" stellen sich ihm entgegen. Die dreifache Darstellung des Bauernhaufens verdeutlicht seine verschiedenen Positionen auf dem Weg zum Kloster Weingarten.

M2 Der Weingartener Vertrag von 1525

Die Vertreter der Reichsstadt Ravensburg vermittelten zwischen beiden Parteien. Der Vertrag wurde zwischen den Anführern des Seehaufens und dem Truchsess Georg von Waldburg ausgehandelt. Er lautet in vereinfachter Form:

1. Die Bauernhaufen vom Allgäu und vom Bodensee liefern dem Schwäbischen Bund ihre Bündnisurkunden aus.

2. Die Haufen sprechen sich gegenseitig von allen Verpflichtungen frei.

3. Die Bauern schwören, in Zukunft keine neuen Bündnisse zu schließen und keinen neuen Aufruhr zu machen.

4. Die Bauern geloben, wieder auseinander zu gehen. Sie wollen ihren Obrigkeiten wieder gehorsam sein und die Abgaben wie vor dem Aufstand entrichten.

5. Was die Aufständischen erobert und was sie entwendet haben, soll zurückgegeben werden.

6.–11. Über die Beschwerden der Bauern und der Herren sollen Schiedsgerichte entscheiden. Die Schiedsrichter sollen aus den Reichsstädten genommen werden. Wenn man sich nicht einig wird, soll Erzherzog Ferdinand von Österreich (der Bruder und Vertreter Kaiser Karls V.) als Oberschiedsrichter angerufen werden.

12. Die Schiedsgerichte sollen binnen 15 Monaten eine Einigung herbeiführen.

13. Die Untertanen beider Haufen sollen dafür sorgen, dass unter ihnen der Vertrag eingehalten wird. Vertragsbrecher sollen sie anzeigen und gefangen nehmen.

14. Wenn die Herren und Obrigkeiten den Vertrag nicht erfüllen, dann soll der Schwäbische Bund sie zur Vertragstreue zwingen.

15. Die Feindschaft zwischen Obrigkeiten und Untertanen soll beigelegt sein.

Zitiert nach: Hans Ulrich Rudolf: Der Bauernkrieg um Ravensburg (= Ravensburger Stadtgeschichte 10), Ravensburg 1981, S. 10.

M3 Vertrag des Truchsesses Georg von Waldburg mit seinen Untertanen vom 24. April 1526

Nachdem der „Bauernjörg“ seinen Feldzug siegreich beendet hatte, geschah in seiner eigenen Herrschaft Wolfegg ein Jahr später etwas Bemerkenswertes: Der Herr machte mit seinen Untertanen einen Vertrag, der erstmals verschiedene Forderungen seiner Bauern schriftlich regelte:

Meine Untertanen in der Herrschaft Wolfegg haben sich über die Leibeigenschaft und die damit verbundenen Pflichten beschwert. Sie meinten, es solle anders als bisher damit gehalten werden. Länger, als jemand zurückdenken kann, wurde von mir und meinen Vorfahren nach altem Recht verfahren. Trotzdem habe ich mit den Leuten außerhalb meiner Herrschaft Waldburg eine gütliche Einigung erzielt. Für alle Ewigkeit soll nachfolgender Vertrag gelten, den ich und meine Erben und Nachkommen halten sollen:

Zum Ersten ist über den Todfall vereinbart worden: Beim Tod des Bauern oder der Bäuerin werden feste Zahlungen fällig (und zwar gestaffelt nach der Größe des Hofes und der Anzahl der Pferde). Zum Zweiten haben in Zukunft unsere Männer und Frauen das Recht, ungestraft zu heiraten, wen sie wollen. Wenn ein Mann eine Frau heiratet, die einem anderen Herrn gehört, dann muss er diese Frau innerhalb eines Jahres in meine und meiner Erben Leibeigenschaft bringen. Zum Dritten soll der Loskauf der Leibeigenen künftig so geregelt werden: Wenn ein lediger Mann, der mir leibeigen ist, in eine andere Herrschaft ziehen will, so soll er mir nicht mehr als drei Gulden bezahlen. Wenn eine ledige Tochter, die mir leibeigen ist, in eine andere Herrschaft ziehen will, so soll sie mir nicht mehr als vier Gulden bezahlen. Danach sollen sie das Recht haben, wegzuziehen und sich zu entscheiden, wie es ihnen passt. Zum Vierten soll das Hochzeitsgeld abgeschafft sein und niemand soll es mehr bezahlen müssen. Zum Fünften soll die Steuer bleiben wie bisher.

Verfassertext, zitiert nach dem Original im Archiv Schloss Wolfegg.

1 Du bist Kriegsberichterstatter: Beschreibe M1. Wie verhalten sich die beiden Parteien? Welche Ziele haben sie?

2 Ordnet die Bestimmungen des Weingartener Vertrages (M2) nach a) Pflichten der Bauern und b) Pflichten der Herren.

3 Prüft, ob Regelungen fehlen, z. B. Strafen oder die Abgabe von Waffen.

4 Verfasst einen Aufruf aus der Sicht der Bauern gegen die Annahme des Weingartener Vertrages.

5 Verfasst einen Brief aus der Sicht der Herren des Schwäbischen Bundes gegen den Vertrag.

6 Vergleicht den Vertrag (M3) des Truchsesses mit den Forderungen der Bauern. Hatten sie Erfolg?

7 Erklärt, warum der Wegzug einer Frau mehr kostete als der eines jungen Mannes (M3).

Siegreiche Fürstenreformation?

Kaiser Karl V. – allein gegen alle? Als Karl V. 1519 im Alter von 19 Jahren zum Kaiser gewählt wurde, schien seine Macht gewaltig. Er beherrschte mit dem Reichsgebiet sowie mit Spanien und dessen Kolonien ein Weltreich, in dem „die Sonne nie unterging". Der Kaiser sah seinen katholischen Glauben als die wahre Religion und sich als weltliches Oberhaupt der gesamten Christenheit. Daher wollte er die weltliche und religiöse Einheit des Reichs gegen starke äußere und innere Gegner verteidigen. Mit Frankreich führte er Kriege um die Vormachtstellung in Europa und geriet dabei auch in Konflikt mit dem Papst. Zur gleichen Zeit drangen im Osten die Türken vor und belagerten 1529 Wien. Trotz des religiösen Gegensatzes verbündeten sich Franzosen und Türken zeitweise gegen Karl V. Wegen dieser Kämpfe war der Kaiser im Reich nicht anwesend und konnte deshalb nicht gegen die Reformation und den zunehmenden Einfluss der deutschen Fürsten vorgehen. Außerdem war er auf deren Unterstützung gegen die äußeren Feinde angewiesen.

Die Fürsten und ihre Landeskirchen. Die deutschen Fürsten konnten sich aber in der Religionsfrage nicht einigen und schoben sie immer wieder auf. Zugleich nutzten die Reichsstände ihre Handlungsfreiheit und kümmerten sich in ihren Territorien um das kirchliche Leben. Hatte sich ein Landesherr für die evangelische ▸Konfession entschieden, machte er sie für alle Untertanen verbindlich. Kirchenordnungen wurden erlassen und bisweilen mithilfe von Strafen durchgesetzt. Diese landeskirchliche Organisation stärkte die Macht der Fürsten, die sich große Teile des Kircheneigentums aus den verwaisten Pfarreien und Klöstern aneigneten. Im Südwesten Deutschlands schlossen sich die Reichsstädte der Reformation an. Auch in den beim alten Glauben verbliebenen Territorien, etwa Österreich und Bayern, erweiterte der Landesherr sein Aufsichtsrecht über die Kirche.

Ist ein Kompromiss möglich? Am Reichstag in Augsburg 1530 nahm der Kaiser teil. Mit Frankreich herrschte für kurze Zeit Frieden und das türkische Heer vor Wien war zum Rückzug gezwungen worden. Karl V. wollte einen letzten Versuch unternehmen, die Einheit der Kirche zu erhalten. Die Protestanten legten eine von dem Gelehrten Philipp Melanchthon verfasste Bekenntnisschrift vor. Sie sollte die Unterschiede zum alten Glauben als möglichst gering darstellen, um eine Verständigung zu bewirken. Luther sah dies mit Sorge; zum Reichstag konnte er als Geächteter selbst nicht kommen. Dem protestantischen Bekenntnis setzte Karl V. eine von katholischen Theologen verfasste Erwiderung entgegen. Darin erklärte man die Protestanten als irrgläubig und forderte ihre Rückkehr in die katholische Kirche. Ein allgemeines Konzil zur Lösung aller Fragen wurde in Aussicht gestellt. Der Augsburger Reichstag zeigte: Ein friedlicher Ausgleich im Konfessionsstreit schien unmöglich. Das Reich war in zwei Konfessionen gespalten. Ein Jahr später

M1 Der Reichstag von Augsburg 1530
(Ausschnitt aus einem Gemälde von Andreas Herneisen, 1601)
Dargestellt sind neben den Fürsten noch Szenen aus protestantischen Kirchen. Der Teufel hält eine Tafel mit den Namen von Ketzern. Im Hintergrund werden Calvinisten verjagt.

gründeten die evangelischen Fürsten und Reichsstädte im thüringischen Schmalkalden ein Bündnis gegen den Kaiser.

Krieg und Frieden. Nach Siegen gegen Frankreich und die Türken wandte sich Karl V. auf der Höhe seiner Macht erst wieder 1544 der Religionsfrage in Deutschland zu. Er rüstete zu einem Krieg gegen den Schmalkaldischen Bund, den er mit einem spanischen Heer 1547 bei Mühlberg an der Elbe besiegte. Doch mit Zwangsmaßnahmen gegen die Unterlegenen erreichte der Kaiser nur, dass sich die deutschen Fürsten 1552 konfessionsübergreifend gegen ihn erhoben. Frankreich unterstützte die Fürsten. Bei Innsbruck konnte sich der Kaiser nur durch eine rasche Flucht vor einem Angriff retten. Enttäuscht zog er sich aus der deutschen Politik zurück. Sein Bruder Ferdinand, seit 1531 zum deutschen König gewählt, war an einer Einigung im Konfessionsstreit interessiert. Diese gelang nach langen und zähen Verhandlungen 1555. Die Bestimmungen des Augsburger Religionsfriedens besagten:

- Lutheraner und Katholiken waren fortan gleichberechtigt, die anderen protestantischen Glaubensrichtungen, z. B. die Calvinisten, jedoch nicht anerkannt.
- Die evangelischen Fürsten durften vor 1552 eingezogene Kirchengüter behalten.
- Der Landesherr bestimmte das Bekenntnis für sein Land. Wer dem nicht folgen wollte, hatte auszuwandern.
- Ein geistlicher Fürst konnte lutherisch werden, musste aber sein Amt niederlegen.
- In den Reichsstädten sollten beide Konfessionen nebeneinander bestehen können.

Mit diesem Friedensschluss fanden die politischen Kämpfe der Reformationszeit einen vorläufigen Abschluss. Da nicht alle Grundsatzfragen eindeutig beantwortet worden waren, legten die Fürsten manche Bestimmungen zu ihren Gunsten aus. Die evangelischen Fürstenhäuser wünschten, geistliche Territorien mit Familienangehörigen besetzen zu können. So sollten diese Gebiete dann später in weltliche Herrschaften umgewandelt und dem eigenen Fürstentum eingegliedert werden. Außerdem nahmen Fürsten die Kirchenpolitik zum Anlass, um Einfluss auf ihre Untertanen auszuüben und ihre Macht auf Nachbarländer auszudehnen.

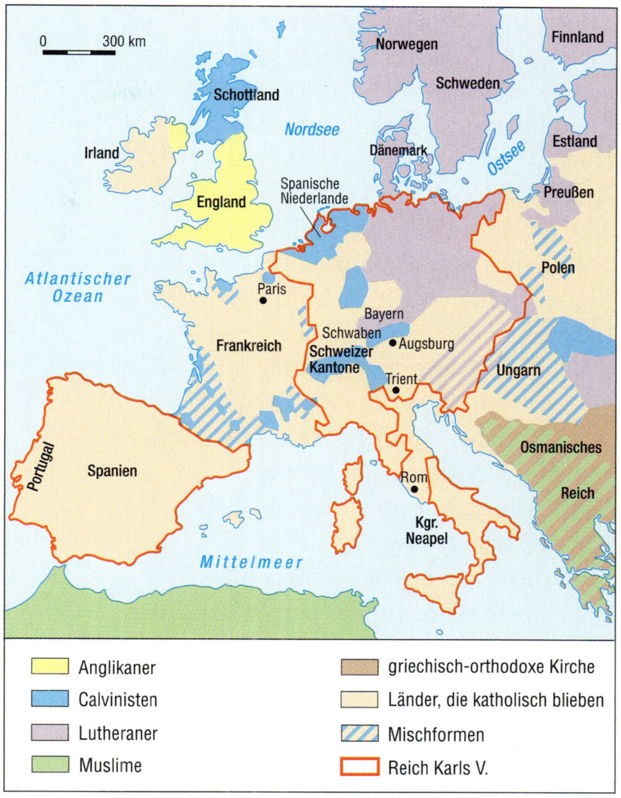

M2 Konfessionsentwicklung um 1570 in Europa

1 Auf dem Bild M1 haben sich die protestantischen Reichsfürsten um den Kaiser versammelt. Beschreibe die verschiedenen Szenen bzw. Personengruppen.
2 Ziehe zur Karte M2 einen Atlas heran und benenne die heutigen Staaten, die zum Reichsgebiet Karls V. in Europa gehörten. Warum fühlte sich Frankreich von Karls Herrschaftsgebiet bedroht?
3 Werte M2 weiter aus. Nenne die Länder und Gebiete, die katholisch blieben, evangelisch-lutherisch oder calvinistisch wurden. Ordne deine Ergebnisse tabellarisch (Glaubensrichtung/Chronologie) an. In welche Richtungen strahlte die Reformation aus?
4 Informiere dich, wie hoch der Anteil von Protestanten und Katholiken in Deutschland heute ist. Wo leben überwiegend Katholiken, wo Protestanten? Finde heraus, warum die evangelische Seite seit 1529 Protestanten genannt wird.
5 Vergleiche die ursprünglichen Absichten Luthers mit den Ergebnissen des Augsburger Religionsfriedens. Inwiefern ist Luthers Gewissensfreiheit durchgesetzt worden?

Spottbilder und Flugschriften

M1 Luther und Luzifer
(Holzschnitt 1535)

M2 Der Papstesel
(Holzschnitt, Mitte 16. Jh.)

Spott als Waffe im Streit. In der modernen Demokratie streitet man sich in Diskussionen und Debatten über den richtigen politischen Weg. Nicht immer geschieht dies sachlich. Gern nutzen Politiker oder Journalisten angebliche Schwächen und Fehler, um jemanden bloßzustellen oder lächerlich zu machen. Dies schließt sogar Beschimpfung und Beleidigung mit ein. In der Reformationszeit wurden ähnliche Mittel in der religiösen Auseinandersetzung gebraucht. Entsprechende Bilder wurden auch von Menschen verstanden, die nicht lesen konnten. Katholiken und Protestanten führten von 1521 bis 1525 einen Krieg mit solchen Flugschriften.

Einblattdrucke – ein neues Medium. Im Mittelalter galten Bücher als seltene Schätze, deren Vervielfältigung aufwändig und teuer war. Die schnellere und billigere Buchherstellung seit Gutenbergs Erfindung der beweglichen Lettern (s. S. 102) ließ die Zahl der Bucherscheinungen rasant anwachsen. Dennoch blieben Bücher für das einfache Volk kostspielig. Wesentlich preiswerter waren Einblattdrucke. Diese Flugblätter wurden von umherziehenden Händlern verkauft. Beim Kirchgang, in der Wirtschaft oder auf öffentlichen Plätzen herumgereicht, informierten und unterhielten sie – ähnlich wie Zeitschriften heute – eine breite Leserschaft. Die derbe Verspottung des Gegners in Wort und Bild steigerte den Unterhaltungswert. Ohne die Erfindung des Buchdrucks und ohne den Einblattdruck hätten sich Luthers Gedanken wohl kaum so schnell und folgenreich verbreiten können.

Mittel der Propaganda. Flugblätter lassen sich schnell und kostengünstig herstellen. In Kriegszeiten werden die Gegner als unfähig oder feig dargestellt, die feindlichen Soldaten dazu ermuntert, ihre Waffen niederzulegen. Flugblätter berichten nicht sachlich, sondern nehmen aus einer bestimmten Sicht Stellung. Sie sind Mittel der Propaganda.
Heute werden Flugblätter dazu verwendet, die Aufmerksamkeit des Lesers zu wecken und für Waren, Geschäfte, Restaurants oder politische Parteien zu werben. Außerdem fordern sie oft dazu auf, aktiv zu werden: Man soll Konzerte oder Sportveranstaltungen besuchen oder zu einer Demonstration gehen.

Methode: Flugschriften untersuchen und ihre propagandistische Absicht erkennen

1. Schritt: Den Inhaltskern verstehen
Lies den Text des Flugblatts und betrachte die Abbildung. Verschaffe dir mittels Markierungen und Notizen einen ersten Überblick. Was ist das Thema der Flugschrift? In welchem Zusammenhang stehen Text und Bild?

2. Schritt: Die Darstellung der Gegner erfassen
Suche aus dem Text Beschreibungen der Gegner, Behauptungen oder Vergleiche heraus. Kläre, welche Eigenschaften wem zugeschrieben werden. Schau dir das Bild genau an: Welche Personen und Gegenstände erkennst du? Wie sind sie dargestellt? In welcher Beziehung stehen die Personen zueinander? Wer oder was steht im Mittelpunkt?

3. Schritt: Die Position und Absicht des Autors
Kläre mithilfe der Legende, wer die Flugschrift verfasst hat. Informiere dich über den Verfasser/Künstler. Wann wurde das Flugblatt verfasst? Welche Absicht verfolgt der Autor? Aus welchem Grund? An wen richtet sich das Flugblatt? Gehören die Leser einer Gruppierung oder Partei an?

M3 Vom Ursprung der Mönche und der Herkunft des Antichristen *(gemeint ist der Papst)* *(Holzschnitt, 1551; vorgetäuscht wird, dass er aus Rom stammt)*

Text des Flugblattes:

Als der Bauch erleichtert war, erschien die erstarrende Sch... als neue Missgeburt.

Die Kapuzenbrüder kamen, als der Hintern aufgerissen war, heraus, unterschiedlich in Bekleidung, Farbe, Geist. Der Teufel wundert sich ..., dass er so großes Übel verborgen hielt. Während er zugleich seinen Kot betrachtet, sagt er: „... Schau an, ich habe Übel geboren, das bei weitem alle Sch...dämonen übertrifft, fürcht ich, wenn ich diese Ungeheuer sehe.“ So sprach er lachend und verteilte in der ganzen Welt die Höllenbrüder, die alle Übel bringen.

... Der Teufel versammelt unzählige Mönche, rasende Sophisten[1] und eine Herde Priester, eine üble Schar. In einem riesigen Gefäß vermischt er sie mit Rabbinern (jüdischen Geistlichen) mit einem Stampfer, das gab eine schwere Masse. Diese nahm er und machte daraus eine gewaltige Menschengestalt und hauchte eine schwarze Seele dem riesigen Knochen ein. Sieh, aus dem riesigen Körper erhebt sich aber sofort der Antichrist als schwarzes Ungeheuer, ein trauriges Übel. Dieser bewundert der Teufel, da er schlimmer als er selbst sei, und spricht: „... Nichts nämlich ist der Antichrist als ein bestimmtes Tier, zusammengepanscht aus Mönchen und prahlerischen Sophisten.“

Lateinischer Text von Johannes Villicus. Übers. von Kai Bülte.

[1] griech. sophistes = Weisheitsbringer; ursprünglich Gelehrter im antiken Griechenland, auch Berufsbezeichnung für wandernden Lehrer, herabsetzend spricht man auch von „Sophisterei“ = Weismacherei, Wortverdreherei.

1 Untersuche in der Reihenfolge der drei Arbeitsschritte Text und Abbildung des Flugblatts (M3).

2 Wo findest du den Teufel, wo den Papst? Wie oft ist der Teufel dargestellt? Was drückt sich in seiner Mimik und Gestik aus? Woran ist der Papst zu erkennen?

3 Beschreibe M1 und M2 ausführlich. Welche Absichten wurden mit diesen Kampfbildern verfolgt? Welche Wirkung konnten sie auslösen? Welches Bild wertet den Gegner stärker ab? Begründe deine Auffassung.

4 Bringt Karikaturen von bekannten Politikern mit. Beschreibt die Mittel, mit denen die Zeichner heute arbeiten.

Der katholische Weg aus der Krise

Möglichkeiten der Krisenbewältigung. Die katholische Kirche hatte weite Gebiete in Mittel- und Nordeuropa an die Anhänger der reformatorischen Lehren verloren. Der Verlust setzte aber neue Kräfte in der alten Kirche frei. Man wollte die weitere Ausbreitung der Reformation verhindern und verlorene Gebiete zurückgewinnen. Zugleich sollte damit eine innere Kirchenreform den katholischen Glauben erneuern und das Vertrauen in die Kirche wieder herstellen. Diese Bestrebungen werden mit dem Begriff ▸ Gegenreformation bezeichnet.

Das ▸ Konzil von Trient (1545–1563). Ziel dieser Kirchenversammlung sollte es ursprünglich sein, die gespaltene Christenheit zu einen. Die Protestanten verweigerten aber die Teilnahme an der vom Papst veranlassten Veranstaltung. Dennoch berief Papst Paul III. im Jahre 1545 ein Konzil nach Trient in Norditalien ein. Mit einigen Unterbrechungen schleppten sich die Beratungen über 18 Jahre lang hin. Die Beschlüsse von Trient grenzten vor allem den katholischen Glauben gegen die reformatorischen „Irrlehren" ab und fassten ihn in manchen Punkten klarer. Die kirchliche Tradition, z. B. Konzilsbeschlüsse und die Schriften der Kirchenväter, wurde neben der Bibel als gleichrangig anerkannt. Für die Auslegung der Heiligen Schrift war ausschließlich die katholische Kirche zuständig. Der Papst blieb oberste Autorität. Einige Reformen zielten darauf ab, die immer wieder kritisierten Missstände zu beheben. Der Ablasshandel wurde ebenso verboten wie der Kauf und die Häufung von Ämtern. Die Aufgaben der Bischöfe wurden genauer festgelegt. Außerdem sollten künftig Geistliche in Seminaren ausgebildet und verpflichtet werden, regelmäßig zu predigen.

Die „Soldaten Christi". Im Jahre 1534 gründete Ignatius von Loyola, der Sohn einer alten baskischen Adelsfamilie und Offizier in der Armee Karls V., die „Gesellschaft Jesu". Sechs Jahre darauf bestätigte der Papst sie als einen geistlichen Orden. Dessen Mitglieder, die Jesuiten, trugen keine Ordenstracht und lebten nicht wie im Mittelalter in klösterlicher Ab-

M1 Das Konzil von Trient
(Ausschnitt aus einem zeitgenössischen Gemälde eines unbekannten Malers). Hinter dem Kreuz sitzen die Vertreter des Papstes, in dem Halbrund die Kardinäle, Bischöfe und Äbte. Über allen steht Gottvater, der Heilige Geist (Taube) und Jesus Christus.

geschiedenheit. Sie verstanden sich als geistliche „Soldaten". Neben den üblichen Mönchsgelübden (s. S. 30) verpflichteten sie sich zum unbedingten Gehorsam gegenüber ihrem „Ordensgeneral" und dem Papst. Geistliche Übungen förderten körperliche Härte, Konzentration und Disziplin. Jeder Bewerber wurde erst nach schwierigen Prüfungen in den Orden aufgenommen. Ein langes und intensives Studium bereitete ihn auf seine künftige Tätigkeit vor.

M2 Ignatius von Loyola bei Papst Paul III.: Übergabe der Regeln der „Gesellschaft Jesu"
(Gemälde eines unbekannten Malers, 1540)

Erziehung und Mission. Die Jesuiten wurden in der katholischen Kirche rasch sehr einflussreich, obwohl sie auf kirchliche Würden und Ämter verzichteten. Sie sorgten sich um vernachlässigte katholische Gemeinden, lehrten ihren Glauben auf anschauliche Weise und gewannen so protestantische Gläubige für den Katholizismus zurück. Hauptsächlich arbeiteten sie jedoch als Erzieher und Missionare. In neu gegründeten Gymnasien und Hochschulen sorgten sich die Jesuiten um die Bildung der Jugend und wirkten an den katholischen Fürstenhöfen als Beichtväter und Erzieher. Als politische Berater oder Diplomaten erlangten sie Macht und Geltung. Über die Rekatholisierung der Bevölkerung in Europa hinaus war die „Gesellschaft Jesu" auch um die Ausbreitung des katholischen Glaubens in Amerika (Brasilien und Paraguay) sowie Asien (Indien und China) bemüht.

M3 Durch Strenge den Glauben fördern?

Ein Schweizer Reformierter hatte zwei Jahre an der Jesuitenuniversität in Dillingen an der Donau Philosophie studiert. Im Rückblick schrieb er:

Dort ist nicht zu fürchten, dass die Jünglinge vom Pesthauche des Lasters angesteckt und verdorben werden, denn scharfe, strenge Zucht hält sie alle im Zaum. Keinem wird Geld in den Händen gelassen, keiner darf aus dem Kollegium hinausgehen. Köstliche Kleider zu tragen ist verboten, damit nicht durch dieses Beispiel auch andere zur Eitelkeit gereizt und die Eltern durch Verschwendung der Söhne auf unbillige Art sich einzuschränken genötigt sind. Die Lehrart, die Emsigkeit und den Fleiß dieser Männer muss ich loben; ich würde aber dennoch keinem Reformierten raten, seine Kinder zur Ausbildung dorthin zu senden, denn stets arbeitet man mit allen Kräften dahin, den Jünglingen papistischen Aberglauben und Irrtümer einzupflanzen, welche bei tiefer geschlagenen Wurzeln nur schwer ausgerottet werden können.

Zitiert nach: Richard van Dülmen: Kultur und Alltag in der frühen Neuzeit, Bd. 3: Religion, Magie, Aufklärung: 16.–18. Jahrhundert, München (Beck) 1994, S. 126.

1 Analysiere die Abbildung M1. Was ist in der Mitte dargestellt? Wie unterscheiden sich die Anwesenden farblich? Was sagen Farben und die Anordnung über die Stellung der kirchlichen Vertreter aus?

2 Diskutiert in der Klasse: Inwieweit führten die Beschlüsse des Trienter Konzils zu einer Modernisierung der katholischen Kirche? Informiert euch: Welche Neuerungen haltet ihr heute für notwendig?

3 In den Bildunterschriften von zwei Geschichtsbüchern zu M2 ist die Rede davon, dass Ignatius von Loyola die Ordensregeln dem Papst bzw. der Papst sie dem Ordensgründer übergibt. Welche Aussage hältst du für richtig? Begründe.

4 Sammle aus dem Autorentext und aus M3 positive und negative Aussagen über den Jesuitenorden. Wie kann es zu solch unterschiedlichen Äußerungen kommen? Nimm dazu Stellung.

Sind gute Christen fügsame Untertanen?

Konfessionalisierung. Protestanten und Katholiken verstanden sich zunächst trotz aller Unterschiede und Streitpunkte als Angehörige der einen christlichen Kirche. Nach dem Augsburger Religionsfrieden aber bildeten sich immer deutlicher „Konfessionen" heraus. Sie grenzten sich durch unterschiedliche Glaubensbekenntnisse scharf voneinander ab und entwickelten eigene religiöse Formen: Prozessionen, Heiligenfeste oder Marienverehrung wurden bei Katholiken wichtig; Lutheraner und Reformierte betonten Bibelfrömmigkeit und strenge Lebensführung.

Kirche, Staat und Schule. Die Kirchen verfügten über großen Einfluss auf die Bevölkerung. Das wollten Fürsten und Stadtregierungen für ihre Zwecke nutzen, deshalb schalteten sie sich in die Konfessionsbildung ein und steuerten sie. Die evangelischen Obrigkeiten hatten hierbei besondere Möglichkeiten, weil sie die Pfarrer ernannten und bezahlten.

M1 Schülerzeichnung
Auch im Kloster Alpirsbach im Schwarzwald richtete der Herzog von Württemberg 1556–1595 eine Schule ein. So hat sich ein Schüler um 1580 an der Zellenwand verewigt.

Bei beiden Konfessionen erlangte die Schulbildung eine große Bedeutung. Viele evangelische Fürsten, unter ihnen der Herzog von Württemberg, lösten die Klöster in ihren Territorien nicht einfach auf, sondern wandelten sie in höhere Schulen für künftige Pfarrer und Beamte um. In Württemberg gab es um 1600 fast in jedem Dorf auch eine Volksschule. In Städten mit katholischer Obrigkeit, z.B. Freiburg, Rottweil, Konstanz, Dillingen oder München, gründeten die Jesuiten (s. S. 126f.) Gymnasien oder Universitäten. Ihre Pädagogik galt als modern und genoss hohes Ansehen. Wer später als Staatsbeamter oder Geistlicher zur katholischen Elite gehören wollte, musste eine solche Bildungsstätte besucht haben.

Religion als Machtmittel. Auf diese Weise entwickelte sich aus Reformation und Erneuerung der katholischen Kirche eine Glaubensspaltung, die für lange Zeit Alltag und Denken der Menschen prägte. Religion und Kirche spielten im Leben der Menschen eine noch größere Rolle als im Mittelalter. Ihr Tageslauf war von Gebeten und Bibelsprüchen, Andachten und Gottesdiensten, das Jahr durch kirchliche Feste und Wallfahrten gegliedert.
Die intensive religiöse Einbindung hatte eine weltliche Wirkung, die die Historiker als „Sozialdisziplinierung" bezeichnen. Menschen, die bereit waren, sich an kirchliche Gebote zu halten, fügten sich auch leichter den Gesetzen des Staates und den Regeln des Anstands. Und wenn sie es nicht taten, was natürlich vorkam, griff oft keine Polizei ein, sondern Nachbarn, Kirchenälteste, Lehrer oder Pfarrer brachten den Abweichler durch Überzeugung, aber auch Zwang wieder auf den rechten Weg.
Gewinner dieser Entwicklung waren letztlich die Fürsten. Sie nutzten diese neue Möglichkeiten, ihre Untertanen stärker zu kontrollieren. Reformation und Konfessionalisierung brachten ihnen einen großen Zugewinn an Macht.

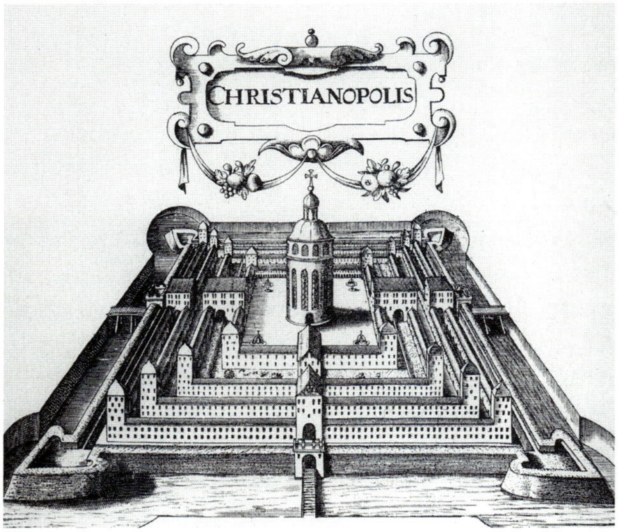

M2 Eine ideale Ordnung?
Titelbild von „Christianopolis" (Christenstadt), eines Werks von Johann Valentin Andreae. Der Autor stammte aus Herrenberg bei Stuttgart und war einer der bedeutendsten evangelischen Theologen des 17. Jh.

M3 Kirchenordnung für Brandenburg und Nürnberg *(1533):*

Zum Dritten spricht Paulus (Gal. 3,24): „Das Gesetz ist unser Zuchtmeister gewesen auf Christum. Ein Zuchtmeister aber soll die Kinder unter der Rute halten und mit Gewalt zwingen, fromm zu sein, bis die Vernunft und der Verstand kommt, sodass sie selbst willig und ohne Zwang recht handeln."

Emil Sehling (Hrsg.): Die evangelischen Kirchenordnungen des 16. Jahrhunderts. Bayern: Franken, Tübingen (Mohr) 1961, S. 151.

M4 Aus Protokollen württembergischer Kirchenkonvente

Auf Anordnung des Herzogs wurden in Württemberg ab 1642/44 in allen Gemeinden Kirchenkonvente eingerichtet. Sie bestanden aus dem Pfarrer, dem Schultheißen, dem Armenpfleger und Richtern aus der Gemeinde und tagten regelmäßig. Ihre Aufgabe war es, den Lebenswandel der Menschen zu überwachen:

- ... ist er ins Wirthshaus gegangen, hat sich mächtig überweint, also dass er nimmer gehen und stehen könne, auch dabei gar übel geflucht bei den Heiligen Sakramenten, Donner und Hagel ... um einen Gulden gestraft. (1682)
- (Es) wird beklagt, dass er in der Kirche von der Empore kleine Steinlein auf das Weibervolk herabgeworfen (habe). Wird deswegen ins Zuchthäuslein geführet bis zur Abendglocke. (1702)
- ... sind von dem Kirchenkonvent die drei ledigen Weibspersonen, weil sie mit Hans Haugen Dienstbuben in der Scheuer auf dem Heu üppigen Scherz getrieben und demselben ungebührlicherweise seine Hosen aufgelöst haben, eine jegliche um ein Pfund Heller gestraft worden. (1705)
- Drei Mädchen aus Schwenningen wurden bestraft, weil sie an Fastnacht in die katholische Nachbarstadt Villingen gegangen und dort „den Fastnachtsnarren nach auff die Tantzlaube geloffen" waren. (1705)
- Johann Jakob Klink hielt seinen Knaben unfleißig zur Schule ... gab zu seiner Entschuldigung vor: Er brauche den Buben so nötig zu seinem Geschäft. Der Kirchenkonvent gab der Hoffnung Ausdruck, er werde sich in Zukunft bessern und in Ansehung seiner Kinder eine christliche Gesinnung bekommen ... Für dieses Mal werde er gestraft mit ? Pfund Heller. (1771)

Zusammengestellt vom Verfasser.

M5 Am Konstanzer Jesuitengymnasium

Die Ausbildung dauerte fünf Jahre und vermittelte die Kenntnis der klassischen lateinischen und griechischen Schriftsteller. Theateraufführungen über das Leben von Heiligen waren wichtige Ereignisse im Schulleben.

Der gesamte Lehrplan war auf das Ziel ausgerichtet, „dass die Schüler in der Erkenntnis des Schöpfers und Erlösers und in der Liebe zu ihm angetrieben würden." Die Schulordnung verlangte, dass sie nicht fluchen und möglichst alles meiden sollten, was unsittlich erscheinen könnte. Jeden Morgen um sieben hatten sie die Messe zu besuchen, an Sonn- und Feiertagen erst um 8 Uhr. Monatlich mussten sie einmal beichten.

Alle Schüler waren „Sodalen", d.h. Mitglieder der Marianischen Kongregation, einer Gemeinschaft, deren Ziel die religiöse Unterweisung war. In der Karwoche zogen sie, in Büßerkutten gekleidet, in auffälligen Prozessionen durch die Straßen. Während der Fastnachtszeit wurden die Sodalen aufgefordert, an einem 40-stündigen Gebet teilzunehmen – während die übrige Stadtbevölkerung auf den Straßen ausgelassen feierte.

Zitiert nach: Wolfgang Zimmermann: Bildung verändert die städtische Gesellschaft – Gründung des Konstanzer Jesuitengymnasiums im Jahr 1604. In: 400 Jahre Heinrich-Suso-Gymnasium Konstanz, Bad Buchau (Federsee-Verlag) 2004, S. 22f.

1 Beschreibe die besonderen Merkmale von Christianopolis (M2). Überlege, welche Idealvorstellungen von einer christlichen Gesellschaft in dem Bild zum Ausdruck kommen.

2 Zeige, worin sich Christianopolis von den landesfürstlichen Vorstellungen (M2–M4) unterschied.

3 Erläutere, mit welchen Absichten der Staat auf die religiöse Erziehung der Menschen einwirkte (M3 und M4). Finde Oberbegriffe für die „Vergehen", die vor den Kirchenkonventen verhandelt wurden. Erörtere, wie solche Verhaltensweisen heute bewertet würden (M4).

4 Diskutiere den Stellenwert der Religion bei der Schulbildung im konfessionellen Zeitalter. Vergleiche mit heutigen Regelungen (M4 und M5).

5 Entwirf eine Wandzeichnung eines Schülers am Jesuitengymnasium. Sie soll ein typisches Merkmal des damaligen Schullebens darstellen (M1 und M5).

Hexenverfolgungen

Der Teufel und die Hexen. Schon bei Germanen und Kelten war der Glaube an Zauberei und Hexen ein Teil ihres Denkens gewesen. Als diese Völker zum Christentum übertraten, versuchte die Kirche, diesen Glauben zu bekämpfen. Er galt ihr als heidnisch. Im Laufe der Zeit veränderte sich diese Einstellung jedoch in ihr Gegenteil. So vertrat die Kirche am Ende des Mittelalters den Standpunkt, es gebe tatsächlich Hexen. Von ihnen behauptete man, sie hätten einen Pakt mit dem Teufel geschlossen, der es ihnen ermögliche, Menschen durch Zauberei zu schädigen. Der Teufelspakt bedeutete zudem die Loslösung vom Christentum. Anstatt Gott zu verehren, würden die Hexen dem Teufel dienen. Vor allem glaubte man, Hexerei sei keine vereinzelte Erscheinung, sondern die Hexen bildeten eine weit verzweigte Sekte und träfen sich gemeinsam nachts mit dem Teufel zum Tanz, dem „Hexensabbat".

Ursachen der Hexenverfolgungen. Neben der Kirche forderte oft auch das einfache Volk die Verfolgung von Hexen. Man fürchtete den Zorn Gottes, wenn deren ketzerisches Tun nicht bekämpft würde. Darüber hinaus wollten viele Menschen die Hexen bestrafen, weil man sie für die Ursache persönlichen Unglücks hielt: Wenn die Kinder erkrankten, die Kuh im Stall keine Milch mehr gab oder die Ernte verhagelt worden war, erklärte man solche Notfälle oft mit dem Schadenszauber der vermeintlichen Hexen. Doch was man ihnen vorwarf, hatte tatsächlich ganz andere Hintergründe: Viele Menschen verarmten im 16. Jh., weil die Preise für Lebensmittel deutlich stärker anstiegen als die Löhne. Hierfür waren häufig Missernten verantwortlich, zu denen es aufgrund einer jahrzehntelang andauernden Klimaverschlechterung kam. So wurden das Leben der Menschen und ihr Miteinander immer schwieriger. Hinzu kamen der Glaube an das Wirken böser Mächte und unzureichende Kenntnisse, beispielsweise über die Entstehung von Krankheiten.

Hexenprozesse. Als Hexen und Zauberer wurden meist Angehörige der ärmeren Bevölkerungsschichten angeklagt, auch Männer, vor allem aber Frauen. Oft folterte man sie, um Geständnisse zu erzwingen, ohne die kein Urteil gesprochen werden durfte. Da man von einer großen Verschwörung vieler Hexen ausging, zwang man die Angeklagten unter der Folter dazu, ihre vermeintlichen Komplizinnen zu nennen. Die Regeln des Strafprozesses, die die Verurteilung Unschuldiger verhüten sollten, setzte man bei diesem Verbrechen meist außer Kraft. Daher endeten die Prozesse fast immer mit der Hinrichtung der Angeklagten. Die Urteile wurden öffentlich vollstreckt; dabei las man den Zuschauern die Vergehen der Hexen vor. Dadurch bestärkte jede Verurteilung das Volk noch mehr in seiner Hexenangst. Auf diese Weise blieb es meist nicht bei einem einzelnen Prozess, sondern es kam zu ganzen Verfolgungswellen, deren Höhepunkte zwischen 1560 und 1630 lagen. So wurden auf dem Boden des heutigen Deutschland etwa 25 000 Menschen als Hexen und Zauberer getötet. Obwohl es immer Gegner des Hexenglaubens – auch in der Kirche – gab, setzte sich ihr Standpunkt erst spät durch: Die letzte so genannte Hexe wurde in Deutschland 1775 zum Tode verurteilt.

M1 Hexenschuss *(1489)*

M2 Wetterzauber *(1489)*

M3 Hexen und Teufel *(1568)*

M4 Geschichte erzählt

Verbrechen und Tod einer Hexe

Die Bewohner von Schiltach im Schwarzwald standen vor den Trümmern ihrer Häuser. Kein einziges hatte das große Feuer verschont. Verzweifelt blickten die Menschen auf die verkohlten Reste ihres Besitzes. Sie fragten sich, warum Gott sie an diesem Apriltag des Jahres 1533 so gestraft hatte, waren doch erst wenige Jahre seit der letzten Feuersbrunst vergangen.

Die Menschen erinnerten sich des unheimlichen Geschehens, das kurz vor dem Brand im Wirtshaus beobachtet worden war: Getrommelt hatte es da und gepfiffen. Tagelang, ohne dass man die Herkunft der Geräusche hatte ermitteln können. Bis sich ihr Urheber selbst zu erkennen gab: Der Teufel in der Stadt! Die Bürger erschraken und bekreuzigten sich: Mit dem Wirt hatte er gesprochen! Und verlangt, er solle seine Magd entlassen! Denn ihm gehöre die Magd, nicht dem Wirt! – Tatsächlich jagte der Mann seine Magd aus dem Haus. Einige Wochen später wurde sie in Oberndorf bei lebendigem Leibe verbrannt. Zuvor verlas man ihr Geständnis: Ja, sie sei eine Hexe. Verbündet mit dem Teufel seit 18 Jahren. Und habe Verbrechen begangen mit seiner Hilfe und Menschen und Vieh geschadet. Auch Schiltach habe sie angesteckt. Mit dem Teufel habe sie sich auf dem Heuboden des Wirtshauses getroffen; er habe ihr ein Töpfchen gegeben und befohlen, es auszugießen. Da habe es angefangen zu brennen …

Nach einem Flugblatt aus dem Jahre 1533, vom Verfasser nacherzählt.

M5 Obdachlos wegen Hexerei

Nicht nur in der frühen Neuzeit war der Zauber- und Hexenglaube verbreitet. Umfragen zufolge hält es noch heute jeder dritte Deutsche für möglich oder sogar für sicher, dass es Menschen gibt, die anderen etwas „anhexen“ können. Auch in vielen anderen Kulturen besteht der Glaube an Hexerei und Zauberei weiter. Hier ein Beispiel aus Afrika:

Im zentralafrikanischen Kongo … wird allein die Hauptstadt Kinshasa von über 40 000 Straßenkindern bevölkert, die aus dem Haus geworfen wurden, weil ihre Familien sie für Unglücksbringer halten … Simeon Mesaki, der … die Hexerei erforscht, schildert seine wichtigste Erkenntnis so: „Für viele Menschen in Afrika gibt es keinen vernünftigen Zusammenhang zwischen Ursache und Wirkung. Wenn jemand plötzlich krank wird, sind daran nicht etwa Bakterien, Viren oder der Lebensstil schuld, sondern der Nachbar … oder das eigene Kind, das mit bösen Mächten paktiert.“ … Vor zwei Jahren wurden hunderte von Kindern in der kongolesischen Diamantenstadt Mbuji-Mayi von ihren Familien ausgesetzt, weil sie für den Preisniedergang der funkelnden Steine verantwortlich gemacht wurden.

Zitiert nach: Wolfgang Drechsler: Obdachlos wegen Hexerei. Abergläubische Familien im Kongo setzen ihre Kinder vor die Tür. In: Südkurier Nr. 25, Freitag, 31. 1. 2003.

1 Beschreibe die Handlungen und Verbrechen, die den Hexen unterstellt wurden (M1–M4).

2 Warum blieb es meist nicht bei einzelnen Prozessen?

3 Stell dir vor, der Fall der Schiltacher Magd würde heute vor Gericht neu verhandelt werden: Formuliere eine Rede, mit der ein Rechtsanwalt die Magd verteidigen könnte (M4).

4 Vergleiche den Hexenglauben der frühen Neuzeit mit dem heutigen im Kongo. Finde Unterschiede und Gemeinsamkeiten heraus (M5 und Autorentext).

5 Fasse in Form einer Mindmap zusammen, was der darstellende Text über Hexen und ihre Verfolgung vermittelt.

Dreißig Jahre Krieg

Ein Krieg von unvorstellbaren Ausmaßen. Vor fast vierhundert Jahren verwüstete ein schrecklicher Krieg weite Teile Deutschlands. Er dauerte dreißig Jahre. Es gab nur wenige Menschen, die sich überhaupt noch an Friedenszeiten erinnern konnten. Viele Soldaten und Zivilisten starben. Felder und Äcker wurden zerstört, Bauernhöfe in Brand gesteckt. Bis sich Natur und Mensch von diesen Schäden und Verlusten erholen konnten, sollten weitere Jahrzehnte vergehen.

Hintergründe des Krieges. Es ist nicht leicht, diesen Krieg zu überblicken und zu verstehen, weil es so viele verschiedene Beteiligte und Motive gab. Immer wieder kam es trotz des Augsburger Religionsfriedens von 1555 (s. S. 122f.) zu Spannungen zwischen Protestanten und Katholiken. Deswegen schlossen sich evangelische Fürsten unter der Leitung von Kurfürst Friedrich von der Pfalz zur Union zusammen. Katholische Fürsten gründeten daraufhin die Liga unter der Leitung Herzog Maximilians von Bayern. Beide Seiten beargwöhnten einander.

Auslöser des Krieges. Im Jahre 1618 ereignete sich in der Stadt Prag in Böhmen eine gewaltsame Demonstration. Die meisten böhmischen Adligen waren Protestanten, der deutsche Kaiser und böhmische König aber war katholisch. Schon seit längerem versuchte er die religiösen Rechte, die sein Vorgänger den Protestanten garantiert hatte, einzuschränken. Daher waren diese beunruhigt. Sie beriefen einen Protestantentag nach Prag ein, um sich zu beraten. Als der Kaiser die Zusammenkunft verbieten ließ, war das Maß voll. Einige Anführer der Protestanten machten ihrer Empörung Luft und warfen kurzerhand zwei Gesandte des Kaisers und einen Schreiber aus einem Fenster der Prager Burg.

Der böhmisch-pfälzische Krieg (1618–1623). Im Jahre 1619 wählten die böhmischen Stände den calvinistischen pfälzischen Kurfürsten Friedrich V. zum König. Gleichzeitig setzten sie Ferdinand II. als böhmischen König ab. Das konnte er als Kaiser nicht hinnehmen. Sein Schwager, der katholische Herzog Maximilian I. von Bayern, bot ihm militärische Unterstützung an. Am 8. November 1620 besiegte die überlegene Armee des Bayernherzogs in der Schlacht am Weißen Berg bei Prag in nur wenigen Stunden die böhmischen Truppen. Kaiser Ferdinand II. hielt ein großes Strafgericht in Böhmen ab. Führende Adlige wurden hingerichtet und enteignet, Böhmen wurde rekatholisiert. Maximilian I. erhielt zur Belohnung für seine Unterstützung im Jahre 1623 die Oberpfalz und die Kurwürde. Der besiegte Friedrich V. floh.

M1 „Prager Fenstersturz“
(zeitgenössischer Kupferstich von Matthäus Merian d. Ä.)

M2 Karten zum Dreißigjährigen Krieg

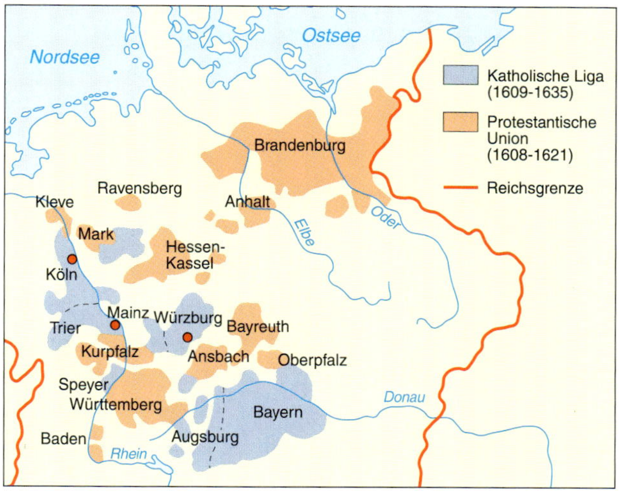

Ausländische Mächte greifen ein. Als Johann von Tilly, erfolgreicher Feldherr der katholischen Liga, den flüchtigen Friedrich V. bis nach Norddeutschland verfolgte, schaltete sich der protestantische dänische König Christian IV. ein, da er seine Interessen bedroht sah. Auch die Holländer, Engländer und Franzosen wollten nicht, dass der Kaiser in Wien zu stark wurde. Deshalb unterstützten sie Christian, als dieser mit seinen Truppen nach Norddeutschland zog. Er wurde aber trotzdem von Wallensteins Söldnerarmee (s. S. 134f.) und den Truppen des kaiserlichen Generals Tilly besiegt und musste 1629 einen Friedensvertrag mit dem Kaiser in Lübeck schließen. Ferdinand II. war nun auf dem Höhepunkt seiner Macht und wollte den evangelischen Fürsten Deutschlands alle Kirchengüter wieder wegnehmen, die sie sich seit 1552 angeeignet hatten. Das hätte für sie einen großen Verlust an Einkünften und Einfluss bedeutet. Diese Situation nutzte der protestantische König von Schweden, Gustav II. Adolf, und landete im Jahre 1630 mit 30 000 Soldaten in Usedom. Auf schwedischen Flugblättern ließ er sich als Retter der bedrängten deutschen Protestanten darstellen, doch ging es ihm nicht zuletzt darum, Schweden ein Stück Ostseeküste zu sichern und so dessen Einflussbereich auszudehnen. Finanziell wurde er übrigens von dem katholischen Frankreich unterstützt. In einem siegreichen Vormarsch drang Gustav II. Adolf bis nach Bayern vor, fiel jedoch im Jahre 1632 in der Schlacht bei Lützen. In Schweden wird er bis heute fast wie ein Heiliger verehrt.

Ab 1635 beteiligte sich Frankreich auch direkt militärisch am Krieg, in dem es nun hauptsächlich um die Vorherrschaft in Europa ging. Diese letzte lange Kriegsphase, die noch bis 1648 dauerte, war für die schon jahrelang geplagten Menschen die schlimmste und bedrückendste. Ob es eigene oder feindliche Soldaten waren, die in ihre Dörfer einfielen, war für sie bedeutungslos, denn von beiden Seiten hatten sie nur Ausplünderung und Schrecken zu erwarten.

1 Beschreibe das Bild M1 (Raum, Personen, Vorgang) möglichst genau. Stelle dir nun vor, du gehörtest zur kaiserlichen Gesandtschaft oder zu den böhmischen Adligen. Du willst das Bild für ein Flugblatt verwenden, das kurz und deutlich deine Sicht der Dinge und deine Empörung darüber darstellt. Verfasse dazu einen Text. Denke auch an eine zündende Überschrift, wie „Jetzt reicht's!"

2 Betrachte die beiden Karten (M2) und beschreibe, welche Informationen du ihnen entnehmen kannst.

3 Erstellt arbeitsteilig Steckbriefe zu den im Text genannten Beteiligten des Dreißigjährigen Krieges. Zieht dazu Informationen aus Lexika, anderen Büchern oder dem Internet heran.

Der schreckliche Alltag des Krieges

Heerführer und Söldner. Warum war dieser Krieg so schrecklich? Wie wurde damals gekämpft? In den Schlachten des Dreißigjährigen Krieges traten große Heere gegeneinander an, die nicht selten über 20 000 Soldaten zählten. Es waren Söldner, die für Feldzüge angeworben wurden und manches Mal während des Krieges auch die Seiten wechselten. Die Regimenter begleitete ein Tross von Frauen, Kindern und Händlern. Für ihre Unterkunft und Einquartierung hatte die Bevölkerung der Orte und Landstriche, durch die sie zogen, zu sorgen. Wurde den Söldnern ihr Sold nicht ausgezahlt, hielten sie sich mit Plünderungen bei den Bauern schadlos, wobei es zu vielen Gewalttaten kam. Vor allem in der letzten Phase des Krieges, ab 1635, hatte die Zivilbevölkerung entsetzlich darunter zu leiden.

M1 Albrecht von Wallenstein *(1583–1634, Gemälde eines unbekannten Künstlers)*

Ein Kriegsunternehmer. Der katholische böhmische Adlige Wallenstein war einer der ehrgeizigsten und mächtigsten Männer seiner Zeit. Reich geworden durch Heirat und die Aneignung von Besitztümern der hingerichteten protestantischen Rebellen aus dem böhmischen Adel, stellte er dem Kaiser nicht nur Söldnerheere, sondern auch Geldmittel zur Verfügung. In seinem Herzogtum Friedland in Ostböhmen ließ er alle wichtigen Kriegsgüter – Rüstungen, Uniformen, Waffen, Munition – produzieren. Er war nicht nur Heerführer, sondern auch ein erfolgreicher Kriegsunternehmer. Der Kaiser war immer wieder auf ihn angewiesen, misstraute ihm aber auch wegen seines Ehrgeizes. Als Wallenstein in Verdacht geriet, heimlich mit den Schweden über einen Friedensschluss zu verhandeln, wurde er von kaisertreuen Offizieren in seinem Haus in Eger ermordet.

M2 Geschichte erzählt

Ein Kampf auf Leben und Tod

Im Jahr 1669 erschien der Roman „Simplicius Simplicissimus" von Hans Jakob Christoffel von Grimmelshausen. Sein Held erlebt viele Abenteuer im Dreißigjährigen Krieg. In der folgenden Episode erzählt er von einer Schlacht gegen die Schweden im Jahre 1636:

Und als eine schwedische Abteilung auf die unserige traf, waren wir sowohl als die Fechtenden selbst in Todsgefahr, denn in einem Augenblick flog die Luft so häufig voll singender Kugeln über uns her, dass es das Ansehen hatte, als ob die Salve uns zu Gefallen gegeben worden wäre, davon duckten sich die Furchtsamen, als ob sie sich in sich selbst verbergen wollen; diejenigen aber, so Courage hatten und mehr bei dergleichen Scherz gewesen, ließen solche über sich hinwegstreichen. Im Treffen selbst aber suchte jeder, seinem Tod mit Niedermachung des Nächsten, der ihm aufstieß, vorzukommen. Das gräuliche Schießen, das Geklapper der Harnisch, das Krachen der Piken und das Geschrei beider, der Verwundeten und Angreifenden, machten neben den Trompeten, Trommeln und Pfeifen eine erschreckliche Musik! Da sah man nichts als einen dicken Rauch und Staub, welcher schien, als wollte er die Abscheulichkeit der Verwundeten und Toten bedecken, in demselbigen hörte man ein jämmerliches Weheklagen der Sterbenden und ein lustiges Geschrei derjenigen, die noch voller Mut staken ...
Köpf lagen dorten, welche ihre natürlichen Herren verloren hatten, und hingegen Leiber, die ihrer Köpf mangelten ... Summa summarum, das war nichts anderes als ein elender, jämmerlicher Anblick!

Zitiert nach: Hans Jakob Christoffel von Grimmelshausen: Der Abentheuerliche Simplicissimus Teutsch, hrsg. von Rolf Tarot, Tübingen (Max Niemeyer) 1967.

M3 Aus dem Tagebuch eines unbekannten Söldners

In diesem Jahr 1627 im April den 3. habe ich mich unter das Pappenheimsche Regiment zu Ulm lassen anwerben als einen Gefreiten, denn ich bin ganz abgerissen gewesen. Von da aus sind wir auf den Musterplatz gezogen, in die Obermarkgrafschaft Baden. Dort in Quartier gelegen, gefressen und gesoffen, dass es gut heißt.

Im Jahr 1630 kommt der Söldner über Paderborn und Goslar nach Magdeburg. Darüber schreibt er:

Haben uns verlegt auf Dörfer und die Stadt blockiert, den ganzen Winter still gelegen auf Dörfern bis zum Frühling im Jahr 1631. Da haben wir etliche Schanzen eingenommen im Wald vor Magdeburg. Da ist unser Hauptmann vor einer Schanze, neben vielen anderen, totgeschossen worden ... Den 20. Mai haben wir mit Ernst angesetzt und gestürmt und auch erobert. Da bin ich mit stürmender Hand ohne allen Schaden in die Stadt gekommen. Aber in der Stadt, am Neustädter Tor, bin ich 2-mal durch den Leib geschossen worden, das ist meine Beute gewesen ... Nachher bin ich in das Lager geführt worden, verbunden, denn einmal bin ich durch den Bauch vorne durchgeschossen worden, zum anderen durch beide Achseln, sodass die Kugel ist in dem Hemd gelegen. Also hat mir der Feldscher (Militärarzt) die Hände auf den Rücken gebunden, damit er hat können den Meißel einbringen. So bin ich in meine Hütte gebracht worden, halb tot ... Wie ich nun verbunden bin, ist mein Weib in die Stadt gegangen, obwohl es überall gebrannt hat, und hat wollen ein Kissen holen und Tücher zum Verbinden und worauf ich liegen könnte.

Zitiert nach: Ein Söldnerleben im Dreißigjährigen Krieg. Eine Quelle zur Sozialgeschichte, hrsg. und bearbeitet von Jan Peters, Berlin (Akademie Verlag) 1993, S. 138f.

M4 Zeitgenössische Radierungen

(Hans Ulrich Franck, Augsburg)

1 Du machst eine Führung und beschreibst das Gemälde von Wallenstein (M1). Gib Informationen zu Wallensteins Leben.

2 Lies den Text M2 zweimal – du brauchst nicht jedes Wort zu verstehen. Stelle dir vor, der Text wäre auf einer Hörkassette: Welche Hintergrundgeräusche würdest du hören? Stelle dir den Text als Bild vor: Was wäre zu sehen? Überlege: Was wird wohl aus den verwundeten und verkrüppelten Soldaten?

3 Stelle dir vor, der Söldner in M3 denkt nach seiner Genesung darüber nach, ob er in seinem Regiment bleiben oder den Dienst quittieren soll. Schreibe dazu einen Tagebucheintrag.

4 Informiere dich in einem Lexikon oder im Internet über die Eroberung Magdeburgs 1631 und berichte darüber.

5 Dreißig Jahre lang Krieg. Worunter litten die Menschen besonders (M2–M4)?

Der Westfälische Frieden von 1648

Verhandlungen in Münster und Osnabrück. Lang und schrecklich war der Krieg und lange dauerten auch die Verhandlungen, die ihn mit einem Friedensvertrag im Jahre 1648 schließlich beenden sollten. Seit 1643 tagten in den westfälischen Städten Münster und Osnabrück hunderte von Gesandten mit ihren Mitarbeitern aus vielen deutschen und europäischen Staaten, um sich zu beraten und zu einigen. Man hatte diese beiden Städte ausgewählt, weil Münster katholisch, Osnabrück evangelisch war und beide Städte ungefähr in der Mitte zwischen Paris und Stockholm lagen. Nach fünf Jahren einigten sich die Unterhändler schließlich auf einen Friedensvertrag.

Die Bestimmungen. Auf der Grundlage des Augsburger Religionsfriedens von 1555 (s. S. 122f.) wurden Katholizismus und Protestantismus als gleichberechtigte Religionen anerkannt. Was die jeweiligen Kirchen und die katholischen bzw. protestantischen Landesherren im Jahre 1624 besessen hatten, sollte in ihrem Besitz verbleiben. Wenn ein Fürst die Konfession wechselte, sollten seine Landeskinder trotzdem ihren bisherigen Glauben behalten dürfen. Die ausländischen Kriegsparteien Frankreich und Schweden setzten ihre Ansprüche weitgehend durch und erzielten Gebietsgewinne. Das Heilige Römische Reich Deutscher Nation mit dem Kaiser an der Spitze bestand aus mehreren hundert kleinen, mittleren und größeren Ländern. Jedes hatte seine eigene Regierung und bestimmte seine Politik weitgehend selbst. Doch gab es auch gemeinsame Einrichtungen. Im Reichstag trafen sich Gesandte der Länder, um mit der Zustimmung des Kaisers Reichsgesetze zu beschließen; im Reichskammergericht, dessen Mitglieder zum Teil vom Kaiser, zum Teil von den Reichsständen ernannt wurden, konnten kleinere Länder, zum Beispiel bei Streitigkeiten mit ihren Landesherren, ihr Recht einklagen. Aber es sollte noch viele, viele Jahre dauern, bis aus dem „Heiligen Römischen Reich Deutscher Nation" ein „Deutsches Reich", wurde, ein Nationalstaat, wie es ihn z.B. in England und Frankreich schon gab.

„Vivat Pax!" Trotz der vielen Toten, Grausamkeiten und Zerstörungen, trotz des Elends wurden überall im Reich Dankgottesdienste abgehalten und Feste gefeiert. Ein besonders glanzvolles Freudenfest fand in Münster statt. Seinen Höhepunkt bildete am Abend ein großes Feuerwerk, in dem neben dem Stadtwappen die Worte „Vivat Pax!" (= „Es lebe der Frieden!") aufleuchteten.

M1 Friedensreiter verbreiteten die Nachricht von der Unterzeichnung des Vertrages *(Flugblatt, Oktober 1648).*

M2 Entlassene Soldaten, Räuberbanden und Bettler machten viele Straßen unsicher *(Radierung von J. Callot, 1622).*

M3 Die Ergebnisse des Westfälischen Friedens

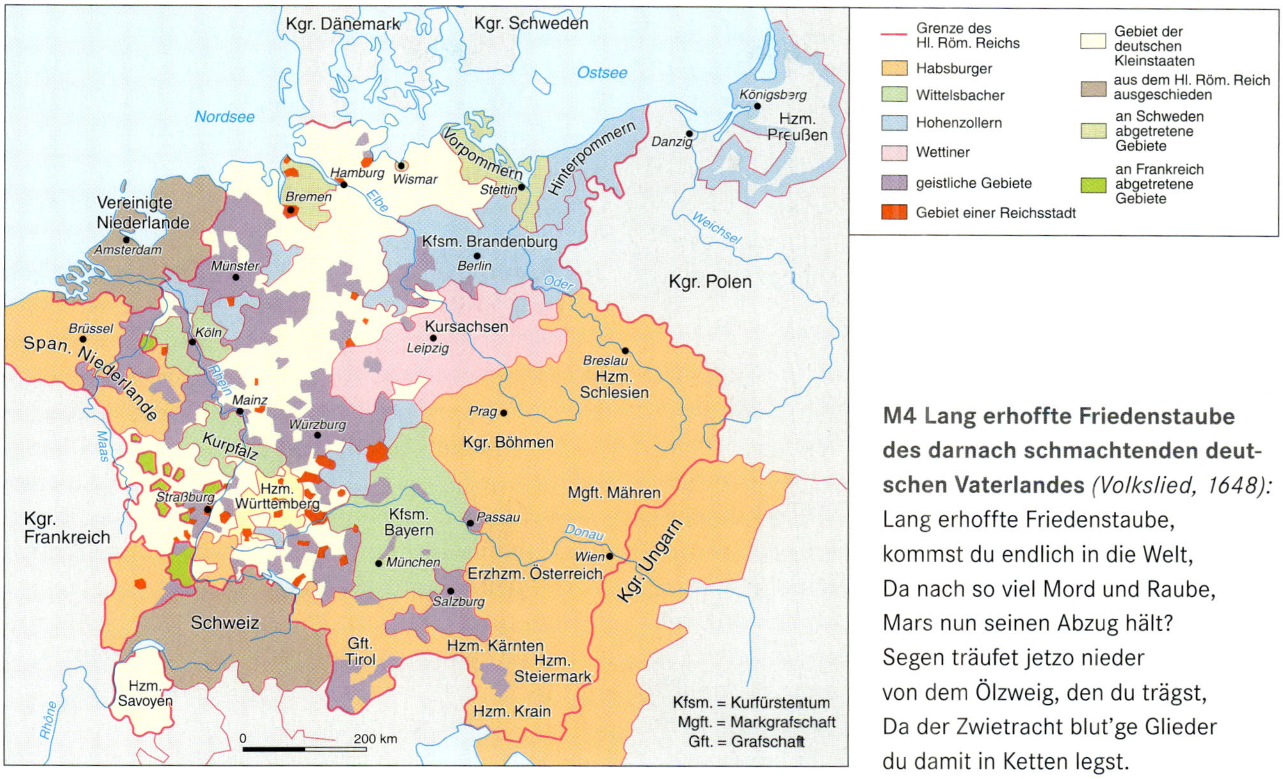

M4 Lang erhoffte Friedenstaube des darnach schmachtenden deutschen Vaterlandes *(Volkslied, 1648):*

Lang erhoffte Friedenstaube,
kommst du endlich in die Welt,
Da nach so viel Mord und Raube,
Mars nun seinen Abzug hält?
Segen träufet jetzo nieder
von dem Ölzweig, den du trägst,
Da der Zwietracht blut'ge Glieder
du damit in Ketten legst.

M5 Bevölkerungsverluste

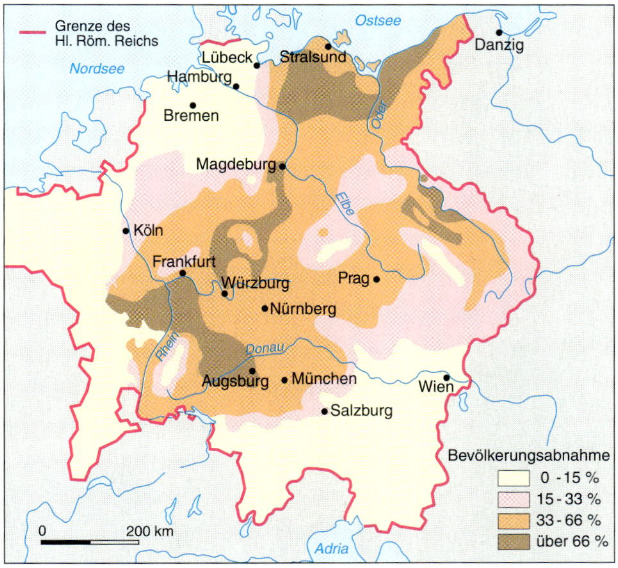

Von den 18 Millionen Einwohnern, die das Heilige Römische Reich um 1618 hatte, waren fünf bis sechs Millionen in den Schlachten, durch Misshandlungen, als Folge von Hungersnöten und Seuchen umgekommen.

1 Betrachte das Bild M1 genau. Beachte die Symbole für gute Nachrichten und die Gegenstände am rechten unteren Bildrand. Erkläre die Bedeutung der Städtenamen im Zusammenhang mit dem Dreißigjährigen Krieg.

2 Auf welche Fragen gaben die Bestimmungen des Friedensvertrages eine Antwort?

3 Welche heutigen Staaten liegen auf dem Gebiet des Heiligen Römischen Reiches Deutscher Nation (M3)? Zu welchem Herrschaftsgebiet gehörte dein Wohnort?

4 Nenne die Gebietsgewinne Schwedens und Frankreichs. Welche Gebiete schieden aus dem Heiligen Römischen Reich aus (M3)?

5 Welche Probleme mussten nach Kriegsende gelöst werden (M2, M5)?

6 Zeichne zu der Liedstrophe M4 eine Illustration für ein zeitgenössisches Flugblatt. Erkläre die Bedeutung der Symbole „Mars“ und „Ölzweig“.

Religionskriege in Europa

Zeitalter der Glaubenskämpfe. Der Dreißigjährige Krieg war Höhepunkt und Abschluss einer langen Reihe konfessioneller Bürgerkriege. Sie setzten bereits um die Mitte des 16. Jh. in Westeuropa ein, wo es nur wenige Lutheraner gab und Katholiken und Anhänger des französischen Reformators Calvin sich gegenüberstanden. Wie in Deutschland versuchten die jeweiligen Regierungen, ihre Bevölkerung zu einem bestimmten Glaubensbekenntnis zu zwingen. Dies führte oft zum Widerstand von Anhängern der Religion, die unterdrückt wurde.

Calvins Kirchenordnung. Jean Calvin (1509–1564) musste als junger Mann aus Paris fliehen, weil er begeisterter Anhänger der Reformation war. Über Basel kam er nach Genf. Hier ließ er sich nieder und ordnete ab 1541 die kirchlichen Verhältnisse der Stadt von Grund auf neu. Er wollte das Christentum streng zu seinem biblischen Kern zurückführen. Der Gottesdienst, den er einrichtete, war nüchtern, in den Kirchen durften nicht einmal Kreuze hängen. Es gab keine Bischöfe oder Priester; wer eines der zahlreichen Ämter ausüben wollte, musste dazu von der Gemeinde gewählt werden. Ihre demokratischen Mitbestimmungsrechte und ihr Glaube, von Gott in besonderer Weise erwählt zu sein, machten die „Reformierten“ gegenüber kirchlichen und weltlichen Autoritäten selbstbewusst und mutig.

Vom Blutbad zur Toleranz. In Frankreich nannte man die Anhänger Calvins „Hugenotten“, nach „eyguenôts“, einem Genfer Wort für „Eidgenossen“. Sie wurden grausam verfolgt; trotzdem nahmen ihre Zahl und ihr Einfluss ständig zu. Der König und katholische Adlige befürchteten, die Hugenotten könnten ganz Frankreich in ihrem Sinn beeinflussen. Es kam zu einem blutigen Bürgerkrieg, der über 30 Jahre dauerte. Ein Ausgleich schien greifbar, als die Schwester des Königs den protestantischen Herrscher Heinrich von Navarra, einem Königreich in Nordspanien, heiratete. Aus diesem Anlass waren zahlreiche vornehme Hugenotten nach Paris gekommen. Die katholische Partei nutzte diese Gelegenheit: In der Nacht vom 23. zum 24. August 1572, der „Bartholomäusnacht“, wurden über 3000 Hugenotten hinterhältig ermordet, danach noch 12000 bis 20000 im ganzen Land. 1593 erbte der König von Navarra als Heinrich IV. den Thron von Frankreich. Er sah ein, dass er als Protestant nicht ein mehrheitlich katholisches Land regieren könne, und trat zum Katholizismus über. Er soll dazu gesagt haben: „Paris ist eine Messe wert.“ Im Edikt von Nantes bestätigte er 1598 die katholische Konfession als Staatsreligion, erlaubte aber auch den Hugenotten, ihren Gottesdienst zu feiern und Ämter im Staat zu übernehmen.

Der Freiheitskampf der Holländer. Die heutigen Niederlande und Belgien unterstanden im 16. Jh. der spanischen Krone, der stärksten Macht Europas. Von der Reformation war sie völlig unberührt geblieben. König Philipp II. (1556–1598) wollte die spanische Macht einsetzen, um überall in Europa den Katholizismus wieder zu stärken. Als in den nördlichen Landesteilen der Niederlande die Zahl der ▸ Calvinisten immer mehr zunahm, machte er ihnen durch hohe Steuern und weniger Mitspracherechte ihr Leben schwer. Ihr Protest dagegen gipfelte 1566 in einem gewaltigen Bildersturm, d. h. calvinistische Aufrührer verwüsteten zahllose katholische Kirchen. Daraufhin schickte der König eine starke Armee ins Land. Er ließ die Calvinisten grausam verfolgen, tausende wurden umgebracht. Aber die Niederländer wehrten sich tapfer und zäh gegen die Fremdherrschaft. Sie überfielen die Spanier auf schmalen Dammwegen, versenkten ihre Schiffe, durchstachen Deiche, um ihre Unterdrücker zu ertränken. Nach jahrzehntelangem Kampf erlangten die calvinistischen Nordprovinzen 1609 ihre Unabhängigkeit, die katholischen südlichen Landesteile (heute Belgien) blieben bei Spanien.

M1 Calvinistischer Bildersturm in Flandern *(1568)*

M2 Das „Massaker von Vassy"
1562 überfielen katholische Truppen einen reformierten Gottesdienst, der in einer Scheune stattfand. Sie töteten 23 Hugenotten und verletzten über 100. Der Vorfall eröffnete den Bürgerkrieg, der bis 1593 insgesamt achtmal aufflammte.

M3 Titelblatt des „Leviathan" von Thomas Hobbes *(1651)*
Der englische Philosoph Hobbes hatte die Bürgerkriege in England und Frankreich miterlebt. In seinem Werk stellt er grundsätzliche Überlegungen über die Natur des Menschen und die Aufgabe des Staates an. Das Titelblatt zeigt seine zentralen Ideen.

1 Nenne Unterschiede zwischen Calvins und Luthers Lehre. Lies dazu auch auf S. 116f. nach.

2 Zeige anhand von M1 und M2 und mithilfe des Autorentextes, wie sich die Religionsparteien bekämpft haben.

3 Erkläre den Satz „Paris ist eine Messe wert."

4 a) Betrachte M2 und M3 genau und nenne die Elemente, die in beiden Bildern vorkommen.

b) Beschreibe, wie der Stecher des Titelblatts des „Leviathan" (M3) diese Elemente angeordnet hat. Was hat er hinzugefügt?

c) Beschreibe, wie nach Auffassung des Philosophen Thomas Hobbes (M3) der Staat aufgebaut sein soll. Wer soll Gewalt ausüben dürfen, wer nicht?

d) Erläutere die Auswirkungen auf das Land und die Menschen, die in ihm leben. Prüfe, ob in einer solchen Ordnung Bürgerkrieg noch möglich wäre.

Gesellschaft im Umbruch

seit dem 14. Jh.	Renaissance und Humanismus
um 1450	Erfindung des Buchdrucks mit beweglichen Lettern (Johannes Gutenberg)
1492	Kolumbus entdeckt Amerika
1498	Entdeckung des Seeweges nach Indien (Vasco da Gama)
1517	Luthers 95 Thesen gegen kirchliche Missstände
1519–1556	Kaiser Karl V.
1519–1522	erste Weltumsegelung (Fernando Magellan)
1519–1521	Hernán Cortés zerstört das Reich der Azteken
1521	Luther vor dem Reichstag in Worms
1524/25	Bauernkrieg
1530	Augsburger Konfession
1531–1534	Francisco Pizarro erobert das Inkareich
1555	Augsburger Religionsfrieden
1545–1563	Konzil von Trient
1618–1648	Dreißigjähriger Krieg/ Westfälischer Frieden

Sicherung wichtiger Begriffe

- **Eigene Dateien**
  - **Geschichte**
    - Neues Denken – Neues Können
    - Entdeckungen und Eroberungen
    - Konfessionen und Kriege – Glaubenskämpfe in Europa
    - **Methoden**
      - Historische Karten
      - Spottbilder und Flugschriften
    - **Fachbegriffe**
      - Ablass
      - Neuzeit
      - Buchdruck
      - Reformation
      - Humanismus
      - Renaissance
      - Konfession
      - Weltbild
      - Konzil

1 Führe die PC-Datei wie gewohnt fort bzw. erweitere deinen Karteikasten.
2 Ordne die Daten aus der Zeittabelle oben links den Begriffen im Schaubild zu.
3 Welche Veränderungen erfuhr der mittelalterliche Mensch während des Übergangs zur Neuzeit? Erläutere die Zusammenhänge des Schaubildes.
4 Kennst du weitere Umbrüche in der Geschichte? Denke z. B. an die Steinzeit (s. S. 3). Berichte.

DER MENSCH ALS INDIVIDUUM

HUMANISMUS

RENAISSANCE

REFORMATION

RELIGIONSKRIEGE

■ **GESCHICHTE AKTIV/KREATIV**

Projektidee: „Collagen für das Klassenzimmer zum Thema ‚Neues Denken'"

Entscheidet euch in Kleingruppen für ein Thema des obigen Schaubildes: der Mensch als Individuum, Renaissance, Humanismus; Entdeckungen/Erfindungen oder Reformation/Religionskriege.

Entwickelt eigene Ideen zur Darstellung der gesellschaftlichen Umbruchsituation in eurem Themenfeld.

Sucht zu eurem Thema Bilder aus Büchern und Zeitschriften. Kopiert sie oder schneidet sie aus.

Überlegt, welche Daten, Kommentare, Zitate, Symbole oder Zeichnungen dazu passen, die das Thema verfremden oder komisch wirken lassen.

Klebt eure Collage auf ein Stück Tapete oder großformatige, dünne Pappe.

Im Klassenraum könnt ihr eure „Kunstwerke" aufhängen, euch gegenseitig dazu befragen und die Collagen erklären.

König und Stände im Streit um die Macht

Wer unterhält das Heer?

Alle Macht dem König! In der Not der konfessionellen Bürgerkriege gewann der Gedanke Raum, die Macht der Monarchen müsse gestärkt werden: Nur so könnten das Blutvergießen auf Dauer verhindert und die innere Ordnung aufrechterhalten werden. Schon 1576 formulierte der Franzose Jean Bodin, der souveräne, d. h. in seinen Entscheidungen eigenständige, Herrscher müsse allen Untertanen ohne deren Zustimmung Gesetze auferlegen. Der Engländer Thomas Hobbes entwarf 1651 das Bild eines Staates, der seinen Bürgern mit unumschränkter Gewalt Frieden und Sicherheit garantiert (s. S. 139).

Ständische Mitbestimmung. Die Wirklichkeit jedoch sah anders aus. Die Regierten hatten im Laufe der Zeit das Recht erhalten, in wichtigen Fragen mitzuentscheiden. Diese Mitbestimmung war aber nicht demokratisch, da die Menschen nicht als gleichgestellt galten. Sie gehörten als Adlige und Geistliche, als Bürger und Bauern verschiedenen Ständen mit unterschiedlichen Rechten und Pflichten an. Wenn der Herrscher Geld brauchte, z. B. um einen Krieg zu finanzieren, wählten die einzelnen Stände ihre Vertreter, die zusammen die Ständeversammlung bildeten. Dort redeten sie (frz. parler) nicht nur über die Finanzierung von Kriegen, sondern auch über die Einführung von neuen Steuern und Gesetzen mit. Ein solches „Parlament" entstand in England im 13. Jh. In ihm waren Bischöfe, Adel und die großen Städte vertreten. In Frankreich mussten die Könige in unregelmäßigen Abständen Abgesandte der Geistlichkeit, des Adels und des ▸ dritten Standes, d. h. der Masse der Bürger und Bauern, einberufen. In Württemberg hatte sich der Herzog 1514 im Tübinger Vertrag verpflichtet, Vertreter der „Landschaft", also Stadtbürger und auch Bauern, mitentscheiden zu lassen.

Die Herrscher der Neuzeit. Die Monarchie hatte sich seit dem Mittelalter vielfach verändert. Könige und Fürsten reisten nicht mehr im Land umher, sondern wohnten und regierten in festen Residenzen. Ihre Schlösser standen in Städten wie Paris, London und Wien oder auch München, Stuttgart und Berlin, die so zu Hauptstädten des jeweiligen Landes wurden. Die Herrscher waren nicht mehr auf die Treue von Vasallen angewiesen, sondern beschäftigten und bezahlten Beamte, die ihren Willen auszuführen hat-

M1 Luftbild von Neu-Breisach im Elsass

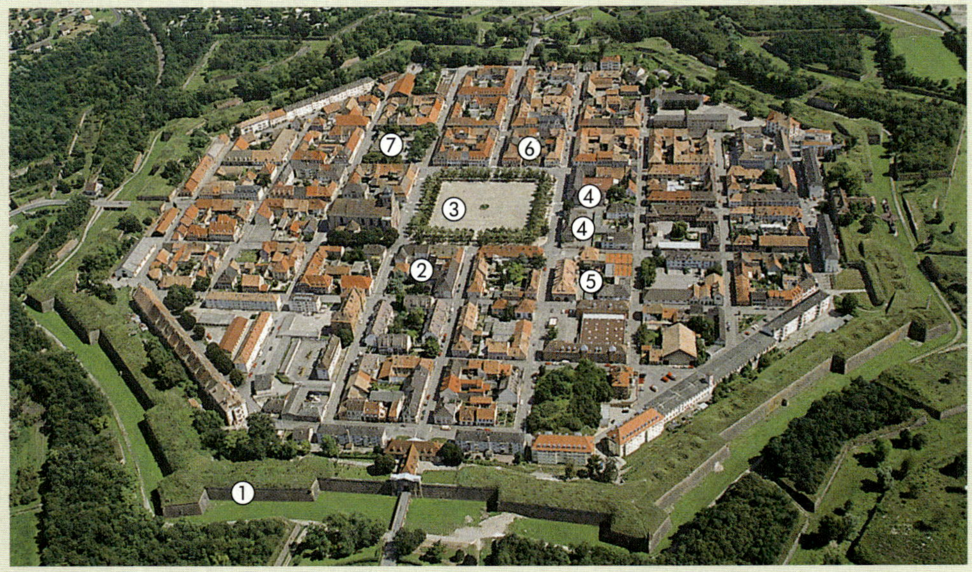

① Festungsanlagen
② Zivilverwaltung
③ Exerzierplatz
④ Wohnungen für Offiziere
⑤ Lager für Waffen und Vorräte
⑥ Rathaus
⑦ Markt

Die Stadt wurde 1699 von Sébastien de Vauban, dem Festungsbaumeister Ludwigs XIV., angelegt und hat sich seither nur wenig verändert. Mit ihren gewaltigen Befestigungsanlagen und ihrem regelmäßigen Straßennetz ist sie ein Abbild des absolutistischen Staates: abgeschlossen nach außen, durchorganisiert im Innern.

ten. Sie kontrollierten Kirche und Schule in ihrem Territorium. Der ganze Staatsapparat wurde kaum noch durch Naturalabgaben der Bauern, sondern durch Steuern in Form von Geld finanziert. Der letzte Schritt in dieser Entwicklung war, die Stände zu entmachten und die ganze Macht an sich zu ziehen.

Stehende Heere. Ein Herrscher hatte die Macht in der Hand, wenn er über ein Heer verfügte. Deshalb lösten zahlreiche Fürsten nach dem Ende des Dreißigjährigen Krieges ihre Armeen nicht auf, sondern ließen sie auch im Frieden unter Waffen bereit stehen. Der Unterhalt eines solchen ▸ stehenden Heeres aber verschlang ungeheure Summen. Deshalb kam es darauf an, dass sich der Monarch genügend eigene Einnahmequellen erschloss und sich von der Geldbewilligung durch die Stände unabhängig machte. Wenn ihm das gelang, konnte er absolut regieren, d. h. losgelöst von jeglicher Mitbestimmung und den Gesetzen des Staates. Die Auseinandersetzung um das stehende Heer bildete den Kern des Machtkampfes zwischen Herrscher und Ständen.

Umfang und Grenzen absoluter Herrschaft. Die Bestrebungen der Herrscher in Europa, stehende Heere aufzustellen und dabei die Stände zu entmachten und den ▸ Absolutismus in ihrem Staat durchzusetzen, führten zu unterschiedlichen Ergebnissen:

- In England verjagte das Parlament 1688 den König und setzte einen neuen ein. Es verbot ihm, ohne seine Zustimmung ein stehendes Heer zu halten. Um sich die notwendigen Truppen bewilligen zu lassen, musste der König das Parlament jedes Jahr einberufen. Nur zusammen mit dem Parlament konnte der englische König wichtige Entscheidungen treffen.
- In Frankreich ließ König Ludwig XIV. (1661–1715) das Heer von 40 000 auf 400 000 Soldaten verzehnfachen. Diese Riesenarmee verschlang etwa die Hälfte aller Staatsausgaben. Trotzdem berief er die Stände nicht ein einziges Mal ein. Vielmehr ließ er die Wirtschaft Frankreichs gezielt ankurbeln, um so mehr Steuern einnehmen zu können. Das Heer machte Frankreich zur stärksten Macht Europas.
- Württemberg war eines der vielen Territorien im Verband des Heiligen Römischen Reiches. Dort ließ sich Herzog Eberhard Ludwig 1704 nach französischem Vorbild das riesige Schloss Ludwigsburg (s. S. 164f.) errichten und machte damit seinen Anspruch als Landesherr sichtbar. Sein Nachfolger Carl Alexander wollte an der „Landschaft“ vorbei ein stehendes Friedensheer aufstellen. Aber die Stände leisteten Widerstand. Das Land stand 1737 vor dem offenen Aufruhr, als der Herzog überraschend starb. Sein Finanzberater und Geldgeber, der Jude Joseph Süß Oppenheimer, musste als „Sündenbock“ den geplanten Verfassungsbruch mit dem Leben bezahlen. Die nachfolgenden Herzöge hielten sich an den Tübinger Vertrag und ließen die Ständevertreter bei wichtigen Fragen mitentscheiden.

Worum geht es in diesem Kapitel? Am Beispiel Englands und Frankreichs wird gezeigt, auf welch unterschiedliche Weise der Kampf um die Macht im Staat entschieden wurde. Frankreich wird als Muster einer absolutistischen Herrschaft vorgestellt. Hier mussten Staatsverwaltung und Wirtschaft modernisiert werden, damit das System funktionieren konnte. Im 18. Jh. entstand mit der ▸ Aufklärung eine neue und kritische Denkrichtung. Einige absolute Herrscher deutscher Kleinstaaten griffen bestimmte Anregungen der Aufklärer auf, um ihre Territorien im Sinne des Fortschritts umzugestalten. In Frankreich trug die Aufklärung dazu bei, die Schwächen des Absolutismus zu entlarven und ihn schließlich zu überwinden.

1 Beschreibe das Auftaktbild (S. 142f.) genau. Lege dar, welche Bedeutung das Heer für den König hatte.
2 Erläutere mithilfe des Autorentextes das Verhältnis von Herrscher und Ständen. Zeichne ein entsprechendes Schema. Weise auf die Rechte und Pflichten hin.
3 Nenne die besonderen Merkmale der Stadt Neu-Breisach (M1). Überlege, warum sie auf diese Weise und an diesem Ort erbaut wurde. Nimm zur Beantwortung der Fragen einen Atlas zu Hilfe.
4 Überlege, wer in erster Linie anfänglich in Neu-Breisach gewohnt haben wird. Versuche dir das Leben in dieser Stadt vorzustellen (M1).

König und Parlament in England

M1 Hinrichtung König Karls I. 1649 *(Ausschnitt aus dem Gemälde eines unbekannten Malers, 1649)*

Der König wird geköpft. London, 6. Januar 1649. Im Namen des Parlaments verurteilt ein Sondergericht König Karl I. zum Tode. Drei Tage später wird er zur Richtstätte geführt. Er läuft so schnell, dass die Wachen ihm kaum folgen können. Er trägt zwei Hemden, um in der Kälte nicht zu zittern – keiner soll denken, er habe Angst. Auf dem Schafott erklärt Karl, er habe niemals die alten Freiheiten Englands beschneiden, vielmehr die Rechte des Volkes bewahren wollen. Als das königliche Haupt fällt, geht ein Aufstöhnen durch die Menge der Zuschauer; viele weinen und beten. Wie war es zu diesem dramatischen Ereignis gekommen?

Ohne Parlament regieren? Ein Parlament entstand in England im späten Mittelalter. Es bestand aus zwei „Häusern": Im Oberhaus (House of Lords) saßen die hohen Adligen und die Bischöfe, im Unterhaus (House of Commons) die Vertreter des Landadels (gentry) und der großen Städte (cities). Sie wurden von Zeit zu Zeit vom König zusammengerufen und entschieden über Steuern und Gesetze mit.
Im 17. Jh. wollten auch die englischen Könige absolutistisch regieren. Karl I. (1625–1649) berief das Parlament elf Jahre lang nicht ein. Hinzu kam, dass er mithilfe der Bischöfe der anglikanischen Staatskirche seine Macht festigen wollte. Viele Calvinisten (s. S. 138) im Unterhaus sahen dadurch die protestantischen Freiheiten der Engländer gefährdet. Der Gegensatz mündete in sieben Jahre Bürgerkrieg, in dem schließlich das Parlament siegte.

Braucht das Land einen König? Nach der Hinrichtung Karls wurde die Monarchie abgeschafft; England war eine Republik. An ihrer Spitze stand der Führer der Parlamentsarmee, Oliver Cromwell. Er jagte 1653 das Parlament mit Soldaten auseinander und regierte als Diktator. Hatte halb England dafür gegen seinen König gekämpft?
1660 kam wieder ein arbeitsfähiges Parlament zustande. Es rief den Sohn des hingerichteten Königs, Karl II., aus dem Exil in Frankreich zurück – die Monarchie wurde „restauriert", d.h. wiederhergestellt. Zuvor musste der neue Herrscher versprechen, die Rechte des Parlaments zu respektieren.

Teilung der Macht. 1685 folgte ihm sein Bruder Jakob II. auf den Thron. Er brachte Katholiken in führende Stellungen. Außerdem hielt er sich ohne Bewilligung des Parlaments ein stehendes Heer. Die Konflikte aus der Zeit Karls I. schienen sich zu wiederholen. Da rief das Parlament Jakobs Schwiegersohn Wilhelm von Oranien, den protestantischen Herrscher der Niederlande, nach England. Er landete 1688 mit einer großen Flotte, ohne auf Gegenwehr zu stoßen; Jakob floh nach Frankreich. Nachdem Wilhelm und seine Frau Anna einer Erklärung der Rechte des Parlaments (Bill of Rights) zugestimmt hatten, bot es ihnen 1689 die Krone an.
In England nennt man diesen unblutigen Machtwechsel die „Glorreiche Revolution". Von nun an ging das Land einen anderen Weg als die meisten Monarchien Europas: König und Parlament teilten sich die Macht, der Staat war keine absolute, sondern eine parlamentarische Monarchie. Dem König blieben wichtige Aufgaben: Außenpolitik, der Oberbefehl über die Streitkräfte, die Ernennung von Ministern und Beamten. Im Laufe der Zeit zog das Parlament immer mehr Aufgaben an sich. Heute ist es das Zentrum der britischen Politik; die Königin hat nur noch repräsentative Aufgaben.

M2 Bill of Rights *(Gesetz zur Erklärung der Rechte und Freiheiten der Untertanen, 1689):*

Die geistlichen und weltlichen Lords und Gemeinen zu Westminster in freier Vertretung aller Stände des Volkes dieses Reiches versammelt, erklären ...

dass die angemaßte Befugnis, kraft königlicher Autorität und ohne die Zustimmung des Parlaments Gesetze außer Kraft zu setzen, ungesetzlich ist.

dass die Erhebung von Geldern für die Krone ohne Zustimmung des Parlaments ungesetzlich ist.

dass die Untertanen das Recht haben, Petitionen (Bittschriften) an den König zu richten, und dass jede Verhaftung oder gerichtliche Verfolgung wegen der Einreichung solcher Petitionen ungesetzlich ist.

dass in Friedenszeiten die Aushebung oder der Unterhalt eines stehenden Heeres ohne die Zustimmung des Parlaments unrechtmäßig ist.

dass die Wahl der Parlamentsmitglieder frei sein solle.

dass die Freiheit der Rede sowie der Inhalt von Debatten im Parlament nicht außerhalb des Parlaments unter Anklage oder in Frage gestellt werden solle.

dass keine grausamen und ungewöhnlichen Strafen auferlegt werden sollen.

dass zur Abhilfe aller Missstände und zur Änderung, Bestätigung und Aufrechterhaltung der Gesetze häufig Parlamentssitzungen abgehalten werden sollen.

Bill of Rights. Zitiert nach: Fritz Dickmann: Renaissance, Glaubenskämpfe, Absolutismus (= Geschichte in Quellen, Bd. 3), München (bsv) 1976, S. 494f. Übers. von B. Dombrowsky. In weiterer Folge abgekürzt: GiQ 3.

M3 Abgesandte des Parlaments überreichen Wilhelm von Oranien und seiner Frau Maria die Krone *(Kupferstich,1790).*

M4 „Die beste Monarchie der Welt“

Als die Goten und andere nördliche Völkerschaften das Römische Reich zerstörten, richteten sie (aus Monarchie, Aristokratie und Demokratie) eine gemischte Regierungsform ein. Deren Erhaltung war vom Gleichgewicht zwischen König, Adel und Volk abhängig, daher wurde die gesetzgebende Gewalt diesen drei Ständen übertragen. Für diese gab es in den verschiedenen Ländern verschiedene Namen: im Norden „Landtage“, in Frankreich „Generalstände“, in England „Parlament“. Diese gemischte Regierungsform ist so vorzüglich, weil sie ein Gleichgewicht zwischen Herrschaft und Unterordnung darstellt. Frankreich, Spanien und ein Teil Deutschlands waren vor zwei oder drei Zeitaltern beschränkte Monarchien; Fürsten regierten sie, die von Parlamenten und nicht vom absoluten Willen eines Mannes beraten wurden. Doch nun sind all ihre wertvollen Rechte und Freiheiten durch die willkürliche Macht ihrer Fürsten verschlungen worden. Aber wir in Großbritannien haben nach wie vor diese alte Verfassung bewahrt. In ihr besteht solch ein Gleichgewicht von Besitz, Macht und Herrschaft, dass sie eine Herrschaft der Gesetze und nicht der Menschen genannt werden kann: Sie ist das beste Modell beschränkter Monarchie auf der Welt.

Encyclopedia Britannica, 1771.

1 Formuliere M2 so um, dass von den Rechten des Parlaments die Rede ist (z. B. „Das Parlament hat das Recht ...“ oder „Das Parlament entscheidet mit, ob ...“).

2 Zähle auf, worin die Verfasser von M4 die Vorzüge des britischen Regierungssystems sehen. Wodurch unterscheidet es sich nach ihrer Ansicht von den Verfassungen anderer Staaten?

3 Erarbeite aus M2 und M4, welche Rechte und Freiheiten der einzelne Engländer gegenüber dem Staat hat.

4 Entwirf ein einfaches Verfassungsschema der parlamentarischen Monarchie (M2, M4 und Autorentext).

5 Betrachte M3. Was könnte der König zu den Anwesenden gesagt haben?

Frankreich unter Ludwig XIV.

Der König gewinnt. Anders als in England im 17. Jh. war es den französischen Königen gelungen, sich gegen die Stände durchzusetzen und ihren absoluten Machtanspruch zu festigen. Schon unter der Herrschaft König Ludwigs XIII. (1610–1643) hatte Kardinal Richelieu als leitender Minister Adel und Protestanten der Krone unterworfen. Sein Nachfolger, Kardinal Mazarin, schlug für den noch unmündigen König Ludwig XIV. einen weiteren Aufstand des Adels und der Bevölkerung von Paris nieder. Als der Kardinal 1661 starb, rief der inzwischen 23-jährige Ludwig den Staatsrat zu sich und erklärte selbstbewusst, von nun an alleine zu regieren. 54 Jahre erfüllte er, wie er es nannte, die „große, edle und köstliche Aufgabe eines Königs".

„L'Etat c'est moi!" – der Staat bin ich. Dieser Ausspruch Ludwigs XIV. – ob erfunden oder nicht – kennzeichnet die Regierungsweise des Königs, die unter dem Begriff Absolutismus (absolut = losgelöst, frei von Bindungen an die Gesetze des Staates) in die Geschichte einging. Der König musste sich nur vor Gott rechtfertigen, von dem ihm die Macht übertragen worden war (Gottesgnadentum). Um Frankreich seinen Willen aufzuzwingen, besetzte er seine Regierung überwiegend mit Bürgerlichen, die im Gegensatz zum Adel die königliche Autorität bedingungslos anerkannten und nicht mehr Macht beanspruchten als Ludwig ihnen zugestand. Der Herrscher nutzte den Sachverstand seiner Minister; Entscheidungen traf er aber stets alleine. Widerstand wurde nicht geduldet und hart bestraft.

Die Stützen der Macht. Um den königlichen Willen landesweit durchzusetzen, wurde die Zahl der Staatsdiener beträchtlich erhöht. Königliche Beamte zogen durch Frankreich, sammelten Informationen und überwachten die Durchführung der königlichen Anweisungen. Mit viel Energie betrieb Ludwig XIV. den Ausbau der Armee, die unter seinem Oberbefehl stand. Er schuf ein stehendes, d. h. immer einsatzbereites, Heer (s. S. 144). Die katholische Kirche wurde Staatskirche, ihre Geistlichen verkündeten in Gottesdiensten Anordnungen und Gesetze des Königs nach dem Motto: „Ein Gott, ein Glaube, ein Gesetz, ein König."

M1 Ludwig XIV., der Sonnenkönig

Sinnbild seiner Herrschaft war die Sonne, weshalb er auch „Sonnenkönig" genannt wurde:

a) Detail eines Schlosstores von Versailles, der Residenz Ludwigs XIV.:

b) Ludwig sagte über die Sonne:

Ich war der Meinung, dass sich das Zeichen nicht bei irgendetwas Untergeordnetem und Gewöhnlichem aufhalten, sondern gewissermaßen die Pflichten eines Herrschers darstellen und mich selber ständig an ihre Erfüllung mahnen sollte. Man wählte daher als Figur die Sonne, die ... durch ihre Einzigartigkeit, durch den Glanz, der sie umgibt, durch das Licht, das sie den anderen, sie wie ein Hofstaat umgebenden Sternen mitteilt, durch die gleichmäßige Gerechtigkeit, mit der sie dieses Licht allen Zonen der Erde zuteilt, durch das Gute, das sie allerorten bewirkt, indem sie unaufhörlich auf allen Seiten Leben, Freude und Tätigkeit weckt, durch ihre unermüdliche Bewegung, die gleichwohl als ständige Ruhe erscheint, durch ihren gleich bleibenden und unveränderten Lauf, von dem sie sich nie entfernt und niemals abweicht, sicher das lebendigste und schönste Sinnbild eines großen Herrschers darstellt.

Gott, der die Könige über die Menschen gesetzt hat, wollte, dass man sie als seine Stellvertreter achte. Es ist sein Wille, dass, wer als Untertan geboren ist, willenlos zu gehorchen hat.

Louis XIV., Mémoires. Zitiert nach: GiQ 3, S. 429f. Übers. von Fritz Dickmann.

M2 Der König lässt grüßen. Ein Herrscherbild erzählt.

Der junge spanische König Philipp V. (1683–1746) wünschte ein Porträt Ludwigs XIV., seines Großvaters. Der 63-jährige Herrscher stand seinem Hofmaler Hyacinthe Rigaud (1659–1743) Modell und war von dessen Ölgemälde so begeistert, dass er es behielt und für seinen Enkel eine Kopie bestellte. Das überlebensgroße Porträt (Höhe 2,8 m, Breite 1,9 m) hängt heute im Louvre in Paris:

Der König schaut nicht deshalb so ernst, weil er schlechte Laune hat, es ist seine Amtsmiene. In dem mit Lilien (Symbol des Herrscherhauses) bestickten und innen mit Hermelinpelz gefütterten Mantel muss er auch nicht gehen können. Es ist der Krönungsmantel. Die gezierte Fußhaltung – der Tanzmeisterschritt – ist Zeichen der höfischen Gesellschaft, zu der nur hohe Adlige Zutritt hatten. Die damals übliche Perücke des Königs ist besonders lang und löwenhaft aufgetürmt, was ihn größer und majestätischer macht. Auf dem Schemel liegt die französische Königskrone. Der „Stab", auf den er sich stützt, ist das Zepter. An seiner Seite hängt das „Schwert Karls des Großen". Der Schemel links und der Sessel rechts sind mit demselben Stoff bezogen. Mantel, Krone und Thronsessel werden dadurch als Zeichen der Herrschaft miteinander verbunden. Auf dem Sockel der mächtigen Säule im Hintergrund ist Justitia, die Göttin der Gerechtigkeit, mit Waage und Schwert zu erkennen.

M3 Von Gottes Gnaden

Der Bischof und Erzieher des französischen Thronfolgers, Jacques Bossuet, begründete im Jahr 1682, warum der Absolutismus seiner Meinung nach die beste Staatsform ist:

Wir haben gesehen, dass alle Macht von Gott kommt. Die Fürsten handeln daher als Gottes Diener. Die königliche Gewalt ist absolut. Ohne diese absolute Gewalt kann er weder das Gute tun noch das Böse unterdrücken: Seine Macht muss groß genug sein, damit niemand hoffen kann, ihr zu entrinnen. Man muss dem Staat so dienen, wie der Herrscher es verlangt, denn in ihm hat die Vernunft ihren Sitz.

Jacques-Bénigne Bossuet, Politique tirée ..., Paris 1709. Zitiert nach: GiQ 3, S.450f. Übers. von Fritz Dickmann.

1 Worauf stützte Ludwig XIV. seine Macht (M1–M3 und Autorentext)? Fertige eine kleine Skizze an.

2 Stelle zusammen, welche Eigenschaften Ludwig XIV. der Sonne zuschreibt. Überlege, was er damit über sein Handeln als König aussagen will (M1).

3 Erläutere, wie im Gemälde M2 Ludwigs Herrscherrolle deutlich wird. Stelle die Haltung des Königs nach.

4 Arbeite aus M3 heraus, welche Stellung und Aufgabe der König in der göttlichen Weltordnung beanspruchte.

5 Führt ein Streitgespräch zwischen einem Höfling Ludwigs XIV. und einem englischen Unterhausabgeordneten (s. S. 146f.) über die Macht des Königs.

Die Anlage von Versailles – ein Sinnbild der Unterwerfung

M1 Schloss von Versailles *(Gemälde von Pierre-Denis Martin, um 1722)*

Der König bezwingt die Natur. Die französischen Könige hatten ein großes Stadtschloss, den Louvre. Doch Ludwig XIV. fühlte sich inmitten des unruhigen Volks von Paris nicht genügend sicher. Daher befahl er, westlich der Hauptstadt, im Wald von Versailles, ein neues Schloss zu errichten. Bis zu 36 000 Menschen und 6 000 Pferde wurden gleichzeitig eingesetzt. Sie durchwühlten ein riesiges Gelände, bauten Straßen und legten Wasserleitungen. Der Wald wurde nach strengen geometrischen Mustern in einen Park verwandelt – die Bäche zu Achsenkreuzen umgebaut, die Hecken zu geraden und glatten Mauern beschnitten, selbst die Blumen wurden symmetrisch angeordnet. Der wasserarmen Gegend wurden glänzende Wasserspiele abgerungen.

Der König unterwirft sich die Menschen. Das Schloss wurde riesengroß; seine Gartenfassade ist 580 m lang. Die Räume boten Platz für mehr als 10 000 Personen – schließlich sollten möglichst viele Adlige in der Nähe des Königs und damit unter seiner Kontrolle leben. Es steht auf einem flachen Hügel und überragt die ganze Gegend. Drei große Straßen laufen auf das Schloss zu, ihre gedachten Verlängerungen schneiden sich im Ehrenhof vor dem Schlafzimmer des Königs. Hier war der Mittelpunkt des Landes, hier arbeiteten die Minister, hier feierte die Hofgesellschaft rauschende Feste.

Die Bühne des Sonnenkönigs. Ein strenges Hofzeremoniell regelte den Tagesablauf. Alles war als Schauspiel mit Ludwig XIV. als Hauptdarsteller und vielen Personen in Nebenrollen inszeniert. Dem König beim Essen, ja selbst beim morgendlichen Aufstehen zusehen zu dürfen, war eine Ehre. Der Zugang zum König war streng geregelt. Besucher gelangten über Vorhöfe in Innenhöfe, stiegen Treppen empor, warteten in Vorzimmern, bis sie endlich einen Blick auf den Herrscher werfen durften. Der Alltag in Versailles verlief in sich wiederholenden Handlungen mit symbolischer Bedeutung. Es war verboten, einem Bildnis des Königs den Rücken zuzukehren, das leere Schlafzimmer ohne Kniefall zu betreten oder in für Ludwig vorbereiteten Räumen den Hut aufzubehalten. Das prunkvolle Leben am Hof und der Kult, der um die Person des Königs getrieben wurde, waren Teil eines Programms und sollten seine absolute Macht unterstreichen.

M2 Gartenanlage des Schlosses von Versailles

M3 „Das Volk mag das Schauspiel"

Ludwig XIV. an seinen Sohn:

Ein König von Frankreich muss in diesen Lustbarkeiten etwas anderes sehen als nur ein Schauspiel. Das Volk mag das Schauspiel, mit dem man ja eigentlich immer Vergnügen bereiten will. Dadurch beherrschen wir seinen Geist und seine Herzen manchmal besser als mittels Belohnungen und Wohltaten.

Zitiert nach: Die große Bertelsmann Enzyklopädie des Wissens. Kaiser, Könige und Zaren, Gütersloh 1993, S. 29.

M4 Blicke hinter die Kulissen

Ein französischer Adliger beschreibt das Leben am Hof:

In allem liebte er (Ludwig XIV.) Glanz, Verschwendung, Fülle. Es war wohl berechnet, dass er die Sucht, ihm hierin nachzueifern, in jeder Weise begünstigte. Er impfte sie dem ganzen Hofe ein. Wer alles draufgehen ließ für Küche, Kleidung, Wagen, Haushalt und Spiel, der gewann sein Wohlwollen. Um solcher Dinge willen redete er die Leute an. Indem er so den Luxus gewissermaßen zur Ehrensache und für manche zur Notwendigkeit machte, richtete er nacheinander alle zugrunde, bis sie schließlich einzig und allein von seiner Gnade abhingen. So befriedigte er seinen Hochmut und seinen Ehrgeiz ...

Zitiert nach: Saint-Simon, Memoiren, übers. von Arthur Schurig, Leipzig (Insel) 1913.

Wohnen in Luxus?

Die königlichen Gemächer sind entsetzlich unbehaglich: sie grenzen an die Toiletten und andere dunkle und übel riechende Räume. Die erstaunliche Pracht der Gärten findet ihre Entsprechung nur in dem schlechten Geschmack, mit dem sie entworfen wurden. Um im Garten die Kühle des Schattens zu erreichen, muss man eine riesige, sengende Ebene überqueren. Die Kieswege verbrennen einem die Füße, aber ohne sie würde man ständig in weichem Sand oder schwarzem Sumpf versinken. Die Gewalt, die man der Natur angetan hat, ist abstoßend und abscheulich. Die zahllosen Wasserläufe, aus allen Richtungen hereingepumpt oder sonst wie herangeleitet, führen eine grüne, zähe und schlammige Brühe; sie schaffen eine ungesunde, spürbare Feuchtigkeit und strömen faule Dünste aus ...

Vom Verfasser nacherzählt.

1 Stell dir vor, du befindest dich in einem Fesselballon über dem Schloss von Versailles. Zeichne einen Plan des Bauwerks und der Gartenanlage (M1 und Autorentext).

2 Erläutere, inwiefern die Schlossanlage und das Hofleben von Versailles die königliche Macht betonten (M1–4).

3 Stelle aus M4 zusammen, unter welchen Unannehmlichkeiten die Schlossbewohner zu leiden hatten. Überlege weitere Nachteile des Hoflebens.

4 Suche Gründe, warum so viele Adlige dennoch in Versailles und nicht mehr auf ihren Landsitzen lebten (M3–M4 und Autorentext).

■ GESCHICHTE AKTIV/KREATIV

Projektidee: „Ein Fest auf Schloss Versailles"

Du bist Zeremonienmeister und bestimmst den Ablauf des festlichen Abends. Fertige ein Protokoll an (z. B. Vorfahrt der Kutsche, Begrüßung, Speisefolge). Berücksichtige dabei auch das musikalische Programm.

Benutze für das Protokoll Wörter, die aus dem Französischen stammen, z. B. Madame, Jackett, Garderobe, Ballett, Menuett, Kavalier, elegant.

Der Staat fördert den Handel

Woher nimmt der König sein Geld? Ludwig XIV. war beständig in Geldnot. Der Hof von Versailles, die Verwaltung mit ihren vielen Beamten und vor allem das stehende Heer und die Kriege verschlangen riesige Summen. Steuergelder verschwanden oft in den Taschen der Steuereinnehmer. Der Mann, der diese Probleme lösen sollte, war Ludwigs ergebener Finanzminister, Jean-Baptiste Colbert (1619–1683). Er verglich den Handel zwischen den Staaten mit einem Krieg: Gewinner sei derjenige, der möglichst viel Geld ins Land zieht und möglichst wenig Geld hinauslässt. So entwickelte Colbert ein Wirtschaftssystem, das die Staatseinnahmen und damit die Macht des Königs vergrößern sollte. Diese vom Staat gelenkte und auf dem Handel beruhende Wirtschaftsform nennt man ▸ Merkantilismus (lat. mercator = Kaufmann). Sie fand zahlreiche Nachahmer in anderen absolutistischen Staaten Europas. Der Merkantilismus des 17. Jh. sollte in erster Linie die Staatskasse füllen, Rücksicht auf die Bedürfnisse der Bevölkerung war zweitrangig. Aber wie konnten die Staatseinnahmen erhöht werden, wenn der Adel und die Geistlichkeit weiterhin ein steuerfreies Leben führen sollten und die Mehrheit der Untertanen, die Bauern, nicht weiter belastbar war?

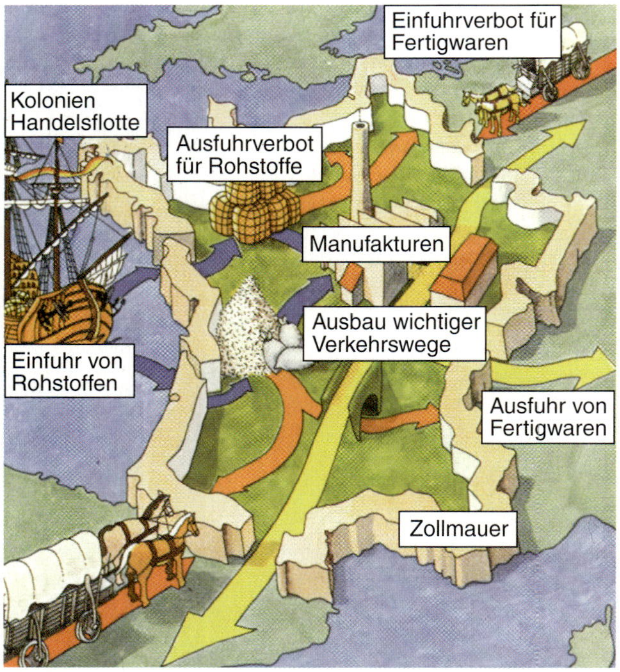

M1 Die Wirtschaftsform des Merkantilismus

Manufakturen verändern die Arbeitswelt. Um Colberts Ideen umzusetzen, mussten Handel und Gewerbe im Inland gestärkt werden. Durch billige Kredite und Steuerfreiheit wollte man die Produktion von Fertigwaren steigern. Das sollte in handwerklichen Großbetrieben, so genannten Manufakturen (lat. manus = die Hand, facere = machen, tun) geschehen. Man kann sie als Vorläufer unserer Industriebetriebe ansehen. Dort wurde die Arbeit so gestaltet, dass viele Fach- und Hilfsarbeiter Möbel, Wandteppiche (Gobelins), Kutschen, Spiegel und zahlreiche andere Waren in großer Zahl und in staatlich überwachter Qualität arbeitsteilig fast wie am Fließband herstellten.
Mit der Einrichtung von Manufakturen veränderte sich das bisherige Wirtschafts- und Arbeitsleben. Während früher nur einzelne Bestellungen ausgeführt wurden, arbeiteten die Manufakturen auf Vorrat. Neue Käufer wurden geworben und Bedürfnisse geweckt. Die meisten Menschen verdienten ihr Brot zwar immer noch als Bauern oder Handwerker, aber zunehmend mehr arbeiteten für geringen Lohn in den Manufakturen.

Handelsbeziehungen. Wenn damals ein Kaufmann Waren durchs Land transportierte, wurde er an vielen Provinzgrenzen erst durchgelassen, wenn er Geld an die Staatskasse bezahlte. Colbert hob diese Binnenzölle auf. Er ließ Straßen, Kanäle und Häfen vergrößern und neue bauen. Diese Maßnahmen sollten den Warenverkehr innerhalb Frankreichs beleben. Fertigwaren aus dem Ausland dagegen sollten möglichst nicht ins Land kommen. Um das zu erreichen, musste bei ihrem Import an den Grenzen ein hoher „Schutzzoll" entrichtet werden. Auf diese Weise wurden ausländische Produkte teurer als die französischen und deshalb weniger gekauft.
Gezielt besetzten Händler und Soldaten des Königs weite Gebiete in Nordamerika und Indien und machten sie zu französischen Kolonien. Diese lieferten kostengünstig Rohstoffe, die Frankreich nicht hatte, z. B. Baumwolle, Erz oder Tropenholz. Um diese Rohstoffe und später die Fertigwaren transportieren zu können, entstand eine große Handelsflotte. Frankreich war nicht nur die stärkste Militärmacht Europas, sondern dank Colbert auch eine bedeutende Kolonial- und Handelsmacht geworden.

M2 Rasiermessermanufaktur *(Kupferstich von Le Roy, um 1800)*

Diese Manufaktur wurde gegründet, da die Einfuhr von Rasiermessern aus England verboten war.

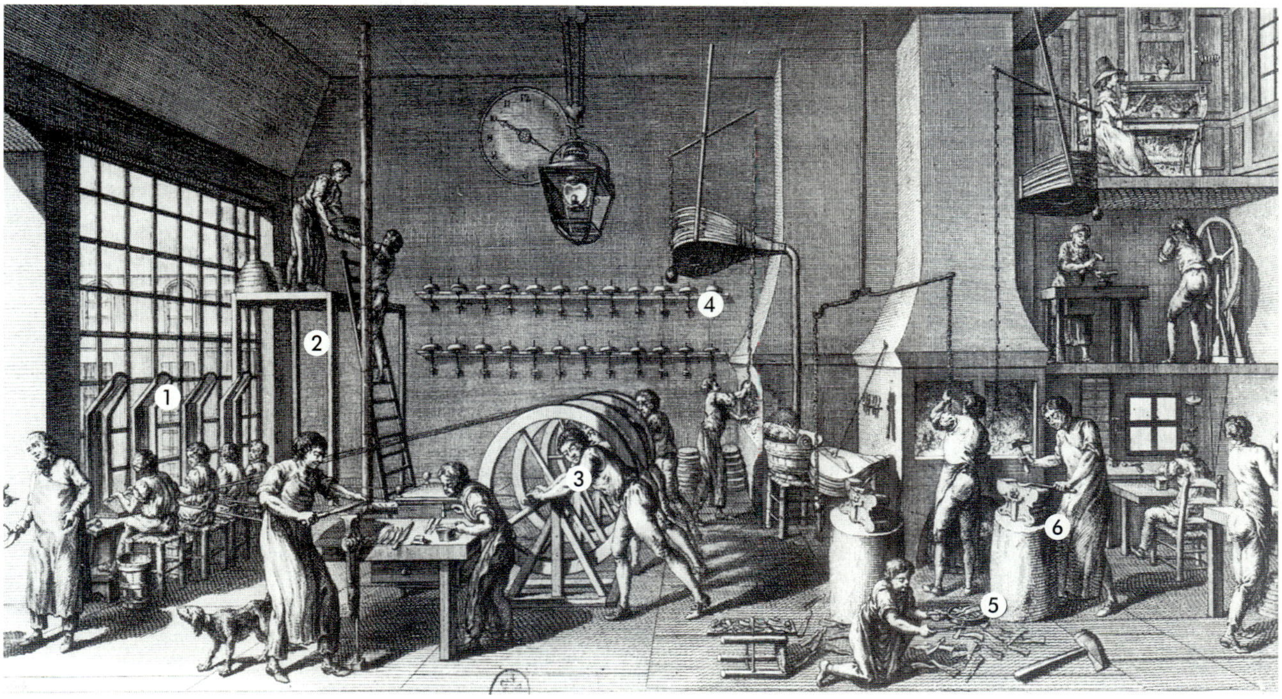

a) Kräftige Männer treiben große Holzräder an, die über Lederriemen die Schleifmaschine in Gang setzen. b) Die Rohlinge werden gefeilt. c) Riesige Blasebälge sorgen für die nötige Temperatur in den Schmiedeöfen. d) Die Rasiermesser werden auf einem Amboss grob zurechtgeschmiedet. e) Die Rohlinge werden nach dem Erkalten vom Boden aufgesammelt. f) Hier bekommen die Rasiermesser durch Schleifen an Schleifscheiben die nötige Schärfe.

M3 Ludwig XIV. unterstützt die Ansiedlung ausländischer Spezialisten

Wir gestatten und erlauben dem genannten Van Robais, sich in der Stadt Abbéville mit 50 holländischen Arbeitern niederzulassen und dort eine Manufaktur für feine Tuche einzurichten, wie man sie in Spanien und Holland herstellt, und zu diesem Zweck 30 Webstühle aufzustellen ... Wir wollen, dass er und seine ausländischen Gesellschafter und Arbeiter als wahre ... Franzosen eingestuft werden. Sie werden von allen übrigen Abgaben, Steuern, Soldateneinquartierungen, städtischen Diensten, Frondiensten und sonstigen öffentlichen Lasten befreit sein ... Wir gestatten (ihnen) ..., sich weiterhin zur angeblich reformierten Religion zu bekennen ... (Wir) ordnen an, dass dem Unternehmer 12 000 Livres bar bezahlt werden ..., und damit der Antragsteller in voller Freiheit den Gewinn seiner Arbeit genießen kann, haben wir ... verboten, (dass andere) während der Zeit von 20 Jahren diese Tuchsorten nachahmen ...

P. Lebrun, XVIIe siécle, Paris 1969, S. 232. Zitiert nach: Heinz-Dieter Schmid: Fragen an die Geschichte, Bd. 3, Frankfurt (Hirschgraben) ^{2}1977, S. 21.

1 Erarbeite aus M1 und M3, wie Colbert die Finanzprobleme des französischen Staates beheben wollte.
2 Zähle die Vergünstigungen auf, die der König dem ausländischen Unternehmer und seinen Facharbeitern gewährte. Überlege, welche Absicht er damit verfolgte (M3).
3 Der Kupferstich (M2) zeigt einen typischen Manufakturbetrieb. Erkläre den Herstellungsablauf der Messer. Ordne die Bilderklärung den Nummern zu. Welche Bedeutung könnte die große Wanduhr haben?

Ludwig XIV. führt immer Krieg

Frankreich will Großmacht werden. Nur wenige Jahrzehnte nach dem Westfälischen Frieden (1648) wurde Europa bereits wieder von lang andauernden Kriegen heimgesucht. Dieses Mal war das Streben König Ludwigs XIV. nach Vorherrschaft (Hegemonie) die Ursache. Frankreich fühlte sich schon seit langem vom Machtbereich der spanisch-österreichischen Habsburger umklammert. Zudem verfügte es über die größte und modernste Armee Europas. Die französischen Soldaten mussten nicht erst einberufen werden, wenn ein Krieg drohte oder geführt werden sollte. Sie standen auch in Friedenszeiten zur Verfügung; sie waren gemeinsam in Kasernen untergebracht, wurden eingekleidet und ausgebildet. Ein solch stehendes Heer von Berufssoldaten war natürlich sehr teuer. Die französische Armee verschlang fast die Hälfte der Staatsausgaben. Diese Kosten mussten durch Beutezüge wieder ausgeglichen werden; Kriege waren somit notwendig und eingeplant.

Eroberungen an der Ostgrenze. In den 54 Jahren, die Ludwig XIV. regierte, führte er 36 Jahre lang Krieg. 1667 griffen seine Truppen den Teil der Niederlande an, der zu Spanien gehörte. Da Ludwig XIV. mit einer spanischen Prinzessin verheiratet war, meldete er Erbansprüche an. Die Vereinigten Niederlande fühlten sich bedroht und verbündeten sich mit England gegen Frankreich. Im Frieden von Nimwegen wurden Frankreich 1678 große Gebiete im Nordosten und Osten (Freigrafschaft Burgund) zugesprochen. Damit hatte Ludwig XIV. aber noch nicht genug. Er wollte die gesamte Ostgrenze Frankreichs bis an den Rhein vorschieben. 1681 griffen französische Truppen die freie Reichsstadt Straßburg an und eroberten sie. Das Heilige Römische Reich und der Kaiser mussten sich auf Proteste beschränken, da zur gleichen Zeit die Türken Wien belagerten und alle militärischen Kräfte dort gebraucht wurden.

Das Heidelberger Schloss wird zerstört. Frankreichs Eroberungspolitik hatte noch immer kein Ende gefunden. Von Straßburg aus griffen französische Truppen die Pfalz an. Anlass hierfür waren Erbstreitigkeiten. Die Tochter des pfälzischen Kurfürsten Carl Ludwig, Elisabeth Charlotte, bekannt als „Liselotte von der Pfalz“, war mit dem Bruder Ludwigs XIV., Philippe von Orléans, verheiratet. Als Liselottes Bruder, Kurfürst Carl, in Heidelberg kinderlos starb, verlangte Ludwig XIV. einen Teil der Pfalz als Erbe seiner Schwägerin für Frankreich. 1689 begannen französische Soldaten die Pfalz zu erobern. Sie verwüsteten Dörfer, vernichteten Felder und Weinberge, raubten Vorräte und unterdrückten die Bevölkerung. Heidelberg wurde unter dem gefürchteten General Mélac gleich zweimal, 1689 und 1693, heimgesucht; dabei kam es zur weitgehenden Zerstörung des Schlosses und der Stadt.

Das Ende der französischen Eroberungen. Erst nach diesen Kampfhandlungen bündelten die anderen europäischen Länder ihre Kräfte gegen Frankreich. Das katholische Spanien und das Heilige Römische Reich verbündeten sich mit den protestantischen Staaten England und den Vereinigten Niederlanden. Nach vielen Jahren erbitterten Krieges wurde 1697 ein Frieden geschlossen, in dem Frankreich zwar einige Gebiete wieder verlor, aber das Elsass und Straßburg behalten konnte. Spätere Friedensschlüsse in Utrecht (1713) und Rastatt (1714) beendeten das Vormachtstreben Frankreichs endgültig: England sollte ein Gleichgewicht (balance of power) zwischen den europäischen Mächten garantieren, d. h. keine dieser Mächte sollte zukünftig stark genug sein, die anderen zu besiegen.

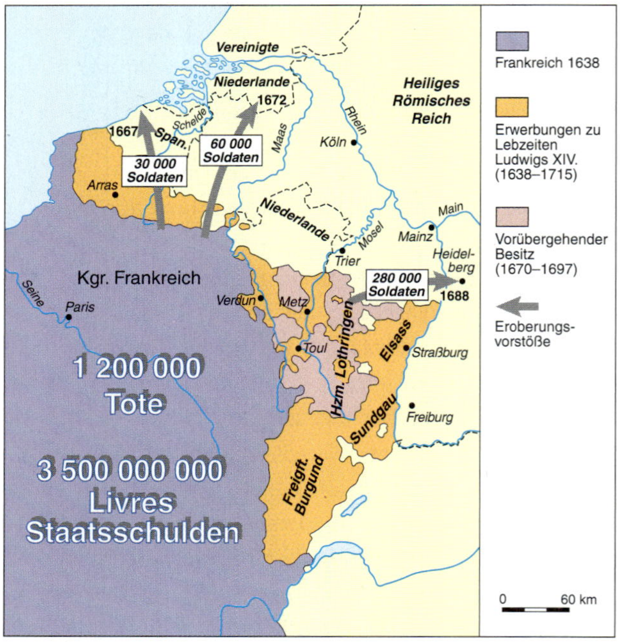

M1 Eroberungen Frankreichs an der Ostgrenze

M2 Das brennende Heidelberg *(Radierung aus dem Kopfteil eines anonymen Flugblattes von 1689)*

M3 Mannheim und Heidelberg sind zerstört

Liselotte von der Pfalz schrieb am 20. März 1689 folgenden Brief:

... so kann ich doch nicht lassen zu bedauern und zu beweinen, dass ich sozusagen meines vaterlandes untergang bin und über das alle des Kurfürsten meines herrn vater seligen sorge und mühe auf einmal so über einen haufen geworfen zu sehen an dem armen Mannheim. Ja ich habe einen solchen abscheu vor allem so man gesprengt hat, dass alle nacht, sobald ich ein wenig einschlafe, deucht mir, ich sey zu Heidelberg oder Mannheim und sehe alle die verwüstung, und dann fahr ich im schlaf auf und kann nicht wieder einschlafen; dann kompt mir in sinn, wie alles zu meiner zeit war, in welchem stand es nun ist, ja in welchem stand ich selber bin, und dann kann ich mich des flennens nicht enthalten ...

Zitiert nach: Briefe der Liselotte von der Pfalz, hrsg. von Helmuth Kiesel, Frankfurt/ M. (Insel) 1981, S. 70ff.

M4 Deutsch-französische Kriege

Etwa 100 Jahre nach der Verwüstung der Pfalz und der Eroberung Straßburgs kam es 1792 zu erneuten kriegerischen Auseinandersetzungen zwischen Deutschen und Franzosen. Ein Augenzeuge berichtet:

Ich hasse zwar die französischen Räuber und ihre Barbaren in der Pfalz so sehr, als man es nur kann, denn ich bin ja selbst ein Pfälzer. Aber die Invasion (feindlicher Einfall) und die Räubereien der Deutschen in Lothringen und in der Champagne kann ich auch nicht loben. Man muss jedem sein Recht widerfahren lassen, dem Deutschen und dem Franzosen, damit wir selber billiger und toleranter werden und so uns gegenseitig desto eher wieder versöhnen.

Zitiert nach: Friedrich Christian Laukhard: Ein abenteuerliches Leben während der Französischen Revolution. In: Helmut Christmann (Hrsg.), Nettelbeck – Seefahrer, Sklavenhändler und Patriot. Abenteuerliche Lebensläufe, Heidenheim (Heidenheimer Verlagsanstalt), 1969, S. 97.

1 Erläutere mithilfe des Autorentextes und M1 die Ziele und Erfolge der französischen Kriege an der Ostgrenze.

2 Stelle Vor- und Nachteile eines stehenden Heeres einem Söldnerheer gegenüber. Beziehe auch S. 144f. mit ein.

3 Beschreibe das Bild (M2) von der Zerstörung Heidelbergs möglichst genau. Welche Folgen für die Bewohner lassen sich davon ableiten?

4 Verfasse unter Beachtung von M2 und M3 einen Dialog zwischen Liselotte von der Pfalz und dem französischen General Mélac.

5 Kriege an der Rheingrenze (M1 und M4) gab es immer wieder. Erkundige dich, was in den Jahren 1870, 1914 und 1940 passierte. Überlege, ob und wie Versöhnung möglich ist.

Aufklärung: „Wage, selbst zu denken!"

Zweifel und Kritik an der Religion. Schon im späten Mittelalter hatte es Kritik an Kirche und Klerus gegeben. Nach der Entdeckung der Neuen Welt und im Anschluss an die Reformation gab es weitere Ursachen, an den Lehren der Kirche zu zweifeln. Mancher geistliche Landesherr ließ Unschuldige als Hexen und Zauberer verbrennen. Geistliche schürten die Furcht der Menschen vor dem Teufel und vor der Hölle. In grausamen Religionskriegen brachten sich Christen verschiedener Konfessionen gegenseitig um. Völker, die gerade entdeckt worden waren, hatten andere Götter und religiöse Bräuche. Trotz der Entdeckungen des Kopernikus (s. S. 94f.) war die Kirche lange bei ihrem Bild der Welt und des Sonnensystems geblieben.

Gewissheit durch Vernunft und Natur. Gab es eine andere Autorität, der man vertrauen konnte? Denker und Naturforscher in England, Frankreich und Deutschland gaben darauf eine neue Antwort: Ja, es gibt zwei Quellen, die uns die Wahrheit erschließen: die Vernunft und die Natur. Wenn man die Natur beobachtet, z.B. mit dem Fernrohr oder dem Mikroskop, und mit dem Verstand die richtigen Berechnungen anstellt, dann ist die Erkenntnis der Wahrheit möglich. Wenn man seine Vorurteile beiseite lässt, dann kann man mithilfe seiner Vernunft unterscheiden, was richtig und was falsch ist. In der Vernunft erkannte man die geistige Kraft, die den Menschen vom Tier unterscheidet. So setzte sich die Auffassung durch: Die Vernunft ist die Natur des Menschen. Er muss es nur „wagen, selbst zu denken", wie dies der Philosoph Immanuel Kant forderte.

M1 Das Experiment mit der Luftpumpe
(Gemälde von Joseph Wright, 1768)

Bürger mit Besitz und Bildung. Diese neue Denkrichtung wurde vor allem von Bürgern größerer Städte getragen. Sie waren gelehrte Juristen, Beamte und Professoren oder erfolgreiche Kaufleute und Fabrikanten. Durch Fleiß und Arbeit hatten sie es zu Besitz und Bildung gebracht. Auch einige jüngere Adlige in der Verwaltung und im Militär vertraten dieses neue Gedankengut: Im Grundsatz sind alle Menschen von Natur aus frei und gleichberechtigt. Jeder kann durch seine Vernunft zu richtigen Urteilen kommen. Deshalb forderten sie für sich als „mündige Staatsbürger" Mitsprache im Staat. Sie dachten dabei an sich selbst, nämlich an Männer, die Vermögen hatten und Steuern zahlten. Die Frauen, ärmere Lohnempfänger oder Juden zählten sie nicht dazu. Dieses Bürgertum wollte die alte Ständeordnung aufheben. Damit befanden sich die aufgeklärten Bürger in einem kritischen Gegensatz zur Kirche und zum Staat des Absolutismus, in dem viele von ihnen durch Leistung aufgestiegen waren. Vom Staat verlangten sie, dass er für ihre Sicherheit und für den Schutz ihres Eigentums sorgen solle.

Vertrauen auf die freie Rede. Die aufgeklärten Bürger trafen sich in neu gegründeten Vereinen, zu Hause in ihren Salons oder in den neuen Kaffeehäusern beim braunen „Türkentrank", der einen wach hielt. Hier las man die neuesten Zeitungen und Bücher, diskutierte ihren Inhalt und bildete sich gegenseitig im Gespräch. Hier gab es keine geistliche Autorität, die über richtig oder falsch entschied, nur die Vernunft und das bessere Argument zählten. Wenn eine solche Diskussion zwischen gleichen Bürgern von Offenheit und Toleranz getragen war, dann schien die vernünftige Aufklärung aller Menschheitsfragen möglich zu sein. Die Anhänger dieser Denkrichtung waren überzeugt davon, dass man die Menschen durch Erziehung und das Leben durch Vernunft verbessern könne. Sie glaubten daran, Licht ins Dunkel der Vorurteile zu bringen; sie glaubten an Aufklärung in Freiheit.

M2 Kaffeehausgesellschaft in Leipzig
(Kupferstich, um 1794)

M3 Die französische Enzyklopädie

Denis Diderot und Jean d'Alembert fassten das Wissen der Aufklärung in diesem Lexikon (1751–1780) zusammen. In seinem Vorwort heißt es:

Tatsächlich zielt eine Enzyklopädie darauf ab, die auf der Erdoberfläche verstreuten Kenntnisse zu sammeln, das allgemeine System dieser Kenntnisse den Menschen darzulegen, mit denen wir zusammenleben, und es den nach uns kommenden Menschen zu überliefern, damit die Arbeit der vergangenen Jahrhunderte nicht nutzlos für die kommenden Jahrhunderte gewesen sei, damit unsere Enkel nicht nur gebildeter, sondern gleichzeitig auch tugendhafter und glücklicher werden, und damit wir nicht sterben, ohne uns um die Menschheit verdient gemacht zu haben.

Denis Diderot und Jean d'Alembert, Encyclopédie ou Dictionnaire raisonné des sciences, des arts et des métiers, 35 Bände, 1751–1780. Vom Verfasser übers.

M4 Grundsätze der Aufklärung

1770/71 zirkulierte eine im Ausland gedruckte und nach Paris geschmuggelte Flugschrift der Enzyklopädisten, worin geschrieben stand:

Wir glauben an die neuen Ziele der Menschheit: Erstens kann die Welt nur aus dem Ganzen der Natur verstanden werden ... Zweitens dürfen nur Autoritäten und Regierungen anerkannt werden, die der Vernunft entsprechen ... Drittens kann keine Gesellschaft Bestand haben, die nicht die Toleranz zulässt und fördert ... Viertens ist jeder Mensch in der Lage, seinen Glauben und sein Leben frei zu gestalten.

Robert de Negroni, Lectures interdites. Le travail des censeurs au XVIIIème siècle, 1723–1774, Nachdruck Paris 1995, S. 190f. Vom Verfasser übers.

1 Stelle die „Schlüsselbegriffe" der Aufklärung zusammen.

2 Beschreibe das Bild M1 und erkläre, was es mit „Aufklärung" zu tun hat. Erkundige dich, wie dieses Experiment ausgegangen ist und lege dar, was dadurch bewiesen werden konnte.

3 Vergleiche das Bild M2 mit einer Szene bei Hof. Was unterscheidet die „bürgerliche" von der „höfischen" Gesellschaft?

4 Begründe als Bürger deinem Fürsten gegenüber, warum du in seinem Staat mitbestimmen willst.

5 Neben Enzyklopädien gibt es heute viele andere Medien, mit deren Hilfe man Allgemeinwissen erlangt. Zähle einige auf.

Für Gleichheit und Mitbestimmung

„Ein toller Tag" in Paris. Im Jahre 1784 wurde in Paris ein Theaterstück unter dem Titel „Ein toller Tag oder Figaros Hochzeit" uraufgeführt. Die Rolle des listigen Dieners Figaro ist seither nicht mehr von der Bühne verschwunden. Warum gab es nicht nur in Paris so viele Leute, die sich über diese Figur amüsierten und ihr begeistert Beifall klatschten? Mit Figaro erschien ein junger Mann auf der Bühne, der sich getraute, was viele Bürger und viele kleine Leute gerne getan hätten: dem Adel die Stirn bieten.

Der dritte Stand wird selbstbewusst. Es gab viele Ursachen für den Unmut der Leute aus dem dritten Stand. Als Bauern konnten sie von ihrer harten Arbeit kaum leben, denn Steuern und Abgaben aller Art nahmen ihnen den größten Teil ihres Ertrages wieder ab. Die Bürger waren als Beamte und Künstler, als Fabrikanten und Kaufleute, als Wissenschaftler und Ingenieure für den Staat unverzichtbar. Sie waren gebildet und trugen mit ihren Leistungen und ihren Steuern die Lasten des Staates. Aber Bauern und Bürger hatten im Staat wenig zu sagen. Die einflussreichen Stellen in der Kirche, im Militär, in Politik und Justiz waren von Adligen besetzt. Auf viele Posten kam man nur durch adlige Geburt. Die Bürger verärgerte besonders, dass der Adel vom Steuerzahlen befreit war. Er besaß das meiste Land, bezog von den Bauern Abgaben und Dienste und führte ein Leben in Luxus.

Forderungen nach Gleichheit und Freiheit. Die gebildeten Schichten empfanden diese Situation als ungerecht: Sie forderten Gleichheit aller Menschen vor dem Gesetz. Alle Vorrechte durch die Geburt sollten abgeschafft werden. Niemand sollte von Geburt wegen Eigentum eines anderen, jeder sollte persönlich frei sein. Nur die Leistung eines Bürgers sollte seinen Platz in der Gesellschaft bestimmen. Das durch Fleiß erworbene Eigentum sollte einem nicht durch hohe Steuern wieder genommen werden. Damit es dabei gerecht zugehe, wollten die Bürger bei der Besteuerung mitbestimmen. Sie bezweifelten, dass der absolute Herrscher Freiheit und Gerechtigkeit garantieren könne. Viele Bürger – auch zahlreiche aufgeklärte Adlige – forderten deshalb, man müsse die Macht im Staat verteilen, damit die Menschen frei und sicher darin leben können.

Vorbild einer neuen Nation. In England hatte das Parlament die Macht des Monarchen einschränken können (s. S. 146f.). 1776 erklärten sich die Siedler der nordamerikanischen Kolonien vom englischen König unabhängig. Im nachfolgenden Kampf gegen England wurden die Aufständischen „Amerikaner". So entstanden die USA als neue „Nation" gleicher Menschen, ohne König und Adel. Franzosen und Polen, die für die Freiheit in den USA mitgekämpft hatten, brachten diese Ideen nach Europa zurück, wo sie entstanden waren. In Frankreich setzte sich damit allmählich die Überzeugung durch: Bürger und Bauern sind als dritter Stand die „Nation". Klerus und Adel zählen nicht dazu.

Frankreich in der Schuldenfalle. Viele Kriege und die Verschwendung am Hof des Herrschers hatten Frankreich in hohe Schulden gestürzt. Für den König gab es nur einen Ausweg: Er musste mehr Steuern einnehmen. Dazu brauchte er aber die Zustimmung der Ständeversammlung (s. S. 144f.). Der König stand vor den Fragen: Konnte man dem dritten Stand noch mehr Steuern aufladen? Oder konnten Adel und Klerus dazu überredet werden, doch für den Staat Steuern zu bezahlen? Es lag große Spannung in der Luft, als die Vertreter der Stände erstmals seit 175 Jahren 1788 wieder in Versailles zusammenkamen.

M1 „Das Defizit" *(Karikatur, 1788)*
Zu sehen sind der französische Finanzminister mit König Ludwig XVI. Ein Adliger und ein Geistlicher tragen Geldsäcke zur Tür hinaus.

M2 „Weil Sie ein großer Herr sind ..."

Figaro zum Grafen Almaviva:

Weil Sie ein großer Herr sind, bilden Sie sich ein, auch ein großer Geist zu sein! Geburt, Reichtum, Stand und Rang machen Sie stolz. Was taten Sie denn, mein Herr Graf, um so viele Vorzüge zu verdienen? Sie gaben sich die Mühe, auf die Welt zu kommen; das war die einzige Arbeit Ihres ganzen Lebens ...

Pierre de Beaumarchais: Ein toller Tag oder Figaros Hochzeit, übers. von Friedrich Dingelstedt, Hildburghausen 1865, S. 109.

M3 Der Staatshaushalt Frankreichs im Jahr 1788

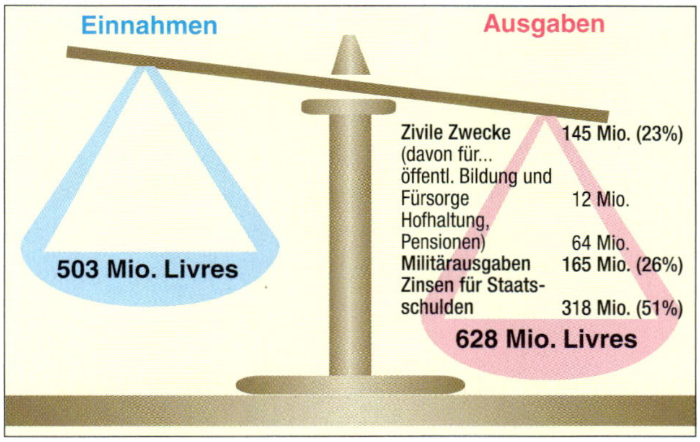

M4 Zahlen zu den Löhnen und Preisen in Frankreich

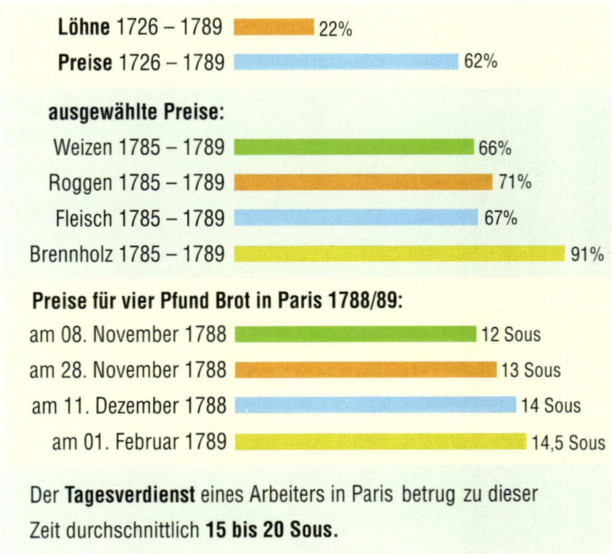

1 Wie könnte die Szene zwischen Figaro und dem Grafen weitergehen (M2)? Setze den Dialog schriftlich fort.

M5 Was forderte der Adel 1789 vom König?

Die Garantie der persönlichen Steuerfreiheit und die Auszeichnungen, die der Adel zu allen Zeiten genossen hat, sind Eigenschaften, die den Adel besonders hervorheben und die nur dann angegriffen und zerstört werden können, wenn die Auflösung der allgemeinen Ordnung erstrebt wird ... Der Adel von Amont fordert also, dass die Ordnung, an der er teilhat, mit allen persönlichen Vorrechten erhalten werde.

M. Chaulanges: L'époque de la révolution. Textes historiques, Paris 1959, S. 13. Vom Verfasser übers.

M6 „Man muss hoffen, dass dieses Spiel bald ein Ende hat" *(kolorierte Radierung, 1778).*

Auf dem Degen steht: „Gerötet vom Blut," auf der Hacke: „Mit Tränen getränkt." Auf den Zetteln sind Steuern, Abgaben und Einnahmen aufgeschrieben. Die Tiere verweisen auf den Schaden, den sie auf den Feldern anrichten und auf das ausschließliche Recht des Adels zur Jagd.

2 Stelle aus M1 bis M6 die Situation des Adels und des dritten Standes in einer Tabelle gegenüber.

3 Beschreibe M6 und erkläre, welche Sichtweise der Zeichner vertritt.

4 Verfasse ein Flugblatt, das den dritten Stand zur Rebellion aufruft.

Reichsstift Salem – barocker Klosterstaat und „Musterländle“

Deutschland, ein Flickenteppich. Nach dem Dreißigjährigen Krieg war das „Heilige Römische Reich Deutscher Nation“ nur noch der lockere Rahmen für über 300 selbstständige Einzelstaaten – große, mittlere und kleine (s. S. 162). Zwei von ihnen, Österreich und Brandenburg-Preußen, entwickelten sich zu europäischen Großmächten. Sachsen, Bayern und Württemberg waren Mittelstaaten. Vor allem im Südwesten gab es eine Fülle kleiner und kleinster Territorien – Klostergebiete, Ritterschaften, Reichsstädte. Deren regierende Fürsten blickten fasziniert nach Versailles: Wie Ludwig XIV. wollten auch sie in ihren Territorien kleine „Sonnen“ sein und in prächtigen Schlössern wohnen. Viele sahen ihre Aufgabe aber auch darin, den Wohlstand des Landes und der Untertanen zu fördern.

Reichsprälat Anselm II. von Salem (1746–1778). Abt Anselm regierte mehrere tausend Untertanen. Der geistliche Reichsfürst unterstand nur dem Kaiser und dem Papst. Er hatte das Recht, als Gerichtsherr über Leben und Tod zu entscheiden. Abt Anselm fuhr wie ein Fürst mit einer Kutsche, die von sechs Pferden gezogen wurde, und ließ sich mit „Excellentissimus“ anreden. Auf diese „Etikette“ legte man im Zeitalter des Absolutismus besonders viel Wert. So war es u. a. auch wichtig, bei bestimmten Anlässen eine Perücke tragen zu dürfen oder mit Kanonenschüssen und Glockengeläut empfangen zu werden.

Blüte trotz Krieg und Brand. Salem und seine Umgebung hatten unter dem Dreißigjährigen Krieg schwer gelitten. 1697 verbrannten erneut fast sämtliche Klostergebäude mit Ausnahme der Kirche. Dennoch entwickelte sich Salem zu einem Musterstaat. Die Zisterzienser hatten sich immer auf erfolgreiches Wirtschaften verstanden. Laienbrüder waren Experten in der Landwirtschaft, im Weinbau und in der Fischzucht. Die Produkte wurden in „Pfleghöfen“ in vielen Städten Süddeutschlands verkauft. Die Einkünfte verwendete man für den Neubau des Klosters sowie für barocke Dorf- und Wallfahrtskirchen. Der Vorarlberger Baumeister Franz Beer führte nach dem Brand den Wiederaufbau durch (z. B. Neu-Birnau). Maler und Bildhauer, Stuckateure und Orgelbauer wurden beschäftigt. Alle Künste zusammen sollten dem Klosterstaat zu überwältigendem Ansehen verhelfen. Das Reichsstift Salem konnte mit seinem Geld noch weiteres Land und weitere Dörfer in der Umgebung kaufen und durch deren Erträge seine Einnahmen erhöhen.

Sorge für die Untertanen. Die Äbte kümmerten sich aber auch um das Wohlergehen ihrer Untertanen. Sie sorgten u. a. dafür, dass Gerichtsverfahren ordnungsgemäß abliefen und eine Feuerwehr rasche Hilfe leistete. Sie trafen Maßnahmen zur Versorgung der Bevölkerung in Notzeiten. Die geistlichen Herren Salems ließen auch Straßen ausbessern und neue bauen. 1749 richtete man für Waisenkinder in Not eine „ordentliche Waisenkasse“ ein; damit war in Salem die erste deutsche Sparkasse entstanden. Zum Kloster gehörte ein Gymnasium mit ca. 100 Schülern. Man pflegte die Musik. Schüler spielten Instrumente und sangen im Gottesdienst. Das Einüben von Theatervorführungen gehörte zum Lehrplan. Wie in so vielen Abteien gab es auch in Salem eine große Bibliothek mit schätzungsweise 60 000 Bänden.

M 1 Reichsabtei Salem, das Prälaturgebäude *(Sitz des Abtes und der Verwaltung)*

M2 Portrait des Abtes Anselm II.

Der Titel des Reichsprälaten Abt Anselm II. lautete: „Der hochwürdige, des Heiligen Römischen Reiches Prälat und Herr des königlich eximierten, konsistorialen und unmittelbar freien Reichsstiftes und Münsters der allerseligsten Jungfrau Maria, von Salem regierender Abt, der beiden kaiserlich-königlichen und königlich-apostolischen Majestäten wirklicher Geheimer Rat, sowie des schwäbischen Reichsprälaten-Kollegiums Kondirektor und des Zisterzienserordens durch Oberdeutschland Generalvikar."

M3 Ein Besucher beschreibt das Stift Salem *(1784):*

Es liegt in einem Tal und ob demselben in einiger Entfernung das Schloss Heiligenberg. Das ganze Klostergebäude besteht aus drei Vierecken, eines derselben macht das Hofgebäude und die Abtei, die übrigen zwei machen das Konventsgebäude aus. Der Umfang des Klosters ist von einer sehr weiten Strecke, und die Ökonomiegebäude, die Behausungen der Minister (Dienerschaft), die ebenso weitläufigen als durch ihre Schönheit reizenden Baum-, Kräuter- und Blumengärten, die kleinen Weiher oder Fischgruben, welches alles innert einer einzigen Mauer eingeschlossen ist, geben dem Stifte von weitem das Aussehen einer kleinen Stadt.

Zitiert nach: Johann N. Hauntinger: Reise durch Schwaben und Bayern im Jahre 1784, Weißenhorn (Konrad Verlag) 1964, S. 29.

M4 Abt Anselm II. sorgt sich um das geistliche Leben seiner Mönche.

Aus einem Schreiben (1750):

... In Salem sind es an Beamten, Dienern, Knechten und sonstigen Klosterangehörigen innerhalb des Klosters und in der Umgebung mehr als 200 Personen – Frauen und Kinder nicht gerechnet. Diese und andere Leute in großer Zahl aus den Nachbargemeinden kommen fast täglich in das Münster, desgleichen müssen bei unseren Professfeiern und Primizen Verwandte beiderlei Geschlechts in die Kirche zugelassen werden. Vor allem aber halten sich in ihr sehr oft auf Prinzessinnen und Gräfinnen und andere vornehme Gäste, an denen es in Salem fast nie fehlt. Gehen die Religiosen (= Mönche) in den Chor oder verlassen sie ihn, so begegnen die Gäste den Religiosen und dies führt zu allerlei Unzuträglichkeiten, Zerstreuungen und Nachteilen gegenüber dem Ordensleben und der klösterlichen Einsamkeit.

Zitiert nach: Pater Gebhard Spahr: Oberschwäbische Barockstraße IV, Weingarten/Biberach (Verlag Isa Beerbaum) 1982, S. 140.

1 Suche in den Quellen nach dir unbekannten Begriffen und schlage nach, was sie bedeuten.
2 Erläutere anhand von M1 und M3, warum dieser Teil der Abtei das „Hofgebäude" genannt wurde.
3 Beschreibe das Bild M2. Lerne den vollen Titel des Abts von Salem auswendig und stelle dich mit ihm vor: „Ich bin ...".
4 Erkläre mit eigenen Worten, warum sich der Abt um seine Mönche Sorgen macht (M4).
5 Stelle zusammen: a) was das Kloster für seine Untertanen Positives geleistet hat, und b) was man an diesem Klosterstaat kritisieren könnte.

Absolute und aufgeklärte Herrscher

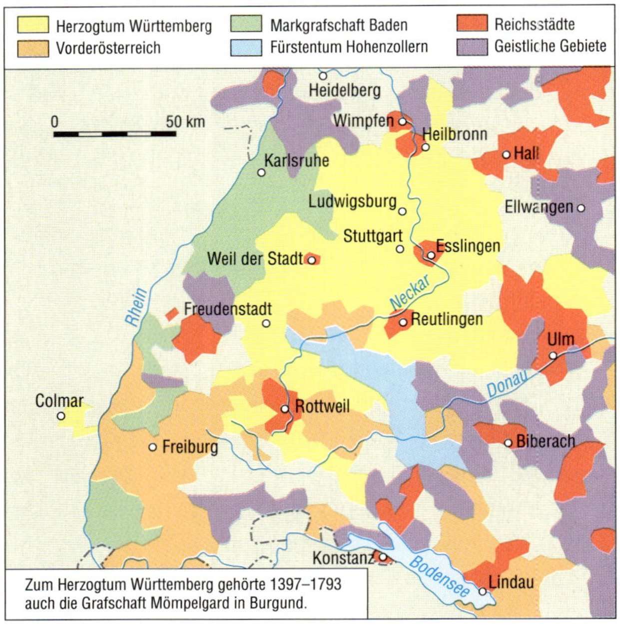

M1 Südwestdeutschland im 18. Jh.

Wiederaufbau nach dem Krieg. Die Leidtragenden der Kriege zwischen Österreich und Frankreich zu Beginn des 18. Jh. waren die Bewohner des deutschen Südwestens. Große Gebiete wurden hier im Verlauf der Erbfolgekriege verwüstet. Nachdem die Kämpfe eingestellt und in Rastatt Frieden geschlossen worden war (s. S. 154f.), wollten die Menschen so schnell wie möglich wieder zu einem normalen, friedlichen Leben zurückkehren. Überall im Land machte man sich an den Neuaufbau. Auch die Adligen begannen, ihre zerstörten Schlösser wieder aufzubauen, und wetteiferten miteinander um die prunkvollste Ausstattung.

Eine neue Residenz. Die Markgrafschaft Baden bestand im 18. Jh. aus mehreren unzusammenhängenden Gebieten entlang des Oberrheins. Sie war im Heiligen Römischen Reich das Territorium mit der längsten Grenze zu Frankreich. Ihr Herrscher, Markgraf Karl Wilhelm (1709–1738), hatte sich auch ein neues Schloss bauen lassen, das er „Karlsruhe“ nannte. Anfangs wollte er es nur als Jagd- und Lustschloss nutzen, bezog es aber schon bald als dauerhafte Residenz. Sein Schloss in Durlach (heute ein Vorort von Karlsruhe) war im Krieg zerstört und nur zum Teil neu aufgebaut worden. Zusammen mit dem neuen Schloss wuchs auch eine Stadt. Straßen wurden angelegt; Vorschriften regelten, dass die Häuser alle aus Stein gebaut sein mussten. Jetzt fehlten dem Fürsten nur noch die Untertanen; die lockte er mit günstigem Baugrund, Zuschüssen und Privilegien. So erlaubte er 1722 in einem Toleranzedikt Lutheranern, Reformierten, Katholiken und Juden, ihre Gotteshäuser in Karlsruhe zu errichten.

Reformen im Geiste der Aufklärung. Der Enkel Karl Wilhelms, Markgraf Karl Friedrich von Baden (1746–1811), wollte wie alle Fürsten seiner Zeit unumschränkt regieren, seine Macht aber auch zum Wohl seiner Untertanen einsetzen. 1767 ordnete er an, dass niemand mehr bei polizeilichen Untersuchungen gefoltert werden dürfe. Alle Kinder mussten die Volksschule besuchen. Er ließ Kanäle und Landstraßen anlegen und öde Landstriche fruchtbar machen. 1783 hob er die Leibeigenschaft der badischen Bauern auf. 1809 bestätigte Karl Friedrich die Rechtsgleichheit von Juden und Christen. Durch diese Reformen wurde Baden zu einem der modernsten Staaten im Heiligen Römischen Reich.

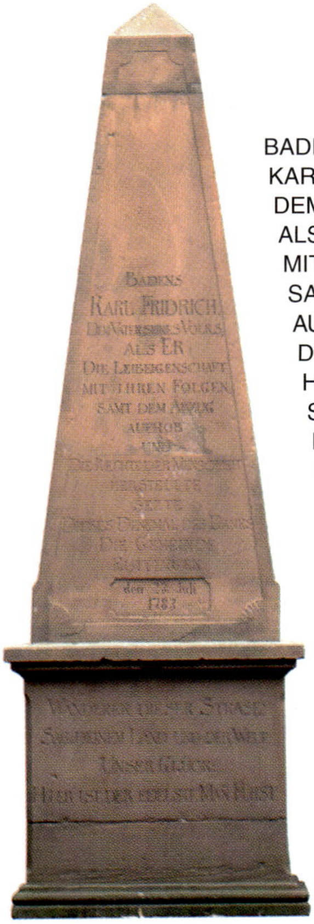

BADENS
KARL FRIEDRICH,
DEM VATER SEINES VOLKS,
ALS ER DIE LEIBEIGENSCHAFT
MIT IHREN FOLGEN,
SAMT DEM ABZUG
AUFHOB UND
DIE RECHTE DER MENSCHEN
HERSTELLTE,
SETZTE
DIESES DENKMAL DES DANKS
DIE GEMEINDE
EUTINGEN.
den 23. Juli 1783

M2 Gedenkstein zur Erinnerung an die Aufhebung der Leibeigenschaft
(Eutingen, 1783)

M3 Plan der Residenzstadt Karlsruhe *(Kupferstich, 1739)*

M4 Abschaffung der Folter

Eine Anweisung des Markgrafen Karl Friedrich von Baden vom 9. September 1767:

Nachdem wir die Folgen des in peinlichen Fällen öfters vorkommenden Mittels der Tortur mehrmals in Überlegung gezogen und dabei sowohl einerseits die Unzuverlässigkeit dieses Beweismittels, durch welches selbst ein Unschuldiger zu einem die Todesstrafe etwa zuziehenden falschen Geständnis, ja zur Verzweiflung gezwungen werden kann ..., als auch anderseits den unbilligen Vorteil, welchen ein mit genugsamen Kräften begabter Missetäter durch standhafte Erstehung der Marter zum Nachteil der öffentlichen Sicherheit genießet, reiflich erwogen haben: So sind wir hierauf ... zu dem Entschluss veranlasset worden, das Mittel der peinlichen Marter als eine nicht allzeit mit der Natur eines rechtlichen Beweises und ebenso mit unsern Gesinnungen, mit dem nötigen Schutz der Unschuld, ja selbst mit der Sicherheit des gemeinen Wesens nicht wohl übereinstimmende Sache in unseren Gerichten, so viel es nur immer die gedachte Sicherheit des gemeinen Wesens gestattet, abzuschaffen und zu verbieten.

Zitiert nach: Karl Hofmann: Quellenbuch zur Badischen Geschichte, Karlsruhe (Friedrich Gutsch) 1913, Nr. 57, S. 58f.

1 Finde heraus, zu welchem Herrschaftsbereich euer Heimatort im 18. Jh. gehörte (M1).

2 Erläutere, was der Markgraf Karl Wilhelm von Baden mit seiner Schlossanlage zum Ausdruck bringen wollte. An welchem Vorbild orientierte sich der Grundriss der Schlossanlage (M3)?

3 Lies den Text auf dem Stein und deute die Inschrift (M2). Wer hat diesen Stein zu welchem Anlass errichtet? Wie stehen „Schreiber“ und „Angesprochener“ zueinander?

4 Mit welchen Argumenten begründete Karl Friedrich von Baden die Abschaffung der Folter (M4)?

Kleine Stilkunde: Deutschlands größtes Barockschloss

Das Ludwigsburger Schloss. Wie viele Fürsten im Zeitalter des Absolutismus wollte auch der württembergische Herzog Eberhard Ludwig (1677–1733) noch prunkvoller wohnen. Er ließ sich in Ludwigsburg ein neues Schloss anstelle des alten in Stuttgart bauen. Und weil er andere Schlossbauten wie in Rastatt oder München überbieten wollte, wurde aus dem ursprünglich geplanten kleinen Jagdschloss Deutschlands größtes Barockschloss mit einem großzügig angelegten Garten. Und auch eine Stadt musste gegründet werden. So lockte der Herzog aus dem ganzen Land Menschen nach Ludwigsburg, indem er ihnen zahlreiche Privilegien, wie die Befreiung von Steuerzahlungen, versprach und Ludwigsburg zur alleinigen Residenz anstelle von Stuttgart erhob.

Das Barock. Die Baumeister, die das Ludwigsburger Schloss planten, orientierten sich an einer neuen Kunstrichtung, die sich in ganz Europa ausbreitete: dem Barock. Auch als Gegenbewegung zur Strenge der Reformationszeit war die neue Kunstrichtung gefühlsbetont und sinnlich ausgerichtet. Sie bevorzugte geschwungene Linien, die an eine unregelmäßige Perle (portugiesisch „barocco“) erinnerten, was dem neuen Stil den Namen gab. Runde und ovale Formen an der Decke, bei Treppenaufgängen, Türen und Fenstern, ja sogar bei den Möbeln, prägten den Stil ebenso wie eine strenge Symmetrie, Verzierungen an den Wänden, Verschnörkelungen und kostbare Materialien wie Gold, Silber, Marmor oder Edelhölzer. Nicht nur die Schlösser und ihre Innenausstattung, auch die Gärten wurden in diesem barocken Stil angelegt.

Exklusivität soll beeindrucken. Sowohl der Bau selbst als auch die prunkvolle Ausstattung des Ludwigsburger Schlosses sollte dem Besucher Lebensfreude vermitteln, vor allem aber Reichtum und Macht vor Augen führen. Die barocken Gartenanlagen dienten ebenfalls diesem Ziel. Die Feste am Hofe glichen denen in Versailles.

M1 Luftaufnahme des Ludwigsburger Schlosses mit Gartenanlage

Internetrecherche: „Suchen statt Surfen". Es empfiehlt sich bei der Recherche nicht einfach loszulegen, sondern vorher eine Suchstrategie zu überlegen: Was wird gesucht? Auf welchen Wegen kann das Ziel erreicht werden? Wie kann ich aus der Fülle des Materials in möglichst kurzer Zeit den Zugang zu soliden Informationen finden?

Suchmaschinen. Suchmaschinen sind „Roboter", die das gesamte Internet absuchen und alle Adressen und Stichwörter aus den besuchten Seiten in einer Datenbank ablegen. Die Suchmaschinen müssen allerdings mit Stichwörtern „gefüttert" werden. Folgende Vorgehensweisen lassen sich unterscheiden:

1. Schritt: Weiß man noch wenig über ein Thema, helfen Suchmaschinen, eine erste, recht allgemeine Recherche durchzuführen. Mit dem Ergebnis können dann weitere Begriffe und Aspekte des Themas gefunden werden, die helfen, durch neue Suchbegriffe die Suche zu verfeinern.

2. Schritt: Sind bereits recht genaue Vorstellungen und somit entsprechende Begriffe bzw. Namen vorhanden, und möchte man noch mehr wissen, ist eine Kombination von verschiedenen Suchbegriffen, die durch ein „+" miteinander verbunden werden, empfehlenswert.

3. Schritt: Wer schon sehr genau Bescheid weiß, aber noch Spezialwissen erwerben möchte, kann mithilfe der verschiedenen Links bzw. von Verweisen auf ähnliche Seiten eine nahezu unbegrenzte Anzahl von weiteren Informationen finden.

Vorsicht ist geboten. Nicht alles, was im Internet steht, darf man glauben. Viele private Personen veröffentlichen ihre ganz persönliche Meinung, die oft falsch oder einseitig sein kann. Um zu wissen, ob eine Seite vertrauenswürdig ist, muss man herausfinden, wer die Seite verfasst hat. Alle zuverlässigen Seiten haben meist im Index oder Impressum Angaben über ihre Herkunft. Seiten von öffentlichen Anbietern, wie Museen, Zeitungen, Universitäten oder Schulen, sind glaubwürdig.

GESCHICHTE AKTIV/KREATIV

Projektidee: „Kreuz und quer durch das Schloss Ludwigsburg – eine kleine Internetrallye"

Rufe folgenden Link auf:
http://www.schloesser-und-gaerten.de/start1.php

1 Finde heraus, wer diesen Link ins Netz gestellt hat. Begründe, ob du dem Inhalt der Seite trauen kannst.
2 Belege anhand konkreter Bauteile und Bauelemente, dass das Schloss Ludwigsburg ein Barockschloss ist (siehe dazu auch M1).
3 Neben dem Hauptschloss gibt es noch zwei weitere kleinere Schlösser. Wie heißen sie und welche Aufgabe hatten sie?
4 Beschreibe Funktion und Anlage des Schlossgartens.
5 Erkläre die technischen Besonderheiten des Schlosstheaters.
6 Kleines „Who is who" aus Ludwigsburg:
a) Wie hieß die erste Frau des Herzogs Carl Eugen?
b) Wer wurde der „dicke Friedrich" genannt?
c) Wer war Gräfin Wilhelmine von Grävenitz?
7 Erkläre, wie das Schloss zu seinem Namen kam.
8 Finde heraus
a) von wann bis wann das Schloss Ludwigsburg geöffnet ist,
b) wann und warum das Schloss Ludwigsburg erbaut wurde,
d) seit wann es die Gartenschau „Blühendes Barock" gibt,
e) was der Eintritt kostet.

Ihr könnt mit den gefundenen Informationen eine kleine Ausstellung in der Klasse machen. Fügt Bilder bei.

Friedrich II. von Preußen – absolut und aufgeklärt

1661–1715	Ludwig XIV. von Frankreich Zeitalter des Absolutismus
1688/89	„Glorreiche Revolution" in England Bill of Rights
ab 1704	Herzog Eberhard Ludwig von Württemberg lässt Schloss Ludwigsburg bauen
1740–1786	Friedrich II. von Preußen
1776	Unabhängigkeitserklärung der USA
1786	Ludwig XVI. ruft die Ständeversammlung ein

1 Vergleiche Preußen unter Friedrich II. mit anderen absolutistischen Staaten: a) Was war in Preußen genauso? b) Was war in Preußen anders?
2 Ein Soldat und ein Bürger streiten sich, ob man Friedrich II. „den Großen" nennen soll. Führt diese Diskussion.
3 Stelle die Gegner Friedrichs des Großen im Siebenjährigen Krieg zusammen: Land – Herrscher/in – Hauptstadt – Schloss/Residenz. Nimm einen Geschichtsatlas zuhilfe und lies in einem Lexikon nach.
4 Unterscheide Adel und Bürger als Stand (Rechte, Lebensweise, Ideen).
5 Informiere dich über die berühmtesten Philosophen des 18. Jh., Kant und Voltaire.

Sicherung wichtiger Begriffe

- **Eigene Dateien**
  - **Geschichte**
    - **Zeitalter des Absolutismus**
      - **Fachbegriffe**
        - Absolutismus
        - Merkantilismus
        - Aufklärung
        - Sonnenkönig
        - Monarchie, parlamentarische
        - Ständeversammlung
        - Manufaktur

Der Siebenjährige Krieg. „Ich glaube, alles ist verloren. Ich werde den Untergang meines Vaterlandes nicht überleben", schrieb Friedrich II. 1759 nach der Schlacht von Kunersdorf. Dennoch überstanden der preußische König und sein Staat den Kampf gegen alle europäischen Großmächte im Siebenjährigen Krieg (1756–1763). Frankreich, Russland, Österreich, Sachsen, Schweden und das Heilige Römische Reich waren die Gegner Preußens, das nur mit England verbündet war. Preußen war ein absolutistischer Staat mit einigen Besonderheiten. So ist es zu erklären, dass dieser Staat im großen europäischen Krieg nicht unterging.

Schon der Vater Friedrichs II., der „Soldatenkönig" Friedrich Wilhelm I., hatte seine Armee auf 83 000 Mann aufgestockt. Friedrich II. vergrößerte sie weiter und gab den allergrößten Teil der Staatseinnahmen für Militär und Krieg aus. Da die Mittel knapp waren, mussten sie sparsam und zielvoll ausgegeben werden. Der König ging dabei mit gutem Beispiel voran. Er hatte im Vergleich zu anderen Herrschern in Europa einen bescheidenen Hofstaat und trug selbst die einfache blaue Uniform eines preußischen Offiziers.

Die Armee – Preußens Gloria. Friedrichs Überzeugung war, dass Preußen nur solange existiert, wie es eine hervorragend gedrillte Armee hat. Die Infanterie, welche die Gewehre schneller laden konnte, siegte. Deshalb mussten die Soldaten die Handgriffe für das Laden täglich üben. Friedrich wusste auch: Im Krieg entscheiden nicht die Geschütze, sondern die Menschen über den Sieg. Sehr große Soldaten, so genannte „lange Kerls", schienen ihm besonders wirkungsvoll im Kampf mit dem Bajonett Mann gegen Mann. Ein Soldat, der ungehorsam war, wurde mit Spießrutenlaufen bestraft. Er hatte zwölfmal durch eine Gasse von 150 Soldaten zu laufen, die auf ihn einprügelten. Der preußische König formulierte den Grundsatz: Der einfache Soldat muss den Offizier mehr fürchten als den Feind. Die Offiziere waren Adlige und durften keinen Umgang mit einfachen Leuten oder Bürgern haben.

M1 Schloss Sanssouci in Potsdam bei Berlin *(erbaut 1745–1747)*

Menschen, Vernunft und Recht. Preußen war unter Friedrich II. ein Land, das Menschen ohne Ansehen von Herkunft und Religion aufnahm, wenn sie nur tüchtig und gehorsam waren. Hugenotten aus Frankreich, Protestanten aus Salzburg, andere Glaubensflüchtlinge aus dem deutschen Südwesten konnten in Preußen „nach ihrer Façon selig werden", wie der König sagte. Dass Friedrich II. in seinem Staat Religionsfreiheit zuließ, verschaffte ihm den Ruf eines aufgeklärten Herrschers. An die Vernunft hielt er sich auch, indem er die Hexenprozesse abschaffen ließ. Das Foltern im Strafprozess wurde verboten und nur noch in wenigen Fällen drohte in Preußen die Todesstrafe. Obwohl er ein absolut regierender König war, schrieb er: „ ... in den Gerichtshöfen sollen die Gesetze sprechen und der Herrscher soll schweigen."

Alles für den Staat. Dem Staat zu dienen, galt in Deutschland lange Zeit als das Höchste überhaupt. Die preußischen Könige haben es ihren Untertanen eingebläut. Friedrich II. nannte sich den „ersten Diener des Staates". Für Preußen war er „immer auf dem Posten". Er kontrollierte die Arbeit in den Manufakturen, förderte den Kartoffelanbau und andere Verbesserungen in der Wirtschaft seines Staates. Wie von seinen Soldaten verlangte „der alte Fritz" auch von den Beamten absoluten Gehorsam und vollkommene Korrektheit. Unteroffiziere wurden nach ihrer Entlassung aus der Armee oftmals Steuereinnehmer oder Volksschullehrer. Mit Rute oder Peitsche führten sie auch in der Schule ein strenges Regiment. Ziel des Unterrichts waren disziplinierte Untertanen, die dem Staat viel nützten. Durch Armee und Beamtenschaft wurde aus Preußen ein militärisch geprägter Staat. Der königstreue preußische Offizier galt als das Vorbild des Landes, das der zeitgenössische Schriftsteller Lessing für den „sklavischsten Staat Europas" hielt.

Philosoph und Musikant. Friedrich II. war als Kronprinz voller menschenfreundlicher, friedlicher Ideen gewesen. Als König führte er jedoch 23 Jahre Krieg, was er ein „abscheuliches Handwerk" nannte. Er hatte aber auch Interesse an Philosophie und Kunst, spielte Querflöte und komponierte Stücke dafür. Er sprach fast nur Französisch und las die neuesten philosophischen Schriften. Den französischen Philosophen Voltaire lud er an seinen Hof nach Potsdam; die beiden zerstritten sich allerdings. Der Forderung aufgeklärter Kreise nach Pressefreiheit gab Friedrich nach: „Die Gazetten dürfen nicht genieret (behelligt) werden", ließ er in Preußen verkünden.

Ablass/-handel: Nachlass der Sündenstrafen gegen Geldleistungen.

Absolutismus (lat. (ab)solutus = losgelöst): moderne Bezeichnung für eine im 17. Jh. ausgeprägte Regierungsform, bei der der König losgelöst von jeglichen Gesetzen regierte; er stützte sich auf einen immer mehr ausgeweiteten Beamtenapparat und auf ein ▸ stehendes Heer; der Herrscher leitete seine Rechte entweder direkt von Gott ab (▸ Gottesgnadentum) oder führte sie auf einen Gesellschaftsvertrag zurück; nach Auffassung seiner Zeitgenossen war er an göttliches und natürliches Recht als auch an das Gemeinwohl gebunden.

Adel (althochdt. edili = die Edelsten): führender Stand, der durch Abstammung und Grundbesitz besondere Rechte gegenüber der übrigen Bevölkerung beanspruchte; hatte Herrschaft über Land und Leute inne, besaß Steuer- und andere Freiheiten sowie Vorrechte auf die wichtigsten Ämter; beanspruchte traditionell Mitsprache an der zentralen Herrschaft.

Augsburger Religionsfrieden: Reichsgesetz (1555), das die protestantische Konfession als gleichberechtigt mit der katholischen anerkannte; die Landesherren bekamen die Kirchenhoheit zugesprochen, d. h. sie entschieden über den Glauben ihrer Untertanen.

Bann: s. Kirchenbann

Bauernkrieg: Bezeichnung für Aufstände von Bauernschaften in Süd- und Mitteldeutschland in den Jahren 1524/25; von der Idee der Reformation angeregt und zur Verbesserung ihrer wirtschaftlichen Lage forderten die Bauern u. a. Verringerung ihrer Abgaben und freie Pfarrerwahl; Luther lehnte es scharf ab, religiöse mit weltlichen Forderungen zu verbinden, und forderte die Fürsten zur Ausrottung der Bewegung auf; der Kampf endete mit einer vollständigen Niederlage der Bauern.

Buchdruck: Johann Gutenberg ermöglichte mit dieser Erfindung (um 1450) die schnelle Vervielfältigung von Texten aus einfachen, aber beweglichen Druckbuchstaben, die noch einzeln gegossen und zu Texten zusammengesetzt werden mussten.

Calvinismus: eine von Jean Calvin (1509–1563) begründete Richtung der Reformation, gekennzeichnet durch eine demokratische Kirchenverfassung, ein bestimmtes Verständnis des Abendmahls, die Ablehnung von Prunk sowie durch die Lehre von der Vorbestimmung des Menschen durch Gott (Prädestination); der Calvinismus bildete keine einheitliche Kirche, sondern umfasste mehrere Richtungen (Frankreich: Hugenotten; Großbritannien: Puritaner).

Dreißigjähriger Krieg: von 1618 bis 1648 dauernder Krieg, begann als Religionskrieg und als Krieg um das Verhältnis von Landesherr und Ständen, zuerst in Böhmen, dann im ▸ Heiligen Römischen Reich; entwickelte sich später zum europäischen Machtkampf, der vorwiegend auf deutschem Boden ausgetragen wurde; hinterließ große Zerstörungen; endete mit dem ▸ Westfälischen Frieden.

Dritter Stand (frz. tiers état): Sammelbezeichnung für alle Personen, die nicht zu den beiden privilegierten Ständen (Geistlichkeit und ▸ Adel) gehörten. Alle drei Stände waren in der französischen Monarchie in den ▸ Generalständen vertreten.

Entdeckungsfahrten: mit der Eroberung Konstantinopels 1452 durch die Türken und der Sperrung des Handelsweges nach Asien begann die Suche nach neuen Handelswegen; das Wissen um die Kugelgestalt der Erde, genauere Seekarten, der Kompass und beweglichere Schiffstypen ermöglichten Seefahrten in weit entfernte Gebiete der Erde; mit der Entdeckung und Eroberung dieser Länder kam es zur Vernichtung zahlreicher hoch stehender einheimischer Kulturen und zur Versklavung und Vernichtung der Bevölkerung, v. a. durch eingeschleppte Krankheiten.

Freier: konnte über sein Eigentum frei verfügen und ziehen, wohin er wollte; durfte bei Gerichtsurteilen nicht zu einer Körperstrafe verurteilt werden.

Frondienst (mittelhochdt. vron = herrschaftlich): unbezahlte Arbeit, die ▸ Hörige für den Grundherrn leisten mussten; Arbeit bestand aus Handdiensten (z. B. Hilfe bei der Ernte) und Spanndiensten (Bereitstellen von Zugtieren für die Feldbestellung); seit dem 13. Jh. zum Teil auch durch Geldzahlungen beglichen.

Gegenreformation: Reaktion der katholischen Kirche auf die Reformation; auf dem Konzil von Trient (1545–1563) wurden Reformen beschlossen; die katholische Kirche beauftragte den neu gegründeten

Jesuitenorden mit der Verbreitung des katholischen Bekenntnisses.

Generalstände: Ständeversammlung Frankreichs, bestehend aus den drei Ständen Klerus, ▸ Adel, Bürger; ihre Hauptaufgabe war die Bewilligung von Steuern und neuen Gesetzen.

Gottesgnadentum: die Auffassung, ein Mensch habe sein Amt von Gott verliehen bekommen, galt im Mittelalter zuerst für die Bischöfe, danach auch für Könige; im ▸ Absolutismus bauten weltliche Herrscher diese Vorstellung aus; sahen sich als von Gott auserwählt an, beide Herrschaftsbereiche ohne weltliche Kontrolle auszuüben.

Grundherrschaft: vorherrschende Wirtschafts- und Sozialform in Europa vom frühen Mittelalter bis in das 19. Jh.; beruhte auf dem Eigentum eines adligen Herrn an Grund und Boden und an den zugehörigen Menschen (▸ Hörige); der Herr gab den Grund an unfreie Bauern zur Bewirtschaftung aus; diese hatten dafür Abgaben und ▸ Frondienste zu leisten; der Grundherr sorgte für den Schutz der Bauern und übte bei einfachen Streitfällen und geringen Straftaten die Rechtsprechung aus.

Hanse (althochdt. = Schar): im 12. Jh. Zusammenschluss norddeutscher Kaufleute; im 13. Jh. Bündnis von Städten, die den Handel im Raum von Nord- und Ostsee bestritten; es kam zur Gründung von Handelsniederlassungen; Städtebund trat auch politisch geeint auf; zog aus den Siegen wirtschaftliche Nutzen; zeitweise über 160 Städte Mitglieder der Hanse.

Heiliges Römisches Reich Deutscher Nation: Bezeichnung für den Herrschaftsbereich der deutschen Könige und Kaiser vom Mittelalter bis zum Jahr 1806; mit der Bezeichnung „römisch“ knüpfte man an die Tradition der römischen Kaiser der Antike an, mit dem Zusatz „heilig“ wollte man ausdrücken, dass der Kaiser sich als der von Gott gewollte Herrscher und Beschützer der Christenheit verstand; das Reich setzte sich aus einer Vielzahl sehr unterschiedlicher Glieder zusammen: von ▸ Kurfürsten und Fürsten bis zu Städten, Rittern und sogar einzelnen Dörfern; seit Beginn der ▸ Neuzeit bildeten sich gemeinsame Institutionen aus: ▸ Reichstage, Reichshofrat und Reichskammergericht als höchste Gerichtshöfe für das ganze Reich und die so genannten Reichskreise, die für die Vollstreckung gemeinsamer Beschlüsse zuständig waren.

Herzog: bei den Germanen gewählter Anführer eines Stammes; unter den Merowingern über mehrere Grafen gesetzter Anführer, insbesondere in militärischer Hinsicht, unter den Karolingern als Markgrafen bekannt; seit Ende des 12. Jh. wurde aus dem Stammesherzog ein Territorialherzog (Landesherr).

Hofkapelle: bei den Karolingern Zusammenschluss aller Hofgeistlichen unter der Leitung eines Kaplans; führten neben kirchlichen Aufgaben vor allem Verwaltungstätigkeiten aus, übernahmen die Urkundenausstellung unter der Leitung eines Kanzlers; dessen Amt wurde im Laufe der Zeit zur wichtigsten politischen Funktion im Dienst des Herrschers.

Hörige: Sammelbegriff für die verschiedenen Gruppen abhängiger, unfreier Bauern im Rahmen der ▸ Grundherrschaft; Hörige bewirtschafteten das ihnen zur Leihe übergebene Land; leisteten dafür Abgaben an den Grundherrn und waren zu ▸ Frondiensten verpflichtet; Hörige wurden mit dem Grund zusammen vererbt oder verkauft; Leibeigene gehörten zum persönlichen Besitz des Herrn; arbeiteten z. B. als Knechte auf dem Hof des Grundherrn.

Humanismus (lat. humanus = menschlich): geistige Bewegung des 15. und 16. Jh.; Gelehrte beschäftigten sich mit antiken Werken, suchten nach den unverfälschten Quellen der antiken Bildung, die nun für alle Bereiche des menschlichen Lebens als vorbildlich galten, und machten den Menschen zum Ausgangspunkt und Maß des Denkens und Handelns.

Investitur/-streit (lat. investire = bekleiden): im Lehnswesen die feierliche Einführung eines Lehnsträgers in den Besitz eines Lehens; in der Reichskirche nahmen die Bischöfe und Äbte sowohl geistliche als auch weltliche Aufgaben wahr, wurden daher von Königen eingesetzt; die von Cluny ausgehende Reformbewegung wehrte sich gegen diesen Einfluss von Laien; im Investiturstreit zwischen Kaiser und Papst ging es vordergründig um das Recht, des Königs/Kaisers, Bischöfe einzusetzen, allgemeiner aber um die grundsätzliche Frage, ob er die Kirche für die Zwecke seiner Herrschaft einsetzen durfte; im ▸ Wormser Konkordat (1122) wurde dieser Konflikt gelöst.

Islam (arab. = Ergebung in Gottes Willen): Bezeichnung für die Anfang des 7. Jh. von Mohammed auf der Grundlage von Juden- und Christentum gegründete Religion; Hingabe an den einzigen Gott, „Allah", zeichnet einen Muslim aus; Glaubenslehren sind im „Koran" festgehalten; neben dem Christentum und dem Judentum ist der Islam die dritte große monotheistische Religion.

Kaiser: höchster weltlicher Herrschertitel in Europa, zugleich Beschützer der Christenheit; Titel leitete sich vom römischen „Cäsar" ab; Papst krönte den deutschen ▸ König zum Kaiser; römisches Kaiserreich der Antike sollte fortsetzt werden; die mittelalterlichen Kaiser verbanden mit der Kaiserkrone den Herrschaftsanspruch über Italien und die Einflussnahme auf die Kirche.

Kalif (arab. khalifa = Stellvertreter): wurde nach dem Tode des Propheten Mohammed die Bezeichnung für denjenigen, der der Gemeinde der Muslime in religiösen wie auch politischen Dingen vorstand.

Ketzer (griech. katharos = rein): Begriff für religiöse Gruppen, die sich von der Kirche trennten oder wegen abweichender Lehren ausgeschlossen wurden.

Kirchenbann: höchste Strafe im religiösen Bereich; schloss den Betroffenen von allen Sakramenten der Kirche aus; der Gebannte konnte kein weltliches Amt ausüben, da er nicht zur christlichen Gemeinschaft gehörte; der Kirchenbann hatte seine Entsprechung auf weltlicher Ebene in der ▸ Reichsacht.

Kloster (lat. claustrum = Ort der Abgeschlossenheit): die von der Außenwelt abgeschlossenen Gebäude, in denen eine Ordensgemeinschaft von Mönchen oder Nonnen lebt, betet und arbeitet; Grundlage wurde die Ordensregel des Benedikt von Nursia (6. Jh. n. Chr.); im Mittelalter waren Klöster Zentren des geistlichen, wirtschaftlichen und kulturellen Lebens.

Konfession (lat. confessio = Bekenntnis): ursprünglich eine Schrift, in der die grundlegenden Glaubenssätze festgelegt wurden; später Bezeichnung für christliche Glaubensgemeinschaften.

König/-swahl: Herrscher eines Landes; hatte für Recht und Frieden zu sorgen, verfügte – nach mittelalterlichem Verständnis – aufgrund seiner Abstammung über ein besonderes „Heil", Königtum meist erblich; im Römisch-Deutschen Reich hingegen setzte sich die Königswahl durch; mehrmals wechselten die Herrschergeschlechter; schließlich regelte die Goldene Bulle (1356) die Königswahl durch sieben ▸ Kurfürsten.

Konzil: Versammlung kirchlicher Würdenträger, die die Kirche als Ganzes repräsentieren, um verbindliche Lehrmeinungen festzulegen und Kirchengesetze zu beschließen.

Kurfürsten: sieben (später neun) Kurfürsten wählten den deutschen ▸ König; in der „Goldenen Bulle" (1356) wurden die Regeln dafür festgehalten und die Rechte der Kurfürsten festgelegt; die Kurfürsten waren die Erzbischöfe von Köln, Mainz und Trier, der König von Böhmen, der Pfalzgraf bei Rhein, der Herzog von Sachsen und der Markgraf von Brandenburg, später noch der Herzog von Bayern und der Herzog von Braunschweig.

Lehnswesen: regelte das Zusammenleben der meisten Menschen im ▸ Mittelalter; der Lehnsherr übergab ein Stück Land oder ein Amt (Lehen) an seinen Lehnsmann (Vasall) und bekam dafür Abgaben und ▸ Frondienste; außerdem bot der Lehnsherr dem Lehnsmann Schutz im Krieg und vor Gericht; beide leisteten den Lehnseid, ein gegenseitiges Treueversprechen; die mittelalterliche Lehnsordnung hatte bis weit in die Neuzeit hinein Bestand.

Leibeigenschaft: s. Hörige

Manufaktur (lat. manus = Hand, facere = gemacht): eine Betriebsform zur Herstellung von Gütern im Zeitalter des ▸ Merkantilismus (17./18. Jh.); Betrieb mit Arbeitsteilung und vorwiegend Handarbeit; produziert wurden Luxuswaren wie Spiegel, Uhren, Porzellan, Teppiche, aber auch Massenwaren wie Uniformen und Waffen; oft im Auftrag des Herrschers.

Merkantilismus (lat. mercator = Kaufmann): Wirtschaftsform des 17./18. Jh.; die Wirtschaft wird in den Dienst des Staates gestellt und staatlich zu lenken versucht; Export spielt eine zentrale Rolle für den Reichtum des Staates; Herstellung von wertvollen Fertigwaren aus billigen Rohstoffen, die im Ausland mit Gewinn verkauft werden konnten; Strafzölle auf Importe von Luxuswaren; der Staat förderte die Einrichtung von ▸ Manufakturen, sorgte für den Ausbau von Handelswegen und die Anwerbung von Facharbeitern aus dem Ausland.

Mission (lat. missio = Sendung, Auftrag): Verbreitung einer Religion und Gewinnung von Anhängern durch Entsendung von Glaubensboten.
Mittelalter: Bezeichnung für die Epoche zwischen Antike und ▸ Neuzeit (ca. 500 – ca. 1500), Begriff wurde von den Humanisten Ende des 15. Jh./Anfang des 16. Jh. geprägt (medium aevum); die Ansicht, das Mittelalter sei eine „dunkle" Epoche, die sich deutlich von der kulturellen Blütezeit der Antike und der Wiedergeburt der antiken Traditionen in der ▸ Renaissance abhebe, prägte das Denken bis ins 18. Jh.
Mönche (griech. monachos = allein lebend)/Nonnen (lat. nonna): aus religiöser Überzeugung als Einsiedler oder in einer Klostergemeinschaft lebende Männer und Frauen; versprechen Gehorsam (gegenüber dem Abt), Armut und Ehelosigkeit; Begründer des abendländischen Mönchtums war Benedikt von Nursia. ▸ Kloster.

Neuzeit: zur Abgrenzung des ▸ Mittelalters von der Neuzeit werden spezielle Ereignisse und Daten um 1500 herangezogen, z. B. die Entdeckung Amerikas, die Blütezeit des ▸ Humanismus um die Wende vom 15. zum 16. Jh., die ▸ Reformation oder die Erfindung des ▸ Buchdrucks.

Papst (lat. papa = Vater): Oberhaupt der römisch-katholischen Kirche; der Bischof von Rom beanspruchte als Nachfolger des Apostel Petrus den höchsten Rang in der Kirche; konnte diesen Anspruch erst langsam durchsetzen; seit der Pippinischen Schenkung Papst auch Herrscher über den Kirchenstaat; im ▸ Investiturstreit setzte sich die Kirche im Konflikt mit der weltlichen Gewalt zunächst durch; das Verhältnis zwischen weltlicher und geistlicher Gewalt blieb aber stets umstritten.
Patrizier (lat. pater = Vater): in vielen Städten die Schicht wohlhabender Bürger, die ursprünglich die Ratsregierung stellte, sich von der einfachen Bürgerschaft abgrenzte und zahlreiche Vorrechte genoss; seit der Mitte des 13. Jh. mussten sie sich in vielen Städten die Regierung mit den ▸ Zünften teilen.
Personenverbandsstaat: Herrschaftsform im Mittelalter, die auf den Beziehungen zwischen Personen beruhte, die einander wechselseitig verpflichtet waren, z. T. mit sehr unterschiedlicher Rechtsstellung; Gegenbegriff ist der Flächenstaat, der sich in der Neuzeit allmählich herausbildete, in dem einheitliche Herrschaft über ein umgrenztes Gebiet und die darin lebenden Personen (▸ Territorialherrschaft) ausgeübt wurde.

Reformation (lat. reformatio = Wiederherstellung eines früheren Zustandes): eine von Martin Luther 1517 in Gang gesetzte religiöse Bewegung, die die Kirche erneuern wollte, letztlich aber zur Spaltung des Christentums in verschiedene ▸ Konfessionen führte; Anlass für die Reformation gab der ▸ Ablasshandel; den Reformatoren ging es um die reine Lehre des Evangeliums; allein Glaube, göttliche Gnade und Kenntnis der Heiligen Schrift führten nach ihrer Meinung zum Seelenheil, nicht die Leistungen der Menschen und die Vermittlung durch die Kirche, die damit ihre weltliche Machtstellung verlor; der Begriff „Reformation" wurde seit dem 18. Jh. auf die ganze Bewegung ausgedehnt, die zur Trennung von der römischen Kirche führte.
Reichsacht: höchste Strafe für Landfriedensbrecher; Ächtung bedeutete Ausstoß aus der weltlichen Gemeinschaft, Verlust des Besitzes und aller Rechte; ein Geächteter konnte straflos getötet werden; Reichsacht wurde zurückgenommen, wenn sich der Geächtete einem Gericht stellte.
Reichsinsignien (lat. insignia = Abzeichen): Abzeichen, die den Inhaber als Herrschaftsträger des Reichs kennzeichneten; mittelalterliche Herrscher sahen sich als Nachfolger der römischen ▸ Kaiser an; Reichsinsignien gingen auf die römischen Amtsabzeichen zurück; Zepter blieb Zeichen der Macht, aus Diadem und Kranz wurde die Krone, aus dem römischen Beamtenstuhl der Herrscherthron; dazu kamen noch der Reichsapfel (Sinnbild der Welt), das Schwert und die Heilige Lanze.
Reichskirchensystem: Bischöfe und Äbte wurden im 10. Jh. zu Stützen der Herrschaft; Otto I. regierte mithilfe von Geistlichen, denen er Bistümer und Ländereien zu Lehen gab; geistliche Fürsten waren weltlichen gleichgestellt; leisteten dem Kaiser dafür Dienste (Verwaltung, Gerichtsbarkeit etc.); nach dem Tod eines Geistlichen fiel das Lehen wieder an den König zurück.
Reichsstädte: waren nur dem Kaiser untertan (= reichsunmittelbar); führten ihre Steuern an diesen ab; hatten ihm Heerfolge zu leisten; besaßen ei-

gene Gerichtsbarkeit; nahmen an den Sitzungen des ▸ Reichstags teil.

Reichsstände: Glieder des Reichs, die nur den Kaiser als ihr Oberhaupt anerkannten und von diesem auf ▸ Reichstagen zusammengerufen wurden, um an der Herrschaft im Reich mitzuwirken; sie traten in drei getrennten Beratungsgremien (▸ Kurfürsten, Fürsten, ▸ Reichsstädte) zusammen und mussten sich untereinander und mit dem Kaiser einigen, um einen rechtskräftigen Beschluss zu fassen.

Reichstag: Zusammenkunft der Reichsglieder, die eigene Herrschaftsrechte inne hatten; entwickelte sich aus dem Hoftag des Königs, zu dem dieser seine Vasallen einberief; bestand seit dem späten 15. Jh. aus drei Gruppen von ▸ Reichsständen; wurde in unregelmäßigen Abständen vom Kaiser einberufen, wenn dieser ihre Zustimmung zu Steuern, Gesetzgebung u. a. brauchte; seit 1663 bestand der Reichstag nur noch aus Gesandten und trat nicht mehr auseinander („Immerwährender Reichstag“ in Regensburg).

Renaissance (frz. = Wiedergeburt): Kunst- und Kulturepoche vom 14. bis zum 16. Jh.; Künstler und Philosophen ließen sich von den Errungenschaften der griechischen und römischen Antike beeinflussen; die antike Kunst wurde neu entdeckt, außerdem änderte sich das ▸ Welt- und das Menschenbild (▸ Humanismus); Zeit des Übergangs vom ▸ Mittelalter zur ▸ Neuzeit.

Ritter: im Mittelalter zu Pferde und in voller Rüstung kämpfende Berufskrieger, die von ursprünglich unfreien Dienstmannen (Ministerialen) zu niedrigen Adligen aufstiegen; neben Kampf und Schutz der Schwachen bildeten sich höfische Umgangsformen aus, die sich u. a. in Minnesang und Ritterromanen niederschlugen; ritterlich-höfische Kultur breitete sich in ganz Europa aus.

Ständegesellschaft: seit dem 11. Jh. war man überzeugt, Gott habe die Menschen in drei Gruppen oder Stände aufgeteilt: in Betende (Geistlichkeit), in Kämpfende (Adlige) und in Arbeitende (Bauern und Handwerker); allgemein ist ein Stand eine Gruppe von Menschen, die durch gemeinsame Rechte und Vorrechte von anderen Gruppen abgegrenzt sind; meist entschied Geburt über die Zugehörigkeit zu einem Stand; man versuchte, sich durch äußere Kennzeichen (Kleidung) sichtbar zu unterscheiden.

Stehendes Heer: ersetzte das mittelalterliche Aufgebot wehrfähiger Männer bzw. das seit dem 16. Jh. auf Zeit angeworbene Söldnerheer; Soldaten standen auch in Friedenszeiten zur Verfügung; wurden eingekleidet und ausgebildet.

Territorialstaat: löste seit dem 15. Jh. den ▸ Personenverbandsstaat ab; klar umgrenztes Herrschaftsgebiet ▸ Territorium eines Landesfürsten oder einer ▸ Reichsstadt; zentrale Verwaltung durch besoldete Beamte, einheitliche Gesetze; das ▸ Heilige Römische Reich setzte sich aus einer Vielzahl solcher Territorialherrschaften zusammen, die im Laufe der Neuzeit immer mehr zu Staaten im modernen Sinne wurden.

Territorium: s. Territorialstaat.

Weltbild: bis zur ▸ Renaissance glaubten die Menschen, die Erde (griech. geo) sei der Mittelpunkt des Weltalls und alle Planeten kreisten um sie (geozentrisches Weltbild); Nikolaus Kopernikus, ein Astronom und Mathematiker, bewies, dass die Sonne (griech. helios) den Mittelpunkt unseres Sonnensystems darstellt (heliozentrisches Weltbild).

Westfälischer Friede: zwischen 1644 und 1648 in Münster und Osnabrück ausgehandelter Friede zwischen ▸ Kaiser, ▸ Heiligem Römischen Reich, Schweden und Frankreich; damit endete der ▸ Dreißigjährige Krieg; die Landeshoheit der Reichsfürsten wurde gestärkt, die Macht des Kaisers beschränkt; Protestanten und Katholiken erhielten gleiche Rechte, erstmals wurde den Untertanen eine gewisse religiöse Toleranz gewährt.

Wormser Konkordat (Konkordat = Vertrag zwischen Staat und Kirche): 1122 Regelung über die Einsetzung von Geistlichen nach dem ▸ Investiturstreit: Einsetzung in die kirchlichen Ämter erfolgte durch den Papst, danach erhielten die Geistlichen vom König weltliche Aufgaben und Besitztümer.

Zunft: Zusammenschluss von Handwerkern eines Gewerbes in einer Stadt; in der Zunftordnung wurde das Zusammenleben der Handwerker und ihrer Familien, die Ausbildung und die Berufsausübung geregelt; Ziel war es, Konkurrenz in einer Stadt auszuschließen und jedem Haushalt ein standesgemäßes Auskommen zu sichern; dadurch wurde wirtschaftlicher Wettbewerb eingeschränkt.

André Malraux (1901-1976)
Französischer Schriftsteller und Politiker

Airdiasol: S. 144 (Rothan); akg-images, Berlin: S. 4.2 (Erich Lessing), 4.3/4/5, 4.6. (British Library), 5.2, 5.5, 6.2, 6.4 (Erich Lessing), 7.3, 7.6/7, 18, 23 (Erich Lessing), 24, 26 (British Library), 30.1 (Stefan Diller), 34.2, 42.1, 43.2 (Erich Lessing), 43.4 (Erich Lessing), 46, 47, 48, 49.3.b (Schütze/Rodemann), 52, 55, 56.2, 58, 59.3, 78.2, 80 (Erich Lessing), 81, 90.1, 91.4, 92, 93, 97, 100 (Erich Lessing), 103, 111.3, 113.4, 115, 116, 124, 126, 135, 136.1, 139.3, 141.1, 150, 157.3, 166, 167; Amiens, Musée de Picardie: S. 16; Anton H. Konrad Verlag, Weißenhorn: S. 122; Arbeitsgruppe Hexen/Heide Staschen, Hamburg: S. 130.2; Archiv der Hansestadt Lübeck: S. 6.8, 88; ARPL: S. 9.2; Artothek: S. 87 (Joachim Blauel), 117 (Constantin Beyer), 142/143; Badisches Landesmuseum, Karlsruhe: S. 162; Bayerische Staatsbibliothek, München: S. 38, 39; Biblioteca Apostolica Vaticana, Vaticanstadt: S. 32; Biblioteka Jagiellonska, Krakau: S. 75; Bibliothèque nationale de France, Paris: S. 4.2, 10, 91.2; Bildarchiv Monheim: S. 79 (Achim Bednorz); Bildarchiv Preußischer Kulturbesitz, Berlin: S. 5.3, 5.6, 7.2, 7.5, 34.1, 90.4, 95, 109.2, 113.3, 124.1, 128.2 (Dietmar Katz, Staatsbibliothek zu Berlin), 132, 136.2, 138 (Christoph Irrgang), 140, 147, 149, 153, 157.2; Bildarchiv Steffens: S. 8.2 (Ralph Rainer Steffens); Bildarchiv, ÖNB Wien: S. 29, 57, 67.2; The Bodleian Library, Oxford: S. 35; Bridgeman Art Library, London: S. 41, 51, 104.2, 111.2, 146, 148, 159; British Museum, London: S. 30.2; Charmet J.-L., Paris: S. 6.3, 33.3; CORBIS: S. 13.3 (Carmen Redondo); Deutsches Museum, München: S. 7.1, 94; DHM, Berlin: S. 5.4, 73; Domkapitel Aachen: S. 61 (Ann Münchow); Dom-Museum, Hildesheim: S. 49.3.c; dpa-Bildarchiv: S. 92/93; Filser, Dr. Karl, Augsburg: S. 13.2; Focus, Hamburg: S. 3.2 (Kluyver); Foto Marburg: S. 59.5; Friedrich, Rudolf, München: S. 8.3, 9.3; Generallandesarchiv Karlsruhe: S. 28, 65; Germanisches Nationalmuseum, Nürnberg: S. 71 (Gm 1527), 101 (HB 15218); Giraudon, Paris: S. 70, 90.2/3; Gnamm S. R., München: S. 6.7, 76; Herzog August Bibliothek, Wolfenbüttel: S. 125; Historisches Farbarchiv Dr. Christa Elsler, Norderney: S. 91.1; IFA-Bilderteam, Ottobrunn/München: S. 151; imago: S. 78.1 (Werner Otto); Interfoto, München: S. 8.1 (Daniel), 49.3.a (Toni Schneiders); Jürgens Ost und Europa-Photo, Berlin: S. 134; Kaiserpfalz Ingelheim, Forschungsstelle: S. 45; Koppmann, Jan, Berg: S. 86; Kunsthistorisches Museum, Wien: S. 43.3; Landesbildstelle Württemberg, Stuttgart: S. 119, 120; Landeshauptarchiv Koblenz: S. 44 (Ko Best. 1c Nr. 1 fol. 7a, b); Luftbild Bertram: S. 164; Luftbild Brugger, Stuttgart: S. 56.1; Mauritius, Mittenwald: S. 6.1 (Photri), 9.1 (age), 12 (Photri); OTTO, Werner: S. 79; Pastor Lürtzener, Prüm: S. 20; Pielert, Klaus, Düsseldorf: S. 113.6; Reichert Dr. L. Verlag, Wiesbaden: S. 33.4, 50; Rijksmuseum Amsterdam: S. 141.2; Roger-Viollet, Paris: S. 3.3; Scala, Florenz: S. 3.4, 82, 84, 96, 98, 127; Schloss Salem: S. 160, 161; Staatliche Graphische Sammlung, München: S. 74; Staats- und Universitätsbibliothek Hamburg, Carl von Ossietzky: S. 83 (Cod. hebr. 37, fol. 27r); Stadtarchiv Freiburg: S. 5.1, 6.6, 69 (M 7092/2662); Stadtarchiv Karlsruhe: S. 163; Stadtbibliothek/Stadtarchiv, Trier: S. 37; Stadtmuseum Hofgeismar: S. 139.2 (Robert Wolf); Stuttgarter Luftbild Elsässer: S. 62/63; Tate Gallery, London: S. 156; Eine Stadt um 1100. Zeichnung von Fanny Hartmann. Thorbecke Verlag, Sigmaringen: S. 68; Ullstein Bild, Berlin: S. 60 (AP); Universitäts- und Landesbibliothek Darmstadt: S. 91.3 (fol. 121, Thesaurus Picturarum, Hs 1971, Bd. 23); Universitätsbibliothek Heidelberg: S. 27, 59.4; Zentralbibliothek Zürich: S. 7.4, 131; Seite 15 aus: Die Kreuzzüge, Hrg. Kotzur, Hans Jürgen, Verlag Philipp von Zabern, Mainz am Rhein 2004. Seite 106 aus: Comissão Nacional para as Comemoraçoes dos Descobrimentos Portugueses: Portugals Öffnung der Welt, S. 8/9. Lissabon. Seite 128 aus: Gott und die Welt in Württemberg. Eine Kirchengeschichte. (hg. von): Ehmer, Hermann/ Frommer, Heinrich/ Jooß, Rainer/ Thierfelder, Jörg in Verbindung mit dem Verein für Württembergische Kirchengeschichte. S. 87. Stuttgart 2000.

Trotz entsprechender Bemühungen ist es nicht in allen Fällen gelungen, den Rechteinhaber ausfindig zu machen. Gegen Nachweis der Rechte zahlt der Verlag für die Abdruckerlaubnis die gesetzlich geschuldete Vergütung.